Leid ons naar het Licht

Een bloemlezing uit het onderricht van
Mata Amritanandamayi

Samengesteld door Swami Jnanamritananda.

Mata Amritanandamayi Center, San Ramon
Californië, Verenigde Staten

Leid ons naar het Licht
Een bloemlezing uit het onderricht van Mata Amritanandamayi
Samengesteld door Swami Jnanamritananda Puri

Uitgegeven door:
Mata Amritanandamayi Center
P.O. Box 613
San Ramon, CA 94583
Verenigde Staten

——————————— *Lead us to the Light* *(Dutch)* ———————————

Eerste uitgave door het MA Center: mei 2016

In Nederland:
www.amma.nl
info@amma.nl

In België:
www.vriendenvanamma.be

In India:
www.amritapuri.org
inform@amritapuri.org

O Hoogste Wezen,
leid ons van onwaarheid naar Waarheid,
van de duisternis naar het Licht,
en van de dood naar Onsterfelijkheid.
Om, vrede, vrede, vrede.

Brihadaranyaka Upanishad 1:3:28

Inhoud

Voorwoord

Deze tekst is een vertaling van het Malayalam origineel "Jyotir-gamaya," een bloemlezing uit Amma's maandelijkse boodschappen in de vorm van vragen en antwoorden die de laatste tien jaar in het tijdschrift Matruvani verschenen zijn. Ieder woord van Amma verspreidt het licht van kennis en verdrijft de wolken van verwarring die zich in de geest van Haar kinderen kunnen verzamelen. Sommige gesprekken behandelen een bepaald onderwerp. Bij andere gelegenheden gaan de gestelde vragen over verschillende onzekerheden die bij de toehoorders opkomen. Amma geeft aan hen allen passende antwoorden. Haar enige doel is de spirituele vooruitgang van Haar kinderen.

Het stellen van vragen is een teken dat er groei in de geest plaatsvindt. Maar als twijfels niet weggenomen worden, zullen ze de vooruitgang van de persoon hinderen en zij moeten daarom onmiddellijk opgelost worden. Alleen dan zal de reis naar het doel mogelijk zijn. De woorden van een mahatma (grote ziel) kunnen volledig vertrouwd worden om degenen die naar spirituele kennis verlangen, van verwarring te bevrijden.

Iedere woord van Amma verlicht het pad dat voor ons ligt. Op de volgende bladzijden kunnen we Haar antwoorden lezen op de vragen en onzekerheden die de moderne tijd kwellen, antwoorden die voortkomen uit de kracht van perfect inzicht en de autoriteit van Haar ervaring.

Swami Jnanamritananda
Amritapuri, 24 augustus 2000

Met
Amma
aan de
back-
waters

's Nachts met Amma aan de backwaters

Het weergalmende geluid van een schelp gaf het einde van de Devi Bhava darshan[1] aan. Het was twee uur 's nachts. De ashrambewoners waren de hele vorige dag bezig geweest met het dragen van zand. Ze waren land aan het terugwinnen door de backwaters op te vullen. Amma had ook aan het werk deelgenomen en dit maakte iedereen erg enthousiast. Vandaag had Ze in de grote hut darshan gegeven. Toen was Ze na amper twee uur om vijf uur 's middags weer naar buiten gekomen om devotionele liederen te zingen en Devi Bhava darshan te geven. Pas nu, na vele uren stond Ze eindelijk weer op nadat Ze iedereen darshan gegeven had.

Maar in plaats van naar Haar kamer te gaan liep Amma direct naar de rand van de backwaters. Niet al het zand dat aangevoerd was, was al verwerkt. 's Morgens zou er een andere schuit met meer zand komen. De bewoners en toegewijden kwamen aanrennen om samen met Amma zand te dragen.

Voor hen die Amma zelfs maar een beetje kennen is het niets nieuws om te zien dat zij zo hard ploetert zonder te eten of te slapen. Maar Mark, die net voor de eerste keer uit Duitsland gekomen was om Amma op te zoeken, kon het niet aanzien. Hij probeerde vele malen om de zak met zand uit Amma's handen te rukken, maar zou Zij ooit toegeven?

---

[1] Amma's programma's waarbij Ze iedereen die naar Haar toe komt (gewoonlijk duizenden mensen op een dag) ontvangt en zegent, worden darshan genoemd.

Ze hield een kleine pauze onder het werk en wenkte Mark om bij Haar te komen. Zodra zijn ogen op Haar prachtige gezicht vielen, vulden zij zich met tranen.

"Zoon, Amma[2] heeft tot nu toe niet de kans gehad om met je te spreken. Ben je daarover verdrietig?" vroeg Ze.

"Ik ben niet bedroefd omdat U niet met me gesproken hebt. Ik ben verdrietig omdat ik U en Uw kinderen zo hard zie werken. Amma, als U Uw zegen eraan geeft, zal ik U al mijn rijkdom geven. Ik wil alleen dat U rust in plaats van dag en nacht zo te werken!"

Amma lachte om Marks antwoord.

Amma: Zoon, dit is een ashram, geen vakantieoord. Dit is een plaats voor hen die zelfopoffering beoefenen. De ashrambewoners moeten zich hard inspannen voor hun ideaal. Dit is een hemel voor hen die van spiritualiteit houden. Deze kinderen hier hebben al zo lang een leven van hard werken geleid, maar niets lijkt voor hen een ontbering. Amma heeft hun vanaf het begin, toen ze hier voor het eerst kwamen, gezegd dat ze als kaarsen moesten zijn. Een kaars smelt zodat hij aan anderen licht kan geven. Zo is onze zelfopoffering ook het licht voor de wereld. Het is het licht van het Zelf.

Denk er eens aan hoeveel mensen er in deze wereld lijden. Denk aan alle zieke, arme mensen die pijn lijden en geen geld hebben voor een behandeling of medicijnen; de talloze mensen die gebrek lijden en wanhopig worstelen om te overleven en zelfs niet een enkele maaltijd kunnen krijgen. En er zijn zoveel kinderen die hun studie moeten opgeven omdat hun familie hun onderwijs niet kan betalen. We kunnen wat we van ons loon overhouden, gebruiken om mensen in nood te helpen. In ons weeshuis zijn ongeveer vijfhonderd kinderen. We moeten bereid zijn anderen te

---

[2] Amma verwijst vaak naar zichzelf in de derde persoon.

helpen, zelfs als dat betekent dat we zelf wat ontberingen moeten ondergaan. Iedereen wil graag een baan waarbij je in een bureaustoel zit en je werk doet. Niemand wil dit soort werk doen. Moeten we geen voorbeeld voor anderen zijn? Zei de Heer in de Bhagavad Gita niet "Gelijkmoedigheid is yoga?" We moeten ieder soort werk zien als een manier om God te aanbidden. Als deze kinderen Amma vandaag dit werk zien doen, zullen ze morgen niet aarzelen om ieder soort werk te doen. Het Zelf is eeuwig. Om het Zelf te kennen moet je je lichaamsbewustzijn helemaal uitroeien. Maar dit is alleen door verzaking mogelijk. Zij die onbaatzuchtig leven kunnen van iedere situatie een gunstige situatie maken.

Zoon, wie kan er vierentwintig uur per dag spirituele oefeningen doen? De tijd die na de spirituele oefeningen overblijft moet je gebruiken om goede dingen te doen. Dat zal je helpen om je gedachten te verminderen. Deze wereld die je ziet is werkelijk het lichaam van de satguru (een gerealiseerde spirituele meester). Van de meester houden is werken volgens de aanwijzingen van de meester. Onbaatzuchtig werken is ook een vorm van spirituele oefening. Zij die een volledig onbaatzuchtig leven leiden, hebben geen aanvullende spirituele oefeningen nodig. Zoon, alleen door verzaking kun je onsterfelijkheid bereiken.

Vraag: Heeft God ons dit lichaam niet gegeven en de voorwerpen in de wereld geschapen zodat we ervan kunnen genieten en gelukkig kunnen leven?

Amma: Als je je auto bestuurt op een manier die je leuk vindt waarbij je de verkeersregels niet in acht neemt, zul je waarschijnlijk een ongeluk krijgen en je zou zelfs kunnen sterven. Er zijn verkeersregels waar je je aan moet houden. Op dezelfde manier heeft God niet alleen alles geschapen, Hij heeft ook voor alles regels opgesteld en we moeten volgens die regels leven, anders zullen we er spijt van krijgen.

Eet alleen wat nodig is. Spreek alleen wanneer het nodig is. Slaap alleen zo lang als nodig is. Breng de rest van de tijd door met goede dingen doen. Verspil geen enkel moment in het leven. Probeer je leven ook voor anderen van nut te laten zijn. Als je zoveel chocolade eet als je zin hebt, zul je maagpijn krijgen. Te veel van iets veroorzaakt problemen. We moeten begrijpen dat werelds geluk lijden veroorzaakt.

Vraag: Laat God ons niet alles doen?

Amma: God heeft ons intelligentie gegeven, de intelligentie om ons onderscheidingsvermogen te gebruiken. We moeten die intelligentie en dat onderscheidingsvermogen bij al onze handelingen gebruiken. God heeft ook vergif geschapen, maar niemand zal zonder reden vergif innemen. Bij zoiets aarzelen we niet om ons onderscheidingsvermogen te gebruiken. We moeten iedere handeling van ons op dezelfde manier overwegen.

Vraag: Amma, zijn degenen die zich aan een spirituele meester overgeven niet zwak?

Amma: Wanneer je de knop van een paraplu indrukt, gaat hij open. Op dezelfde manier kan je geest, door je hoofd te buigen voor een spirituele meester, getransformeerd worden tot de Universele Geest. Zulke gehoorzaamheid en nederigheid is geen teken van zwakte. Als een zuiverend waterfilter zuivert de meester je geest en verwijdert je ego. De mensen worden machteloos de slaaf van hun ego in iedere situatie. Ze gaan niet met onderscheid te werk.

Op een nacht brak een dief bij een huis in, maar toen hij het gebouw inging, werden de mensen wakker en hij vluchtte.

De plaatselijke bewoners renden achter hem aan en schreeuwden: "Een dief! Daar gaat de dief! Pak hem!" Toen er zich een menigte verzamelde, voegde de dief zich daarbij. Hij rende met de menigte mee en schreeuwde uit alle macht: "Een dief! Een dief!" Op dezelfde manier gaat het ego bij elke gelegenheid met ons mee. Zelfs wanneer God ons gelegenheden geeft om van het ego af te komen, koesteren we het en maken we het tot onze kameraad. Mensen proberen zelden om van het ego af te komen door nederig te zijn. Tegenwoordig is de geest van de mensen zwak, als een plant die in een pot groeit. Als de plant niet dagelijks water krijgt, verdort hij de volgende dag. De geest kan niet onder controle gebracht worden zonder discipline en bepaalde regels. Zolang je geen meester over je geest bent, moet je je aan bepaalde regels en beperkingen houden volgens de instructies van de meester. Als je eenmaal meester bent over je geest, is er niets te vrezen, want dan zal de kracht van het onderscheidingsvermogen in je wakker worden en je verderleiden.

Er ging eens een man op zoek naar een meester. Hij wilde een guru die hem overeenkomstig zijn eigen wensen kon leiden, maar geen enkele guru was bereid om dat te doen. De regels die zij oplegden waren voor hem onaanvaardbaar. Uiteindelijk was hij moe en ging in een veld liggen rusten. Hij dacht: "Er is geen guru die mij kan leiden zoals ik graag wil. Ik weiger om iemands slaaf te worden. Wat ik ook besluit te doen, is het niet God die het mij hoe dan ook laat doen?" Hij draaide zijn hoofd om en zag vlakbij een kameel staan, die met zijn hoofd knikte. "Wel, daar is iemand die geschikt is om mijn meester te zijn!" dacht hij. "Kameel, wil je mijn meester zijn?" vroeg hij. De kameel knikte met zijn hoofd.

Dus accepteerde hij de kameel als zijn spirituele leraar. "Meester, mag ik u mee naar huis nemen?" vroeg hij. De kameel knikte opnieuw ja. Hij nam hem mee naar huis en bond hem aan een boom. Er gingen een paar dagen voorbij. "Meester, er is een meisje op wie ik verliefd ben. Mag ik met haar trouwen?" vroeg hij. De kameel knikte. "Meester, ik heb geen kinderen," zei hij. De kameel knikte opnieuw. Er werden kinderen geboren. "Mag ik wat alcohol met mijn vrienden drinken?" vroeg de man. De kameel knikte ja. De man werd spoedig een dronkaard. Hij begon ruzie te maken met zijn vrouw. "Meester, mijn vrouw ergert me. Mag ik haar doden?" vroeg hij de kameel. De kameel knikte. Hij doodde zijn vrouw. De politie kwam en arresteerde hem. Hij kreeg levenslang.

Mijn zoon, als je een guru vindt die je alles laat doen wat je wil of als je gewoon leeft zoals jij verkiest, zul je in slavernij eindigen. We hebben van God allemaal intelligentie gekregen om onderscheid te kunnen maken. We moeten die bij onze activiteiten gebruiken. We moeten de woorden van de meester volgen. Een echte meester leeft alleen voor zijn leerlingen.

Alleen non-dualiteit is echt. Maar dat is niet iets dat in woorden uitgelegd kan worden. Het is het Leven zelf. Het is een ervaring. Het is iets dat van binnenuit moet komen. Wanneer een bloem bloeit zal er vanzelf een geur van de bloem komen.

Vraag: Ik begrijp niet wat er mis is met het genieten van de voorwerpen van de zintuiglijke wereld die God gecreëerd heeft. Heeft God ons de zintuigen niet op de eerste plaats gegeven om van die dingen te kunnen genieten?

Amma: Zoals Amma reeds zei zijn er voor alles regels en beperkingen, en we moeten in harmonie met die regels leven. Alles heeft zijn eigen inherente aard. God heeft de mensen niet alleen hun zintuigen gegeven maar ook intelligentie om onderscheid te kunnen maken. Zij die hun onderscheidingsvermogen niet gebruiken maar in plaats daarvan hun zintuigen achternahollen op zoek naar genot, zullen nooit rust of geluk vinden. Zij zullen uiteindelijk altijd lijden.

Er kwam een reiziger aan in een vreemd land. Het was zijn eerste bezoek aan dat land. De mensen daar waren volkomen vreemdelingen voor hem. Hij kende de taal niet, noch was hij vertrouwd met de plaatselijke gebruiken of eetgewoonten. Hij liep door de straten en bekeek de bezienswaardigheden om hem heen totdat hij bij een drukbezochte marktplaats kwam. Er lagen veel soorten fruit van verschillende grootte en kleur uitgestald. De meeste soorten had hij nooit eerder gezien. Het viel hem op dat veel mensen een bepaalde vrucht kochten. Hij veronderstelde dat die erg zoet en sappig moest zijn omdat hij zo populair was en dus kocht hij een zak vol. Hij ging onder een boom zitten, nam een vrucht uit de zak en beet erin. Maar hij was helemaal niet zoet. Hij brandde in zijn mond als vuur. Hij probeerde het middelste gedeelte. Dat was ook heet. Hij dacht dat het andere eind van de vrucht zeker zoet moest zijn en beet ook daarin. Maar dat was even heet! Hij probeerde een andere vrucht. Die brandde als vuur. Hij dacht dat minstens één vrucht in het pak zoet moest zijn en probeerde er nog een. Die was ook heet en helemaal niet zoet. Maar hij weigerde om het op te geven. De tranen liepen over zijn wangen maar hij bleef de vruchten koppig eten in de hoop er ten minste één te vinden die zoet en sappig was. Tenslotte had hij ze allemaal opgegeten. De arme man leed ondraaglijke pijn! Hij verlangde naar iets zoets, maar alles wat hij kreeg was brandend heet vuur. Wat naar hij dacht zoete vruchten waren, waren rijpe, hete chilipepers! Het zou niet zo erg geweest zijn als hij ze opzij gelegd had nadat hij er een of twee geproefd had en ontdekt had hoe heet ze waren. Het was niet nodig geweest dat hij zo leed. Maar in de hoop om de zoetheid waar hij naar verlangde in een van hen te vinden bleef hij eten totdat de allerlaatste op was. En daarom leed hij. Scherpe hitte is de aard van chilipepers. Het enige genot dat die vruchten hem gaven was het uitwendige genot van ernaar te kijken.

Mensen zoeken naar geluk in dingen waarvan de essentiële aard geluk helemaal niet is. Zij gaan van het ene voorwerp naar het andere. Het is gewoon een illusie om te denken dat je geluk kunt vinden in iets wat buiten jezelf ligt. In werkelijkheid is er helemaal geen geluk te vinden in iets buiten je. Het geluk waar je naar verlangt bestaat in je. God heeft ons een lichaam, zintuigen en intelligentie gegeven zodat we deze les kunnen leren en naar de echte bron van gelukzaligheid kunnen zoeken. Als we onze zintuigen zonder onderscheidingsvermogen gebruiken, zullen we alleen lijden ervaren in plaats van het geluk dat we verwachten.

Het lichaam en de zintuigen kunnen op twee verschillende manieren gebruikt worden. Als we ernaar streven om God te leren kennen kunnen we eeuwige gelukzaligheid genieten. Maar als we alleen zintuiglijk plezier achternarennen, zal onze ervaring hetzelfde zijn als die van de reiziger die naar zoetheid zocht in de brandend hete chili's.

Als we zintuiglijk genot najagen zonder te begrijpen dat de ware aard daarvan lijden is, zullen we de ellende die eruit voortkomt moeten ondergaan. Als we de essentiële aard van uiterlijke voorwerpen begrijpen, zullen we niet door lijden verzwakt worden.

De golven in de oceaan komen op en slaan dan een ogenblik later op het strand te pletter. Ze kunnen niet in de lucht blijven staan. Iemand die vol begeerte uiterlijke zaken najaagt in de hoop op die manier geluk te vinden, komt op dezelfde manier in een toestand van lijden. De geest springt op op zoek naar geluk maar vindt geen echt geluk, alleen lijden. Hieruit kunnen we leren dat geluk niet buiten ons te vinden is.

Het zoeken naar geluk in de materiële wereld is de oorzaak van het lijden en gebrek aan innerlijke rust van de mensen. Dit beïnvloedt niet alleen het individu maar ook de samenleving als geheel. Door het zoeken van de mensheid naar geluk in uitwendige dingen, is echte liefde verdwenen. Vreugde en vrede zijn uit het gezinsleven verdwenen. Mensen hebben hun vermogen om lief te hebben en anderen met een open hart te dienen verloren. Mannen verlangen een andere vrouw en vrouwen verlangen een andere man. Het is zelfs zover gekomen dat er mannen zijn die in hun buitensporig verlangen naar genot vergeten dat hun eigen dochters hun dochters zijn. Zelfs het begrip van de broer-zus relatie brokkelt af. Talloze kinderen worden vermoord. De reden voor al dit kwaad dat we vandaag de dag in de wereld zien, is de totaal verkeerde opvatting dat geluk in de uiterlijke wereld gevonden kan worden.

Amma zegt niet dat je je alle genoegens moet ontzeggen. Maar je moet hun ware aard inzien. Niets moet overmatig gedaan worden. Men moet dharma[3] nooit opgeven. Adharma moet men vermijden.

Voor degenen die alleen naar egoïstische genoegens verlangen en zonder enige beteugeling leven, zal ondergang het resultaat zijn. Het is natuurlijk dat verlangens en emoties in de geest opkomen maar er is een bepaalde beperking nodig. Het is natuurlijk om honger te hebben maar we eten niet steeds wanneer we iets eetbaars in het oog krijgen. Als we dat wel deden zouden we ziek worden. Zo ook leidt het verlangen naar buitensporige genoegens tot lijden. De mensen realiseren zich dit niet. Het genot dat zij van de zintuigen krijgen, komt in feite uit henzelf. Mensen jagen

---

[3] In het Sanskriet betekent dharma "dat wat (de schepping) ondersteunt." Gewoonlijk wordt het gebruikt om te verwijzen naar dat wat verantwoordelijk is voor de harmonie in het universum. Dharma heeft vele betekenissen, o.a. de goddelijke wet, de wet van het bestaan, juistheid, religie, plicht, verantwoordelijkheid, deugd, rechtvaardigheid, goedheid en waarheid. Dharma houdt de innerlijke principes van religie in. Een bekende definitie van dharma is dat het tot spirituele groei en algemeen welzijn van alle wezens in de schepping leidt. Adharma is het tegenovergestelde van dharma.

verwoed uiterlijk geluk na totdat ze instorten in een toestand van lijden en wanhoop. Dan rennen ze opnieuw rond en storten opnieuw in. Als je alleen naar uiterlijke genoegens op zoek gaat, zul je in je leven geen rust vinden. Je moet leren om naar binnen te kijken, want daar kun je echte gelukzaligheid vinden. Maar je zult die gelukzaligheid niet vinden totdat de sprongen naar buiten van de geest opgehouden zijn en de geest stil is. In de diepten van de oceaan zijn geen golven. Op dezelfde manier zul je ontdekken dat de geest automatisch stil wordt als je de diepe lagen van je geest binnengaat. Dan is er alleen gelukzaligheid.

Vraag: Spirituele meesters lijken meer belang te hechten aan het hart dan aan het intellect. Maar is het intellect eigenlijk niet belangrijker? Hoe kun je zonder intellect ooit een doel bereiken?

Amma: Het intellect is nodig. Amma zegt nooit dat je het niet nodig hebt. Maar het intellect werkt vaak niet wanneer de situatie om een goede daad vraagt. Egoïsme treedt op de voorgrond en niet het onderscheidende intellect.

Het hart en het intellect zijn niet twee gescheiden dingen. Wanneer je een scherpzinnig intellect hebt, zal je bewustzijn op een natuurlijke manier toenemen. Uit die ontwikkeling zal op natuurlijke wijze een mentaliteit van argeloosheid, geven en nemen, nederigheid en samenwerking voortkomen. Het woord "hart" staat voor die ontwikkeling. Zelfs bij het noemen van het woord "hart" voelen we een geruststellende zachtheid. Bij de meeste mensen echter zien we tegenwoordig alleen een gewoon intellect, geen scherpzinnig intellect. Wat we zien is niet echt intellect, maar ego. Het ego is de oorzaak van alle lijden in het leven. Als het ego groeit, vernauwt het bewustzijn zich en de mentaliteit van geven en nemen verdwijnt. Men kan het niet zonder deze eigenschappen stellen, niet in het spirituele leven en niet in het wereldse leven.

Laat Amma je iets vragen, mijn zoon. Stel dat je regels in je gezin opstelt: "Mijn vrouw moet zo leven, moet zo praten en zich op deze manier gedragen, omdat ze van mij is." Zal er thuis vrede zijn als je erop staat dat ze volgens die regels leeft? Nee. Stel dat je van kantoor thuis komt en geen woord tegen je vrouw of kinderen zegt. Je gaat direct naar je kamer en gaat door met je werk. Je gedraagt je nog steeds als de beambte die je op kantoor bent. Zal je gezin daar blij mee zijn? Als je verklaart dat je nu eenmaal zo bent, zullen zij dat dan kunnen accepteren? Zal er rust zijn?

Als je daarentegen je vrouw hartelijk begroet als je thuiskomt en wat tijd met je kinderen doorbrengt, als je bereid bent om een beetje van jezelf te geven en niet zo eenzijdig te zijn, zal iedereen gelukkig zijn. Wanneer we elkaars fouten en tekortkomingen verdragen en vergeven, zal er geluk en vrede in het gezin zijn. Wanneer je de tekortkomingen van je huwelijkspartner heel licht opneemt, komt dat door je liefde voor haar. Zelfs als je geliefde fouten maakt, houd je nog van haar. Hecht je in dat geval niet meer belang aan het hart? Is het niet omdat jullie allebei voelen dat jullie hart één is dat je je leven samen kunt delen? Deze houding noemt Amma "hart."

Zou het praktisch zijn als we erop stonden om een lijst met regels te volgen voor ons gedrag tegenover onze kinderen? Zullen de kinderen zich neerleggen bij onze voorkeur en afkeer? Zullen ze niet reageren door koppig te zijn?

Vanwege onze liefde voor onze kinderen verdragen we hun fouten en voeden we hen goed op. Dus ook hier is het hart belangrijker dan het intellect, nietwaar? Wanneer dit zo is, ervaren we ieder moment dat we met onze kinderen doorbrengen, geluk en maken we hen gelukkig.

Alleen wanneer het hart van de mensen open is voor elkaar, vinden zij geluk in het gezinsleven. Als we het intellect de rol van het hart laten overschaduwen zullen we geen geluk ervaren.

We kunnen het intellect op de markt gebruiken of op het werk omdat het daar van ons verlangd wordt. Maar dat zal niet werken wanneer je bij je gezin bent. Zelfs op kantoor zijn er compromissen en openhartigheid nodig. Als we dit negeren zal er alleen onenigheid en ellende zijn.

Wanneer we het hart in ons leven een plaats geven, ontstaat er een houding van compromissen sluiten, de flexibiliteit van geven en nemen. Met het onderscheidingsvermogen zullen geestelijke groei en een geest van samenwerking en van geven en nemen vanzelf toenemen. Tegenwoordig blijft het intellect van de mensen alleen binnen de grenzen van hun egoïsme. Hun onderscheidingsvermogen is niet ontwikkeld. Dit is een groot tekort in het leven van de mensen. Het is moeilijk voor de samenleving om vooruit te gaan zonder samenwerking. De geest van samenwerking leidt tot vrede.

Net zoals we vet op een roestige machine moeten aanbrengen om hem goed te laten werken, zijn nederigheid en de geest van samenwerking essentieel, wil er ongehinderde vooruitgang in ons leven zijn. Maar deze kwaliteiten zullen alleen in ons ontstaan als we ons hart ontwikkelen. Er zijn situaties waar het intellect nodig is, maar alleen in deze situaties moet het toegepast worden. In iedere situatie waar het hart een prominente plaats moet krijgen, moeten we niet nalaten om het die plaats te geven.

Hoe dieper de fundering bij het bouwen van een huis is, des te hoger kan het gebouw worden. Zo ook vormen onze nederigheid en goedhartigheid de basis van onze vooruitgang. Wanneer we het hart in ons leven een vooraanstaande plaats geven, ontwikkelen zich nederigheid en een instelling van samenwerking in ons. Onze relaties zullen positief en vredig zijn.

Het doel van spiritualiteit houdt ook een verruiming van het hart in, omdat alleen zij die een groot hart hebben, God kunnen kennen. De essentie van het Zelf ligt voorbij logica en het intellect. Hoeveel suiker je ook eet, je kunt niet precies uitleggen hoe zoet het is aan hen die nooit suiker geproefd hebben. Noch kunnen woorden de eindeloze hemel beschrijven. Je kunt de geur van een bloem niet meten. Spiritualiteit is voorbij woorden, het is een ervaring. Je kunt niet van de zoetheid ervan genieten zonder voorbij het intellect naar het hart te gaan.

Er is een verhaal over een arme boer die op een dag buiten voor zijn hut stond toen er een groep mensen voorbijkwam. Toen hij vroeg waar ze heen gingen, zeiden zij: "Er begint vlakbij een cursus van drie dagen over de Bhagavad Gita. Daar gaan we allemaal heen." De boer wilde de verhandeling ook horen en dus ging hij met de groep mee. Toen hij daar aankwam, was de plaats vol mensen. De meeste deelnemers waren rijk en droegen dure kleren en juwelen. De boer was vies van het werk en droeg zijn bevuilde, versleten oude kleren. De mensen bij de deur weigerden om hem toe te laten. De boer was erg bedroefd. Hij bad: "Heer, ik ben hier gekomen om Uw levensgeschiedenis te horen. Maar deze mensen laten me er niet in. Ben ik zo waardeloos dat ik het niet verdien om Uw geschiedenis te horen? Ben ik zo'n zondaar? Wel, als dit Uw wil is, dan zij het zo. Ik ga hier gewoon buiten zitten en luister hier naar Uw verhaal." En dus ging hij onder een mangoboom zitten en luisterde daar naar de lezing die hij door de luidsprekers in de zaal kon horen. Maar hij begreep er niets van omdat het allemaal in het Sanskriet was. De arme man zijn hart brak. Hij riep uit: "O Heer, ik kan zelfs Uw taal niet begrijpen! Ben ik zo'n grote zondaar?" Op dat moment viel zijn blik op een grote afbeelding voor de zaal. De afbeelding toonde Heer Krishna die de teugels in één hand hield terwijl hij de Bhagavad Gita uitlegde aan Arjuna die achter hem in de strijdwagen zat. De boer zat daar en staarde naar het gezicht van de Heer. Zijn ogen vulden zich met tranen. Hij wist niet hoe lang hij daar zat. Toen hij eindelijk opkeek, was de lezing afgelopen en vertrokken de deelnemers. De boer ging naar huis. De volgende dag ging hij naar de plaats van samenkomst terug.eerHHHHe D Hij bleef alsmaar aan het gezicht van de Heer denken. Zijn enige doel was om daar onder de boom te zitten en naar die afbeelding te kijken. Op de derde dag van de uiteenzetting kwam hij weer en zat onder de boom en keek in vervoering naar de afbeelding. Zijn ogen schoten vol tranen. Hij ervoer dat de vorm van de Heer helder in hem straalde. Hij sloot zijn ogen, zat daar en aanschouwde Heer Krishna, zichzelf vergetend.

Het publiek ging die dag na de lezing uiteen. Toen de geleerde die de lezing gegeven had, naar buiten kwam, zag hij de boer onbeweeglijk onder de mangoboom zitten. Tranen liepen over de wangen van de boer. De geleerde was verbaasd. Hij dacht: "Waarom zit deze man hier te huilen zelfs als de lezing afgelopen is? Heeft mijn uiteenzetting hem zo ontroerd?" Hij ging naar de boer toe. De boer zat heel stil. Door de uitdrukking op zijn gezicht was het duidelijk dat hij overliep van gelukzaligheid. Er was een sfeer van perfecte vrede rondom hem. De geleerde haalde hem uit deze toestand en vroeg: "Heb je zo van mijn lezing genoten?"

De boer antwoordde: "Ik heb geen woord begrepen van wat U de afgelopen drie dagen gezegd hebt, meneer! Ik ken geen Sanskriet. Maar als ik denk aan de situatie van de Heer word ik door verdriet overmand. Zei de Heer al die dingen niet terwijl Hij achteromkeek? Zijn schouder moet zo'n pijn gedaan hebben terwijl Hij Zijn hoofd zo naar achteren gedraaid hield. Daarom huil ik zo." Er wordt gezegd dat de boer verlichting bereikte toen hij deze woorden uitte.

Door zijn mededogen en onschuld kwam de boer in aanmerking voor Zelfrealisatie. Toen de geleerde naar de woorden van de boer luisterde, vulden zijn ogen zich ook met tranen en ervoer hij een vrede die hij tot dan toe nooit gekend had.

De man die de lezing gegeven had was zeer intelligent. De mensen in het gehoor waren ook hoog opgeleid. Maar het was de arme, argeloze boer die de zoete smaak van devotie kon proeven en rijp was voor realisatie. Hij was een voorbeeld van onbaatzuchtig mededogen. Zijn verdriet betrof niet zichzelf, maar de waargenomen ontberingen van de Heer. Wanneer mensen een tempel bezoeken bidden zij vaak: "Geef mij alstublieft dit en dat." Maar de boer ervoer een mededogen dat daarboven uitsteeg. Er was geen ego in hem. Gewoonlijk is het moeilijk om van het gevoel van "ik" af te komen, maar door zijn onschuld verloor hij zijn individualiteit. Hij ervoer parabhakti (hoogste devotie). Dat is de hoogste toestand. Hij was daarvoor geschikt omdat hij vanuit zijn hart functioneerde in tegenstelling tot de anderen die vanuit hun intellect functioneerden. Als gevolg daarvan raakte hij moeiteloos en spontaan geabsorbeerd in gelukzaligheid en kon hij iets van die vrede uitstralen naar de mensen om hem heen. We moeten proberen om God door ons hart te leren kennen, want daar schijnt Hij. God woont in ons hart.

De stroom van Amma's woorden werd langzamer en ging op in een zee van stilte. Haar ogen die nu vol tranen van gelukzaligheid waren, gingen langzaam dicht. De tranen maakten dat gezicht, vervuld van mededogen, nat. Er zat een kleine groep toegewijden rondom haar. Niemand uitte een woord. Mark was stil en sloot zijn ogen voor meditatie. Alle anderen in de buurt hielden op met waar zij mee bezig waren, sloten zich bij de kleine groep aan en gingen rondom Amma zitten. In die atmosfeer van zuivere gelukzaligheid zonken hun gedachten weg en losten op. Hun geest loste op in een onuitsprekelijke, sublieme stilte.

Later ging het gesprek verder.

21

Vraag: Als het verlangen van iemand om de spirituele meester te dienen groter is dan zijn verlangen naar realisatie, zal de meester dan bij die persoon zijn in al zijn toekomstige levens?

Amma: Als dat het verlangen van een leerling is die zich volledig aan de meester heeft overgegeven, dan zal de meester zeker bij hem zijn. Maar de leerling moet zelfs geen seconde verspillen. Hij moet als een wierookstokje zijn dat zichzelf opbrandt om voor anderen geur te verspreiden. Iedere ademhaling van de leerling moet voor het welzijn van de wereld zijn. Bij iedere handeling moet die leerling de houding hebben dat hij de meester dient. Iemand die zijn toevlucht volledig tot een spirituele meester genomen heeft, hoeft geen nieuwe levens meer te leiden, tenzij die ziel wordt wedergeboren omdat het de wil van de meester is.

Maar er zijn veel soorten leraren. Er zijn er die instructies geven nadat zij de geschriften en de Purana's bestudeerd hebben. Zij zijn gurus. Maar tegenwoordig worden mensen die een willekeurig boek gelezen hebben en wat dan ook aanhangen, ook als gurus beschouwd. Een satguru is echter heel anders. Een satguru is iemand die door ascese en verzaking de waarheid gerealiseerd heeft en direct de hoogste staat, die in de schriften beschreven wordt, ervaren heeft. Uiterlijk mag hij er niet bijzonder uitzien wanneer hij met anderen vergeleken wordt, maar het profijt dat je van zo'n meester krijgt, kun je niet krijgen van mensen die pretenderen een satguru te zijn. Zij die veel uiterlijke pracht en praal vertonen, hoeven niet veel in hun binnenste te hebben. Je zult er niet veel baat bij vinden als je van hen afhankelijk bent. Het verschil tussen hen en een satguru is als het verschil tussen een lamp van tien watt en een van duizend watt. Alleen al de aanwezigheid van een echte meester zal je met gelukzaligheid vullen en je vasana's (aangeboren neigingen) verzwakken.

Het onderwijs van de satgurus is niet beperkt tot hun woorden. Hun woorden worden in hun daden weerspiegeld. In hun leven kun je het levende woord van de geschriften zien. Als je hun leven bestudeert, is het niet echt nodig om de geschriften te bestuderen. De satgurus zijn volkomen onbaatzuchtig. Zij kunnen vergeleken worden met een beeld van chocolade of kandijsuiker omdat er van hen alleen zuivere zoetheid komt. Er hoeft niets weggegooid te worden. De satgurus worden alleen voor het verheffen van de wereld geboren. Zij zijn geen individuen, zij vertegenwoordigen een ideaal. We hoeven alleen maar hun pad te volgen. De grote meesters openen onze ogen voor wijsheid en verwijderen de duisternis.

God is in alles aanwezig. Maar het is de satguru die onze fouten corrigeert en ons naar Gods wereld optilt. Daarom zegt men dat de meester Brahma, Vishnu en Maheshvara is.[4] De satguru betekent zelfs meer voor de leerling dan God. Als je eenmaal een satguru vindt, hoef je niet langer aan realisatie te denken en hoef je je ook geen zorgen te maken over wedergeboorte. Alles wat je moet doen is het pad van je meester volgen. Als je bij je meester gekomen bent, heb je de plaats bereikt waar je hoort te zijn net zoals een vijver die in een rivier opgaat die in de zee uitmondt. De meester zal voor de rest zorgen en zal je naar het doel brengen. Het enige wat de leerling moet doen is zich met zijn hele hart overgeven aan de voeten van de meester. De meester zal de leerling nooit in de steek laten.

Vraag: Amma, welk pad is in deze tijd het meest geschikt om Zelfrealisatie te bereiken?

Amma: Zelfrealisatie is niet iets dat zich ergens buiten ons bevindt. Volgens Heer Krishna is gelijkmoedigheid yoga. We moeten alles als Goddelijk Bewustzijn kunnen zien. Alleen dan kunnen we perfectie bereiken. We moeten ook alleen maar het

---

[4] In het hindoeïsme is God een drie-eenheid: Brahma (de Schepper), Vishnu (de Instandhouder) en Shiva of Maheshvara (de Vernietiger).

goede in alles zien. Een honingbij concentreert zich alleen op de nectar in een bloem en geniet van de zoete smaak. Alleen zij die in alles altijd de goede kant zien, komen in aanmerking voor realisatie. Als we echt naar realisatie verlangen moeten we het lichaam volledig kunnen vergeten. We moeten er absoluut van overtuigd zijn dat we het Zelf zijn. God heeft geen speciale verblijfplaats. God verblijft in ons hart. We moeten ons bevrijden van alle gehechtheden en het lichaamsbewustzijn. Dat is het enige wat nodig is. En hiermee zal er een diep inzicht in ons beginnen te rijpen: dat het Zelf geen geboorte of dood kent, geen geluk of verdriet. Alle angst voor de dood zal verdwijnen en we zullen vol gelukzaligheid zijn.

Een zoeker moet leren om iedere situatie met geduld te ver-welkomen. Als honing met zout vermengd is kan de zoute smaak verwijderd worden door voortdurend honing toe te voegen. Op dezelfde manier moeten we ieder spoor van vijandschap en het gevoel van "ik" uit ons verwijderen. We doen dit door goede gedachten te denken. Wanneer de geest op die manier zuiver wordt, zullen we iedere situatie met vreugde kunnen verwelko-men. Zo zullen we spirituele vooruitgang maken, ook al zijn we ons misschien niet eens bewust van onze vooruitgang.

In de toestand van Zelfrealisatie zien we anderen als ons eigen Zelf. Als we over iets uitglijden en vallen, waarbij we onze voet bezeren, dan geven we onze ogen niet de schuld dat ze onzorg-vuldig zijn geweest, en we verwijderen ze niet! We proberen onze voet te verzorgen. Als onze linkerhand gewond is, komt onze rechterhand te hulp om hem te verzorgen. Zo ook is Zelfrealisatie het vergeven van degenen die fouten maken omdat we in hen ons eigen Zelf ervaren.

Voor een gerealiseerde persoon is er niets gescheiden van het Zelf. Als we die toestand niet bereikt hebben, is alle gepraat over

Zelfrealisatie enkel woorden. Die woorden zullen niet bezield zijn met de kracht van ervaring. Maar het is onmogelijk om dit niveau van bewustzijn, dit niveau van ervaring te bereiken zonder de hulp van een satguru. Het enige wat men hoeft te doen is de woorden van de meester opvolgen.

Zelfrealisatie is niet iets dat je ergens kunt kopen. Je houding moet veranderen, dat is alles. Mensen geloven ten onrechte dat de gebondenheid waar zij zich in bevinden, echt is. Er is een verhaal over een koe die gewoonlijk in de koeienstal vastgebonden werd. Op een dag werd ze niet vastgebonden. Ze werd gewoon de stal binnengeleid en de deur werd gesloten. Het touw bleef op de grond liggen. Toen de eigenaar de volgende dag de deur van de koeienstal opende om de koe naar buiten te laten, bewoog zij zich niet. Hij duwde haar maar zij weigerde zich te verplaatsen. Hij porde haar met een stok maar zelfs toen bleef ze staan. Toen dacht hij: "Gewoonlijk maak ik het touw los wanneer ik binnenkom, maar gisteravond heb ik haar niet vastgebonden. Wat als ik doe alsof ik haar losmaak?" Hij raapte het einde van het touw op en deed alsof hij de koe losmaakte van de gebruikelijke paal. De koe verliet onmiddellijk de stal.

Mensen verkeren bijna in dezelfde situatie als die koe. Ze zijn niet gebonden maar ze denken dat ze het zijn. Je moet die illusie verwijderen. Je moet begrijpen dat je werkelijk aan helemaal niets gebonden bent. Maar je zult die misvatting niet kunnen veranderen zonder de hulp van een echte meester. Dit betekent niet dat de meester Zelfrealisatie naar je toe brengt. De taak van de meester is om je ervan te overtuigen dat je niet gebonden bent. Alleen als je echt gebonden zou zijn, zouden de banden losgemaakt moeten worden.

Alleen wanneer de golven tot rust komen, kunnen we het beeld van de zon in het water zien. Zo ook kunnen we alleen het Zelf zien, wanneer de golven in de geest tot rust komen. Het is niet nodig om een beeld te creëren. Alles wat we moeten doen is de golven tot rust laten komen, en dan zal het beeld tevoorschijn komen. Je kunt geen reflectie zien op schoon en doorzichtig glas. Eén kant van het glas moet bedekt worden met een bepaalde verf. Zo ook kunnen we God alleen zien wanneer de verf van onbaatzuchtigheid in ons wordt aangebracht.

Zolang het ego blijft, kunnen we niet onbaatzuchtig zijn. De meester leidt de leerling door situaties die nodig zijn om het ego te verwijderen. De leerling leert om het ego weg te beitelen. Doordat de leerling dicht bij de meester is en door de begeleiding die hij van de meester krijgt ontwikkelt de leerling geduld, zelfs zonder dat hij zich ervan bewust is. De meester plaats de leerling in situaties waarin zijn geduld getest wordt en zijn kwaadheid naar buiten kan komen. De leerling krijgt bijvoorbeeld werk dat hij niet graag doet. Dit zal de leerling kwaad maken en hij zal niet gehoorzamen. Dan zal de meester de leerling aanmoedigen om na te denken. De leerling zal in zichzelf de kracht vinden die nodig is om moeilijke situaties te boven te komen. Zo maakt de meester van verschillende situaties gebruik om de zwakheden van de leerling te elimineren en hem sterk te maken. Dit stelt de leerling in staat om het ego te transcenderen. Met dit doel, het elimineren van het ego, zoeken we onze toevlucht bij een meester.

Alleen wanneer het vlees uit een schelp verwijderd is, kan er geluid uitkomen wanneer erop geblazen wordt. Op dezelfde manier kunnen wij ons spirituele doel bereiken wanneer we van ons ego bevrijd zijn. Als volledige overgave eenmaal heeft plaatsgevonden, is er geen besef van "ik" meer, er is alleen God. Die toestand kan niet in woorden beschreven worden.

Als je nog in beslag genomen wordt door de gedachte wanneer je realisatie zult bereiken, nadat je bij een meester gekomen bent, betekent dat dat je je niet volledig aan de meester overgegeven hebt. Het betekent dat je vertrouwen in de meester niet volledig is. Wanneer je eenmaal bij de meester bent, moet je zijn instructies letterlijk opvolgen en alle andere gedachten vergeten. Dat is het enige wat de leerling moet doen. Een echte leerling geeft zelfs het verlangen naar Zelfverwerkelijking aan de meester over. Zijn enige doel is volledige gehoorzaamheid aan de meester. Er zijn geen woorden om de liefde en de eerbied die de leerling voor de meester voelt, te beschrijven.

Vraag: Als we een terugval ondergaan zelfs nadat we bij een meester geleefd hebben, zal de meester er dan in ons volgende leven zijn om ons te redden?

Amma: Volg altijd de woorden van de meester. Wijd je helemaal aan zijn voeten en zie vanaf dat ogenblik alles als de wil van de meester. Als leerling moet je zelfs niet aan de mogelijkheid van een terugval denken. Zo denken toont een zwakheid. Het betekent dat je niet echt vertrouwen in jezelf hebt. En als je niet in jezelf gelooft, hoe kun je dan vertrouwen in de meester hebben? De meester zal de leerling die oprecht tot hem bid niet in de steek laten. De leerling moet zijn volledige toevlucht tot de meester nemen.

Vraag: Wat wordt er bedoeld met echte dienstbaarheid aan de meester?

Amma: Wanneer we over een echte meester praten, bedoelen we niet gewoon een individu. We bedoelen het Goddelijke Bewustzijn, de Waarheid. De meester doordringt het hele universum. We moeten dit begrijpen want alleen dan kunnen we spiritueel vooruitgaan. Een leerling moet nooit gehecht zijn aan het fysieke lichaam van de meester. We moeten onze blik verruimen zodat we al het levende en levenloze als de meester zien en anderen

27

met devotie dienen. Door onze band met de meester krijgen we deze bewustzijnsverruiming. De geest van een leerling die rijp wordt door naar de woorden van de meester te luisteren en naar de daden van de meester te kijken, stijgt naar dat niveau zonder dat de leerling zich daarvan bewust is. Aan de andere kant is de dienstbaarheid van iemand die om zuiver egoïstische redenen fysiek dicht bij de meester wil zijn, geen echte dienstbaarheid aan de meester.

De band van de leerling met de meester moet zo zijn dat het onmogelijk wordt om zelfs een ogenblik van de meester weg te zijn. Tegelijkertijd moet je ruimdenkend genoeg zijn om anderen te dienen en moet je dit doen totdat je jezelf begint te vergeten. Je moet anderen dienen met de houding dat je de meester dient. Dat is de echte leerling die de werkelijke essentie van de meester in zich opgenomen heeft. De meester zal altijd bij zo'n leerling zijn.

Wanneer we een mangoboom zien, gaat onze aandacht niet naar de boom maar naar de vruchten. Toch verzuimen we niet om voor de boom te zorgen. Op dezelfde manier is het lichaam van de meester erg kostbaar, hoewel de leerling goed weet dat de meester niet het lichaam is maar juist het allesdoordringende bewustzijn. Aan persoonlijke dienstverlening aan de meester hecht de leerling meer waarde dan aan het leven zelf. Als echte leerling ontdek je dat je bereid bent om je leven op te geven omwille van de meester. En toch is je begrip van de meester niet beperkt tot het begrensde individu. Je ziet je meester in alle levende wezens. En zo ga je werkelijk inzien dat het dienen van anderen gelijkstaat met het dienen van de meester. De echte leerling vindt hierin voldoening en geluk.

Vraag: Als de meester niet gerealiseerd is, wat heb je er dan aan om je aan hem over te geven? Zal de leerling niet bedrogen worden? Hoe kunnen we bepalen of een spirituele meester gerealiseerd is of niet?

Amma: Dat is moeilijk te zeggen. Iedereen wil de grootste filmster worden, wie dat op het ogenblik ook is. De mensen doen alles om dit te bereiken. Ze proberen hem op allerlei manieren na te doen. Zo ook zijn er veel mensen die zich als meester willen voordoen als ze de eer en het respect zien die een spirituele meester verleend worden. Als we een lijst van de kenmerken van een perfecte meester zouden maken, zou dat het makkelijker maken voor hen die de rol van meester graag op zich willen nemen. Gewone mensen zouden bedrogen worden door hun vertoning. Het is dus beter om niet uit te wijden over de aard van een satguru. Het moet niet in het openbaar besproken worden.

De geschriften hebben bepaalde omschrijvingen gegeven van de kenmerken van een meester. Maar het is moeilijk om de kenmerken die je in één meester ziet als criterium te gebruiken wanneer je erachter probeert te komen of iemand anders wel of niet een echte meester is. Iedere meester handelt op zijn eigen manier. Hoeveel je ook leest en studeert, het is moeilijk om een perfecte meester te vinden tenzij je een zuiver hart hebt. Verzaking, liefde, mededogen en onbaatzuchtigheid kun je over het algemeen in alle meesters vinden. Maar een meester neemt heel verschillende rollen aan om de leerlingen te testen. Alleen een leerling met een zuiver hart kan dit vertragen. Wanneer de zoeker met een oprecht verlangen en een zuiver hart begint te zoeken, zal er een echte meester naar hem toe komen. Maar de meester zal de leerling ook testen.

Zelfs als een zoeker die een zuiver hart heeft in handen van een onechte meester valt, zal zijn onschuld hem niettemin naar het doel leiden. God zal het pad dat hiervoor nodig is opruimen. In plaats van tijd te verspillen met het testen en vergelijken van meesters, kun je beter tot God te bidden om je te helpen om een perfecte leerling te worden en je naar een perfecte meester

29

te leiden. Alleen wanneer het intellect en het hart zich verenigen kan een leerling een echte meester herkennen.

Vraag: Amma, op welke manieren test de meester zijn leerlingen?

Amma: We kunnen daarvoor geen lijst van algemene regels opstellen zoals de richtlijnen voor succes bij een examen. De meester leidt de leerling overeenkomstig de vasana's die de leerling in vele levens verworven heeft. Zelfs in gelijke situaties kan de meester zich heel anders gedragen tegenover verschillende leerlingen. Voor jou hoeft het nergens op te slaan. Alleen de meester weet de reden. De meester besluit welke methoden hij zal volgen om de vasana's van een bepaald iemand te verzwakken en hem naar het doel te leiden. De enige factor die de spirituele vooruitgang van de leerling zal helpen is dat hij zich overgeeft aan de beslissing van de meester.

Wanneer twee leerlingen dezelfde fout maken, kan de meester op de een kwaad worden en tegenover de ander erg liefdevol zijn en doen alsof er niets gebeurd is. De meester kent het niveau van mentale kracht en rijpheid van iedere leerling. Uit onwetendheid bekritiseren omstanders de meester misschien. Zij zien alleen wat er aan de buitenkant gebeurt. Zij hebben niet het inzicht om te zien welke veranderingen er in de leerlingen plaatsvinden.

De boom kan pas tevoorschijn komen wanneer het buitenste omhulsel van het zaad gebroken is. Op dezelfde manier kun je de Waarheid niet kennen zonder het ego totaal te vernietigen. De meester zal de leerling op verschillende manieren testen om vast te stellen of hij naar de meester gekomen is in een kortstondige opwelling van enthousiasme of uit liefde voor het spirituele doel. Die tests kunnen vergeleken worden met onverwachte proefwerken op school. Je wordt van tevoren niet gewaarschuwd. Het is de plicht van de meester om vast te stellen hoeveel geduld, verzaking en mededogen de leerling heeft en om te onderzoeken of hij zwak wordt wanneer hij met bepaalde situaties geconfronteerd wordt en of hij de kracht heeft om die te boven te komen. Er wordt van de leerlingen verwacht dat zij in de toekomst leiding geven aan de wereld. Ooit kunnen er duizenden mensen naar hen toe komen die volledig vertrouwen in hen stellen. De leerlingen moeten genoeg innerlijke kracht, volwassenheid en mededogen hebben om dat vertrouwen niet teleur te stellen. Als een leerling zonder die eigenschappen de wereld ingaat en onvoldoende innerlijke zuiverheid heeft, zal dat het grootste verraad zijn. Als gevolg daarvan zou degene die de wereld hoort te beschermen, in plaats daarvan een destructieve vijand kunnen worden.

De meester onderwerpt de leerling aan talloze tests om hem op de juiste manier te vormen.

Een meester gaf zijn leerling eens een stuk rots en vroeg hem om daaruit een beeld te houwen. De gehoorzame leerling gaf voedsel en slaap op en ging aan de slag om een beeld te houwen. Toen het beeld klaar was bracht hij het naar de meester en offerde het aan zijn voeten. Hij stond nederig opzij met samengevouwen handen en gebogen hoofd. De meester wierp een blik op het beeld, pakte het op en smeet het weg. Het brak in meerdere stukken. "Is dit de manier om een beeld te maken?" vroeg hij kwaad. De leerling keek naar de gebroken stukken en dacht: "Hij heeft niet één vriendelijk woord gesproken, hoewel ik dagenlang hard gewerkt heb zonder te eten of te slapen!"

De meester, die zijn gedachten kende, gaf hem een andere steen en vroeg hem om opnieuw te beginnen en een ander beeld te houwen. De leerling ging met de steen weg en maakte een nieuw beeld dat mooier dan het eerste was. Opnieuw ging hij naar de meester met de gedachte dat de meester deze keer zeker tevreden zou zijn. Maar zodra de meester het beeld zag, werd zijn gezicht rood. "Houd je me voor de gek?" zei hij. "Dit beeld is slechter dan het eerste!" En hij brak dat beeld ook. Hij keek naar de leerling

31

die daar stond met zijn hoofd nederig gebogen. Deze keer voelde de leerling geen enkele wrok tegenover de meester, maar hij was wel een beetje bedroefd.

De meester gaf hem een nieuwe steen en vroeg hem om een nieuw beeld te maken. De leerling hieuw het nieuwe beeld met veel zorg. Het was een groot kunstwerk. Hij legde het aan de voeten van de meester. De meester pakte het beeld op en sloeg het onmiddellijk aan diggelen en gaf de leerling een flinke uitbrander. Deze keer voelde de leerling zich niet kwaad en niet bedroefd. Hij dacht: "Als dit de wens van mijn meester is, laat het zo zijn. Alles wat hij doet is voor mijn eigen bestwil." Zodanig was op dat moment zijn houding van overgave.

De meester gaf hem weer een steen. De leerling nam hem blij aan en kwam terug met een ander uitzonderlijk mooi beeld. De meester brak dat ook. Maar er was niet de geringste verandering in de stemming van de leerling. De meester was hiermee heel blij. Hij legde zijn handen op het hoofd van de leerling en zegende hem.

Een toeschouwer die gezien zou hebben wat de meester deed, zou waarschijnlijk denken dat de meester wreed was of zelfs gek. Alleen de meester en de leerling die zich volledig aan hem had overgegeven, konden weten wat er werkelijk plaatsvond. Iedere keer dat de meester een beeld stuksloeg dat de leerling naar hem had gebracht, beeldhouwde hij een echt beeld in het hart van de leerling. Het was het ego van de leerling dat gebroken werd. Alleen een satguru kan dit doen en alleen een echte leerling kan de gelukzaligheid ervaren die daaruit voortkomt.

De leerling moet begrijpen dat de meester veel beter dan de leerling weet wat goed of slecht voor hem is en wat hij wel of niet nodig heeft. Men moet een meester nooit benaderen voor positie of faam. Je gaat naar een meester omdat je je over wil geven. Als je kwaadheid of wrok voelt wanneer de meester jou of wat je doet niet prijst, dan mis je de kwaliteiten die je als leerling nodig hebt. Bid dat je kwaadheid verwijderd wordt. Begrijp dat iedere handeling van de meester voor je eigen bestwil is. Sommige mensen denken: "Hoeveel jaren ben ik nu al bij mijn meester? En toch behandelt hij mij nog steeds zo!" Dit toont hun gebrek aan overgave. Alleen zij die zich niet slechts een paar jaar maar al hun levens aan de voeten van de meester overgeven, zijn echte leerlingen. Wanneer de houding "ik ben het lichaam, de geest en het intellect" voortduurt, komen kwaadheid, afkeer en egoïsme in de geest op. Om van deze negatieve eigenschappen af te komen neemt een zoeker zijn toevlucht tot een spirituele meester. De enige manier waarop we onze negatieve eigenschappen kunnen overwinnen is ons volledig aan de meester overgeven. De houding dat alles wat de meester doet voor ons eigen bestwil is, moet stevig vat op onze geest krijgen. We moeten het intellect nooit toestaan om het handelen van de meester te beoordelen.

Mijn kinderen, niemand kan voorspellen in wat voor vorm de tests van de meester zullen komen. Je volledig overgeven is de enige manier om voor die tests te slagen. Zij zijn echt het bewijs van het mededogen van de meester met de leerling. Ze verzwakken de vasana's van de leerling. Alleen door je over te geven kun je de genade van de meester verkrijgen.

Een jongeman benaderde een meester met de vraag om als leerling aangenomen te worden. De meester zei: "Zoon, je hebt niet de mentale volwassenheid die nodig is om een volledig spiritueel leven te leiden. Je hebt wat prarabdha[5] dat nog afgehandeld moet worden. Wacht wat langer."

Maar de jongeman weigerde het op te geven. Vanwege zijn volharding nam de meester hem uiteindelijk als leerling aan. Een tijdje later gaf de meester sannyasa initiatie aan al zijn leerlingen behalve aan hem. De leerling kon dit niet verdragen. Hij was

---

[5] Het resultaat van handelingen uit dit en vorige levens dat zich in dit leven zal manifesteren.

kwaad op de meester. Naar buiten toe liet hij niets merken, maar hij begon negatieve dingen over de meester te vertellen tegen de bezoekers die naar de ashram kwamen. De meester wist dit, maar zei niets. Na een tijdje begon de leerling zijn kritiek zelfs in aanwezigheid van de meester te uiten. De meester kende de aard van de leerling heel goed. Hij wist dat geen enkel advies hem zou veranderen, dat hij alleen uit ervaring zou leren. Dus hield hij zijn mond.

Rond die tijd besloot de meester om een grote yajna (offerplechtigheid) te houden voor het welzijn van de wereld. Tijdens de offerplechtigheid waren er veel artikelen nodig als offergave aan het heilige vuur. Een gezin vlakbij de ashram bood aan om al het nodige te verschaffen. De jongeman kreeg de taak om de spullen tijdens de yajna iedere dag op te halen. Een jonge vrouw uit het gezin gaf hem iedere dag het materiaal. Vanaf de eerste keer dat de leerling haar zag, voelde hij zich tot haar aangetrokken. Zijn gevoelens werden sterker naarmate de dagen verstreken. Op een dag kon hij zich niet beheersen en pakte hij haar hand beet. De vrouw aarzelde geen moment. Ze pakte een stok die op de grond lag en sloeg hem op zijn gezicht.

Zodra de meester hem terug zag komen met zijn gezicht bedekt, begreep hij wat er gebeurd was. Hij zei: "Snap je nu waarom ik je aanvankelijk niet als leerling wilde accepteren en waarom ik je geen sannyasi (monnik) gemaakt heb? Denk je eens in hoe schandelijk het geweest zou zijn als je zo gehandeld had met een oker gewaad aan! Dat zou een groot verraad aan de wereld geweest zijn en aan de traditie van sannyasi's. Ga een tijdje in de wereld leven, mijn zoon. Ik zal je roepen wanneer het tijd is." Pas toen begreep de leerling eindelijk zijn fout, en hij wierp zich aan de voeten van de meester.

Je wordt geen dokter van topklasse door alleen een dokterstitel te verkrijgen. Je moet ook als assistent bij een ervaren dokter werken en ervaring opdoen in het behandelen van verschillende ziekten. Alleen door hard te werken en constant te oefenen is het mogelijk om werkelijk een goede dokter te worden. Op dezelfde manier zijn er, hoeveel spirituele teksten je ook bestudeert, lessen van onschatbare waarde te leren door de wereld in te gaan en voortdurend met mensen te werken. Dat is de belangrijkste manier van leren. De satguru zal alle omstandigheden creëren die nodig zijn voor de vooruitgang van de leerling die spiritueel onderricht bij hem zoekt. Je vasana's zullen niet verdwijnen als je alleen maar met je ogen dicht zit en mediteert. Je mentale onzuiverheden zullen alleen geëlimineerd worden als je volledig vertrouwen in de meester hebt en als je de nederigheid en ruimdenkendheid hebt die voor overgave nodig zijn. Overgave is als een bleekmiddel dat vlekken uit je kleren verwijdert. Overgave verwijdert je mentale onzuiverheden en vasana's. In tegenstelling tot wat sommige mensen denken is overgave aan een satguru niet een vorm van slavernij. Het is de poort tot echte onafhankelijkheid en vrijheid. Wat de verleidingen ook mogen zijn, de geest van de leerling moet stabiel zijn. Dat is echte overgave aan de meester. Deze houding kan voor geen enkel bedrag aan geld gekocht worden. Het moet zich natuurlijk ontwikkelen.

Wanneer de leerling dit soort overgave ontwikkeld heeft, is hij in alle opzichten volledig.

Vraag: Begrijpt de spirituele meester de aard van de leerling niet zodra hij de leerling ziet? Waarvoor zijn dan al die tests?

Amma: De meester kent de aard van de leerling beter dan de leerling zelf. De leerling moet bewust gemaakt worden van zijn eigen tekortkomingen. Alleen dan zal de aspirant ze kunnen transcenderen en vooruitgaan.

In deze tijd is het moeilijk om leerlingen te vinden die hun spirituele meester echt gehoorzamen en zich echt bewust zijn van het doel. Dit is een tijdperk waarin de spirituele meesters veroordeeld en bekritiseerd worden als zij niet aan het egoïsme van de leerlingen toegeven. Toch zullen de meesters door hun grenzeloze mededogen hun uiterste best doen om de leerlingen op het juiste pad te leiden. In vroeger tijden wachtte de leerling geduldig de meester op. Tegenwoordig is het de meester die de leerling opwacht. Het enige doel van de meester is om de leerling naar de hoogste staat te brengen met alle middelen die hiervoor nodig zijn. De meester is bereid om hiervoor alles op te offeren. Je vraagt je misschien af: "Is het geen slavernij om ieder woord van de meester te gehoorzamen?" Maar die "slavernij" schaadt de leerling op geen enkele manier. Integendeel, het zal de leerling voor altijd vrijmaken! Het helpt om het Zelf in de leerling wakker te maken. Als een zaadje tot een majestueuze boom wil uitgroeien, moet het eerst onder de grond gaan.

Als we de zaden verspillen en ze opeten, zal het onze honger een poosje stillen. Het brengt meer op als we ze planten en ze tot bomen laten uitgroeien. Zij zullen genoeg fruit geven om mensen jarenlang te voeden. Ze zullen verkoelende schaduw geven aan voorbijgangers die vermoeid zijn door de brandende hitte van de zon. Zelfs wanneer iemand een boom omhakt geeft de boom schaduw aan die persoon.

We moeten ons aan de meester overgeven in plaats van aan ons ego toe te geven. Door dit te doen zullen we later het lijden van talloze mensen kunnen verlichten. Zich overgeven aan de meester, gehoorzamen aan de meester is nooit slavernij. Het is een teken van moed. Een echt moedig iemand geeft zich aan de spirituele meester over om het ego uit te roeien.

We klampen ons vast aan een stukje land, plaatsen er een hek omheen en zeggen dat het van ons is. Vanwege deze gehechtheid geven we onze soevereiniteit over het hele universum op. We hoeven alleen maar van het "ik" besef af te komen. Dan zullen alle drie de werelden voor ons knielen. Vandaag de dag is de grootste moeilijkheid voor een meester om goede leerlingen te vinden. Veel van de tegenwoordige leerlingen zijn het soort mensen die een korte tijd bij de meester doorbrengen en dan zelf een ashram willen oprichten en zich als meesters voordoen. Als er twee mensen zijn die voor hen buigen, zullen die leerlingen indruk proberen te maken. Omdat de meester zich hiervan bewust is, probeert hij het ego van de leerling volledig te verwijderen. Vergeet niet dat iedere situatie die de perfecte meester creëert een geschenk van genade is dat bedoeld is om het ego, dat de persoonlijkheid van de leerling misvormt, te verwijderen en om de schoonheid van het Zelf in hem te onthullen. Dit is de weg naar uiteindelijke vrijheid, goddelijkheid en eeuwige vrede.

Interviews met de Goddelijke Moeder

Een interview met Amma voor een Engelstalig tijdschrift.

Vraag: Wat is de boodschap van Amma's leven?

Amma: Amma's leven is Haar boodschap, en dat is liefde.

Vraag: Zij die U ontmoet hebben, worden het nooit moe om Uw liefde te prijzen. Hoe komt dat?

Amma: Amma toont niet doelbewust speciale liefde voor iemand. Liefde ís er gewoon, natuurlijk en spontaan. Amma kan aan niemand een hekel hebben. Ze kent slechts één taal en dat is de taal van de liefde. Dat is de enige taal die iedereen begrijpt. De grootste armoede die men tegenwoordig in de wereld ervaart, is het gebrek aan onbaatzuchtige liefde.

Alle mensen praten over liefde en zeggen dat ze van elkaar houden, maar dat kan geen echte liefde genoemd worden. Wat de mensen tegenwoordig als liefde beschouwen is bezoedeld met egoïsme als een goedkoop sieraad met een laagje goud eromheen. Het is misschien leuk om te dragen, maar het is van slechte kwaliteit en zal niet lang meegaan.

Er is een verhaal over een klein meisje dat ziek werd en in het ziekenhuis opgenomen werd. Toen ze weer naar huis kon gaan zei ze tegen haar vader: "Papa, de mensen hier zijn zo goed voor me! Houd jij net zoveel van mij als zij? De dokter en de verpleegsters hebben voor me gezorgd. Ze houden allemaal zoveel van me! Ze vragen me hoe het met me gaat. Ze zorgen voor alles wat ik nodig heb. Ze maken mijn bed op, geven me op tijd te eten en ze geven me nooit een uitbrander. Jij en mama geven mij altijd op mijn kop!" Juist op dat moment overhandigde de receptionist de vader een papier. Het meisje vroeg wat het was. De vader zei: "Zei je me zonet niet hoeveel deze mensen van je houden? Wel, dit is de rekening voor die liefde!"

Mijn kinderen, dit toont de aard van de liefde die we in de wereld van vandaag zien. Er is een vorm van eigenbelang verborgen achter alle liefde die we zien. De handelsmentaliteit van de zakenwereld is in individuele relaties geslopen. De eerste gedachte die in de mensen opkomt wanneer ze iemand ontmoeten, is wat er bij die persoon te halen valt. Als er niets te winnen valt, nemen ze niet de moeite om een relatie op te bouwen. Zodra in een relatie het profijt minder wordt, neemt de relatie ook af. Zoveel egoïsme er in de geest van de mensen is. Als gevolg hiervan lijdt de mensheid nu.

Als er in deze tijd drie gezinsleden zijn, is het alsof zij op drie gescheiden eilanden wonen. De wereld is dermate gedegenereerd dat de mensen niet meer weten wat echte vrede en harmonie zijn. Dit moet veranderen. Onbaatzuchtigheid moet bloeien in plaats van egoïsme. De mensen moeten ophouden met elkaar te onderhandelen in naam van relaties. Liefde mag geen ketting zijn waaraan je vastzit. Het moet de werkelijke adem van het leven zijn. Dit is Amma's wens.

Als we eenmaal de houding ontwikkelen "Ik ben liefde, de belichaming van liefde," dan hoeven we niet op zoek naar vrede rond te trekken, want dan zal de vrede naar ons op zoek gaan. In die verruimde staat van bewustzijn lossen alle conflicten op zoals de mist verdwijnt wanneer de zon opkomt.

Vraag: Iemand heeft gezegd: "Als je wilt weten hoe liefde eruit zou zien als het een menselijke vorm aan zou nemen, hoef je alleen maar naar Amma te kijken!" Zou Amma hierover iets kunnen zeggen?

Amma (lachend): Als je iemand tien roepies geeft van de honderd die je hebt, zullen er slechts negentig roepies overblijven. Maar met liefde is dat anders. Hoeveel liefde je ook geeft, hij kan nooit uitgeput raken. Hoe meer je geeft des te meer zul je hebben, als een onuitputtelijke bron die in een waterput stroomt wanneer je er water uithaalt. Amma weet alleen dit: dat Haar leven een boodschap van de liefde moet zijn. Dit is Amma's enige zorg. Mensen worden geboren om van te houden. Zij leven voor liefde, maar toch is dat het enige wat tegenwoordig ontbreekt. Een tekort aan liefde teistert de wereld.

Vraag: Amma geeft troost aan alle mensen die naar Haar toe komen door ieder van hen in Haar armen te houden. Is dit niet ongebruikelijk in India?

Amma: Tillen moeders hun baby niet op en knuffelen zij die niet? Ons land heeft altijd de moeder-kind relatie verheerlijkt. Amma ziet degenen die naar Haar toe komen niet als verschillend of gescheiden van zichzelf. Als er pijn in een deel van je lichaam is, zal je hand daar onwillekeurig naar toe gaan om verlichting te geven. Voor Amma zijn het verdriet en het lijden van anderen van Haarzelf. Kan een moeder die haar kind van de pijn ziet huilen er gewoon bij blijven staan en toekijken?

Vraag: Amma, houdt U meer van de arme en in de steek gelaten mensen dan van anderen?

Amma: Amma kan niet partijdig zijn in Haar liefde. Als er een lamp voor een huis wordt aangestoken, zal iedereen die daar komt evenveel licht krijgen, de een niet meer of minder dan de ander. Maar als je de deuren dichthoudt en binnenblijft, zul je nog steeds in het donker zitten. In het donker blijven en dan het

41

licht de schuld geven heeft geen zin. Als je het licht wil, moet je de deuren van je hart openen en naar buiten komen. De zon heeft geen kaars nodig om zijn weg te verlichten. Sommige mensen geloven dat God iemand is die ergens hoog in de hemel zit. Ze geven kwistig geld uit om God te behagen, maar Gods genade kun je niet verkrijgen door alleen maar geld uit te geven. God ziet liever dat wij de armen dienen dan al het overige. God is veel blijer wanneer hij ziet dat een arm iemand geholpen en getroost wordt dan wanneer er miljoenen uitgegeven worden aan een opzichtig religieus feest. Gods genade stroomt rijkelijk wanneer hij je de tranen van een lijdende ziel ziet afvegen. Overal waar God zo'n zuivere persoon ziet, haast Hij zich heen om te verblijven. Een meedogend hart is een veel kostbaardere verblijfplaats voor God dan een bank bekleed met zijde of een gouden troon.

Amma kijkt alleen naar het hart van Haar kinderen. Ze beoordeelt hen niet naar hun materiële omstandigheden of hun status in de wereld. Een echte moeder zou nooit aan zoiets denken. Maar wanneer er iemand vol verdriet naar Amma komt, is Ze vol mededogen bij het zien van dat verdriet. Amma zal het verdriet van die persoon als Haar eigen verdriet voelen en zal alles doen wat Ze kan om hem te troosten.

Vraag: Wordt Amma niet moe wanneer Ze zoveel tijd bij haar toegewijden doorbrengt?

Amma: Waar liefde is, is geen vermoeidheid. Een moeder draagt haar kind urenlang achtereen. Ziet zij haar kind als een last?

Vraag: In de begintijd werd Amma met veel tegenwerking geconfronteerd. Zou Amma daarover iets kunnen zeggen?

Amma: Het leek Amma niet zo belangrijk. Amma kende de aard van de wereld. Stel dat je naar een vuurwerkdemonstratie kijkt. Als je weet dat er een zeer harde zevenklapper zal afgaan, zul je niet schrikken wanneer hij ontploft. Zij die in zee kunnen zwemmen zullen ervan genieten om met de golven te spelen en zij laten zich niet door angst verzwakken. Omdat Amma de aard van de wereld al kende, bedierven de obstakels in Haar leven Haar innerlijke vreugde niet. Ze dacht dat degenen die tegen Haar waren als spiegels waren. Ze dwongen Haar om naar binnen te kijken. Dat was Amma's houding tegenover hen.

Klachten en verdriet ontstaan alleen wanneer je denkt dat je het lichaam bent. In het domein van het Zelf is er geen plaats voor verdriet. Toen Amma zich bezon op de aard van het Zelf, werd het Haar duidelijk dat Ze geen stilstaande vijver was, maar een vrij stromende rivier.

Er komen veel mensen naar de rivier, zowel de zieken als de gezonden. Sommigen drinken van het water, anderen baden erin, wassen hun kleren erin of spugen er zelfs in. Het maakt voor de rivier niets uit hoe de mensen hem behandelen, hij blijft stromen. Of het water gebruikt wordt voor aanbidding of voor baden, hij klaagt nooit. Hij stroomt voort, en streelt en zuivert degenen die erin stappen. Maar het water van een vijver staat stil en is onzuiver en zal onvermijdelijk een vieze geur hebben.

Toen Amma dit eenmaal inzag kon noch de tegenwerking die Ze ondervond noch de liefde die Ze ontving haar in het minst beïnvloeden. Geen van beide leek belangrijk. Verdriet ontstaat wanneer je denkt "Ik ben het lichaam." Er is geen plaats voor verdriet op het niveau van het Zelf. Niemand was van Amma gescheiden. Voor Amma waren de tekortkomingen van anderen haar eigen tekortkomingen. Dus die ontberingen leken Amma geen ontberingen. Ze wierpen vuil naar deze boom, maar voor

Amma veranderde het in mest. Alles was voor het uiteindelijke welzijn.

Vraag: Amma, ervaart U het Zelf niet? Waarom bidt U dan? Waarom zijn in Amma's geval spirituele oefeningen noodzakelijk?

Amma: Amma heeft dit lichaam aangenomen omwille van de wereld, niet voor zichzelf. Amma is niet naar deze wereld gekomen om alleen maar te zitten en te verklaren "Ik ben een Goddelijke Incarnatie." Wat heeft je geboorte voor zin als je niets zit te doen? Amma's doel is om de mensen te leiden en daardoor de wereld te verheffen. Amma is met het doel gekomen om de mensen de juiste weg te wijzen.

Om te communiceren met mensen die doof zijn gebruiken we gebarentaal, nietwaar? Als we denken: "Ik ben niet doof, dus waarom zou ik die tekens met mijn handen maken?" dan zullen de doven helemaal niets kunnen begrijpen van wat we zeggen. Voor hen zijn zulke gebaren noodzakelijk. Op dezelfde manier moet men om diegenen die onwetend zijn omtrent hun ware aard, te verheffen naar hun niveau afdalen. Door onder hen te leven en met het eigen leven een voorbeeld te geven, laat men hen zien dat ze devotionele liederen moeten zingen, moeten mediteren en belangeloos diensten moeten verlenen, alles. Om mensen te verheffen neemt Amma vele rollen aan. Al deze rollen worden gespeeld voor het welzijn van de wereld.

Mensen komen naar de ashram met de auto, de bus, het vliegtuig of de boot. Amma vraagt niet: "Wat voor voertuig heb jullie gebruikt om hier te komen?" Ze zegt niet: "Je mag alleen per vliegtuig komen." Iedereen gebruikt de middelen die het beste bij hem passen. Zo ook leiden er vele wegen naar Zelfrealisatie. Amma schrijft voor iedereen het pad voor dat geschikt is voor zijn mentale karakter. Zij die aanleg hebben voor wiskunde, moeten een van de exacte wetenschappen op de universiteit kiezen. Zij zullen die onderwerpen makkelijker dan anderen kunnen leren en zullen snel vooruitgaan in hun studie. Zij die de intellectuele capaciteit hebben om de betekenis van de geschriften te begrijpen, kunnen op het intellectuele niveau mediteren op "neti, neti" (niet dit, niet dit) en vooruitgang maken. Er is echter een subtiel intellect en aanzienlijke kennis van de geschriften voor nodig om dit te bereiken. Een gewoon iemand zal hierin niet slagen. Veel mensen die de ashram voor de eerste keer bezoeken zijn zelfs niet vertrouwd met het woord "spiritualiteit." Wat moeten zulke kinderen doen? Je hebt een bepaald niveau van onderwijs of contact met een spirituele meester nodig om heilige boeken als de Bhagavad Gita echt te begrijpen. Zij die niets van dit alles hebben, moeten ook vooruitgang maken, nietwaar? Alleen zij die echt onderscheidingsvermogen hebben kunnen de weg van "neti, neti" nemen. En alleen zij die de geschriften bestudeerd hebben zullen de woorden in de schriften kunnen vinden die bij iedere situatie passen en diep daarover nadenken. Heel weinig mensen kunnen dit doen. Hoe kan Amma degenen die dit niet kunnen, afwijzen? Moeten zij ook niet opgetild worden? Om hen te verheffen is het nodig om het niveau van iedereen te kennen en dan tot dat niveau af te dalen.

Veel mensen die hier komen zijn analfabeet. Er zijn ook mensen die te arm zijn om boeken te kopen, hoewel ze kunnen lezen. Sommigen die hier komen hebben wat kennis gekregen door te lezen. Anderen hebben veel gelezen, maar kunnen wat zij geleerd hebben niet in hun leven in de praktijk brengen. Ook moet iedereen geleid worden overeenkomstig de cultuur waarin hij opgegroeid is. Brahman (de Absolute Werkelijkheid, het Hoogste Zijn) is niet iets dat met woorden overgebracht kan worden. Het is zuivere ervaring, het is het Leven zelf. Het is een toestand waarin je iedereen als je eigen Zelf ziet. Die toestand moet onze ware aard worden. We *worden* de bloem in plaats van over de bloem na te denken. We moeten allemaal proberen te bloeien. Dit is wat we van ons leven moeten maken en waar onze studie op gericht moet zijn. Iets van buiten leren is niet zo moeilijk. Wat je geleerd hebt in de praktijk brengen is moeilijk. De rishi's (heiligen) van lang geleden toonden grote spirituele waarheden door het voorbeeld van hun leven. In deze dagen houden mensen zich met twistgesprekken bezig nadat ze de woorden van de wijzen gelezen en van buiten geleerd hebben.

Puja's (heilige rituelen) en gebed zijn allemaal verschillende aspecten van Brahman.

Vraag: Amma, in Uw ashram wordt veel belang gehecht aan dienstbaarheid. Is activiteit geen belemmering voor echte contemplatie van het Zelf?

Amma: De trap die naar boven leidt is gemaakt van stenen en cement. De bovenste verdieping is ook van stenen en cement gemaakt. Pas wanneer je boven bent zul je weten dat er geen verschil is tussen de trap en de bovenste verdieping. Toch is de trap nodig om de bovenste verdieping te bereiken. Op dezelfde manier zijn er bepaalde middelen nodig om Zelfrealisatie te bereiken.

Eens huurde iemand een vorstelijk gebouw en woonde daar alsof hij de koning van het gebied was. Toen op een dag een heilige man hem op kwam zoeken, gedroeg hij zich zeer arrogant en probeerde indruk te maken als koning. De heilige zei tegen hem: "Je zegt dat dit paleis van jou is. Ik stel voor dat je de waarheid aan je geweten vraagt. Je weet zelf dat dit alleen een gehuurd gebouw is. Er is hier niets wat je jouw bezit kunt noemen. Je bezit helemaal niets in dit gebouw, en toch beeld je je in dat alles van jou is en dat je een koning bent!" Zo zijn veel mensen vandaag de dag. Ze lezen talloze boeken en babbelen over wat ze gelezen hebben als kraaien die krassen op het strand.[6] Waar ze over praten heeft totaal geen overeenkomst met het leven dat zij leiden. Zij die ook maar een beetje van de geschriften begrepen hebben, verspillen hun tijd niet met debatteren. Zij zullen alleen advies geven aan hen die hen benaderen en ze zullen hen helpen om vooruit te gaan. Iedereen heeft een pad nodig dat het beste bij zijn mentale instelling past. Daarom zijn er zoveel wegen in Sanatana Dharma,[7] de Eeuwige Religie. De wegen beginnen op het niveau waar iedere persoon is en zijn ontworpen om hem omhoog te leiden. Advaita (non-dualisme) is niet iets wat in je hersenen gestampt moet worden, het moet *geleefd* worden. Alleen dan kan het ervaren worden.

Sommige mensen die hier komen beweren experts in Vedanta te zijn. Ze maken er aanspraak op Zuiver Bewustzijn te zijn. Ze vragen: "Waar is er een ander Zelf dat het Zelf kan dienen? Waarom is er dienstbaarheid nodig in een ashram waar aspiranten naar Zelfrealisatie streven? Studeren en contemplatie zijn zeker genoeg!" In vroeger tijden aanvaardden zelfs de grote zielen vanaprastha[8] en sannyasa pas nadat ze grihasthashrama (een gezinsleven gebaseerd op spiritualiteit) voltooid hadden. Hun meeste prarabdha (het werk dat men moet doen om de karmische schulden af te lossen) was tegen die tijd uitgeput en ze hadden slechts een beperkt aantal dagen over om te leven. In de ashrams die zij bezochten was volop onbaatzuchtige dienstbaarheid. Daar dienden de leerlingen, die studenten van Vedanta waren, de Vedantische meesters met volledige overgave. De leerlingen

---

[6] In grote delen van Kerala zijn de stranden bevolkt met kraaien.

[7] Sanatana Dharma is de traditionele naam voor hindoeïsme.

[8] Vanaprastha is traditioneel het derde stadium in het leven wanneer man en vrouw zich in het bos terugtrekken voor spirituele oefeningen en alle wereldse verantwoordelijkheden achter zich laten. Grihasthashrama is het tweede stadium en sannyasa het vierde.

trokken erop uit om brandhout te verzamelen en op de koeien te letten.

Hebben jullie het verhaal van Aruni niet gehoord, die de akkers beschermde? Om te voorkomen dat water door een breuk in een dijk over de akkers stroomde en de oogst vernielde, ging hij tegen de gebroken dijk liggen en hield het water tegen. Voor die leerlingen was er niets gescheiden van Vedanta. Aruni dacht niet: "Dit is alleen maar een akker, allemaal modder en viezigheid. Ik ben daarentegen het Zelf." Voor hem was alles het Zelf. Zo waren de leerlingen in die dagen. Zelfs toen was er karma yoga (onbaatzuchtige dienstverlening). Slechts drie of vier leerlingen woonden er in die dagen bij een spirituele meester.

Deze ashram heeft bijna duizend bewoners. Kunnen zij de hele tijd mediteren? Nee. Zelfs dan zullen er gedachten in hun geest binnensluipen. Of ze werken of niet, er komen veel gedachten in hun geest op. Dus waarom die gedachten niet in de juiste richting leiden door onze handen en voeten te gebruiken om belangeloos dienstbaar te zijn voor het welzijn van anderen?

Heer Krishna zei tegen Arjuna: "Arjuna, in alle drie de werelden is er niets wat ik hoef te doen, niets wat ik moet bereiken, en toch ben ik altijd aan het werk." Kinderen, jullie geest zit vast op het niveau van lichaamsbewustzijn. Jullie geest moet daarboven uitgetild worden. Laat jullie geest zich verruimen en de Universele Geest worden. Mededogen met de wereld zal de eerste uitlopers voor die groei creëren.

Zij die trots verklaren dat zij Vedantins zijn geloven dat alleen zij Brahman zijn en dat al het andere maya, illusie is. Maar kunnen zij die houding handhaven? Heus niet! Ze verwachten dat het middageten precies om twaalf uur of een uur klaar is. Ze zien voedsel niet als maya wanneer ze honger hebben! En wanneer ze ziek zijn willen ze naar het ziekenhuis gebracht worden. Op dat moment is het ziekenhuis geen maya. Het is een noodzaak en zij hebben de diensten nodig die anderen hun verlenen.

Zij die over maya en zuiver bewustzijn praten moeten begrijpen dat net zoals zijzelf bepaalde dingen nodig hebben, diezelfde dingen ook essentieel voor anderen zijn. Die zogenaamde Vedantins hebben de diensten van anderen nodig. Als je verwacht dat anderen je dienen en je in Brahman begint te verdiepen wanneer het tijd is om anderen te dienen, is dat gewoon een teken van luiheid.

In deze ashram zijn dokters en ingenieurs en mensen met vele andere beroepen. Iedereen werkt naar zijn vermogen, maar de bewoners hier mediteren ook en bestuderen de geschriften. Zij trainen zich om te handelen zonder enige gehechtheid. Werken zonder gehechtheid helpt ons om van egoïsme en lichaamsbewustzijn af te komen. Wanneer een activiteit zonder gehechtheid gedaan wordt, veroorzaakt dat geen gebondenheid. Dat is de weg naar bevrijding.

Geen enkele bewoner hier in de ashram verlangt naar de hemel. Negentig procent van hen wil de wereld dienen. Zelfs als de hemel hun wordt aangeboden, zullen ze er gewoon dag tegen zeggen omdat ze de hemel al in hun hart ervaren. Ze hebben geen behoefte aan een andere hemel. Hun hemel is hun eigen meevoelende hart. Dit is de houding van de meeste kinderen van Amma hier.

Veel mensen hebben zich in het verleden uit de samenleving teruggetrokken er aanspraak op makend dat zij Zuiver Bewustzijn zijn. Zij waren niet bereid om zich onder de mensen te begeven en hen te dienen. Dit verklaart waarom onze beschaving zo sterk gedegenereerd is. Wat we vandaag ondergaan is de ellende die veroorzaakt is door al die onverschilligheid. Bedoelt U met Uw vraag dat we onze cultuur nog verder moeten laten verarmen?

Men moet begrijpen dat advaita iets is om te *leven*. Het is een toestand waarin we alle anderen als ons eigen Zelf zien. Wat is de betekenis van de Mahabharata oorlog? Wanneer ruwe stenen in een ronddraaiende trommel gestopt worden, verliezen de stenen hun scherpe kanten en worden glad. Op dezelfde manier verliest de geest zijn mismaaktheid door de wereld te dienen en bereikt de aard van het Zelf: het individuele bewustzijn wordt één met het Universele Bewustzijn. Door de wereld te dienen vecht je tegen de negativiteit in je zoals het ego en al je zelfzucht. Dat is de echte betekenis van de Mahabharata-oorlog en de reden dat de Heer aan Arjuna vroeg om in het belang van dharma te vechten.

Als je je in je handelen aan dit onderricht houdt, dan zullen anderen het duidelijker begrijpen dan wanneer je het onderricht in woorden uit probeert te leggen. Dit is Amma's doel.

Vraag: Amma, hecht U in Uw ashram het meeste belang aan devotie? Wanneer ik naar de gebeden en het devotioneel gezang kijk lijkt het wel een show.

Amma: Zoon, stel dat je een vriendin hebt. Als je met haar zou zitten te praten, zou het je dan een show lijken? Wanneer je echt van iemand houdt zul je nooit zo denken. Voor iemand anders kan het echter op een show lijken. Hetzelfde geldt hier ook. Voor ons kan dit nooit een show zijn. Onze gebeden zijn een uitdrukking van onze band met God. Op ieder moment van onze gebeden ervaren we niets dan gelukzaligheid. Of de minnaar met zijn geliefde praat of zij met hem praat, het schenkt hun vreugde. Zij ervaren geen ontevredenheid. Zij vervelen zich niet zelfs na uren praten met elkaar. Wij ervaren een zelfde vreugde wanneer wij bidden.

Gebed is een gesprek met de Geliefde in onszelf, ons echte Zelf.

Jij bent het Zelf, de Atman. Je hoort niet ongelukkig te zijn, nooit. Je bent niet de individuele ziel. Je bent het Hoogste Wezen. Je aard is gelukzaligheid. Dit is het doel van gebed. Echt gebed is niet alleen maar lege woorden.

Mijn zoon, als je met devotie bedoelt bidden en het zingen van devotionele liederen, zul je dat in alle godsdiensten vinden. Moslims bidden en buigen naar Mekka. De christenen bidden voor een beeld van Christus, een kruis of een brandende kaars. Jaina's, boeddhisten en hindoes bidden ook. In al deze godsdiensten bestaat de meester-leerling relatie ook. We zien van tijd tot tijd profeten en meesters in ons midden verschijnen die zeer gerespecteerd worden. Zijn dit niet verschillende uitdrukkingen van devotie? Zij die de geschriften bestudeerd hebben, mediteren over de principes van Vedanta en gaan zo vooruit op het spirituele pad. Komt het niet door hun toewijding aan deze principes dat ze dit kunnen doen?

Mijn zoon, echte devotie is God in iedereen zien en voor iedereen respect hebben. We moeten deze houding cultiveren. Onze geest moet naar een hoger niveau getild worden zodat we God in alles zien. Hier in India stellen we ons niet voor dat God in een hemel verblijft. God is overal. Niets is belangrijker in het leven dan God te kennen. Het doel van het horen van spirituele waarheden, erover nadenken en ze in je opnemen is om de aard van het Hoogste Wezen of God te realiseren. Devotie is een spiritueel pad dat naar datzelfde doel leidt.

Het is voor niemand gemakkelijk om de geest naar binnen te keren want de geest zwerft graag in iedere richting rond. Zij die de geschriften bestudeerd hebben, geven misschien de voorkeur aan het pad van "neti, neti" (niet dit, niet dit) waarbij ze hun identificatie met alles behalve het Zelf verwerpen. Maar er zijn zoveel mensen die niets gestudeerd hebben. Zij moeten het

Zelf ook leren kennen, nietwaar? Voor hen is devotie de meest praktische weg.

Sommige mensen hebben allergische reacties op injecties. Zij kunnen zelfs sterven als ze er een krijgen. Wanneer ze ziek zijn moeten ze in plaats daarvan oraal medicijnen innemen. Alleen dat is geschikt voor hen. Op dezelfde manier schrijft Amma voor verschillende mensen verschillende spirituele oefeningen voor, afhankelijk van wat bij de samskara[9] van ieder individu past. We kunnen niet zeggen dat de ene methode belangrijker is dan de andere. We kunnen beter zeggen dat alles hier gericht is op het welzijn van de mensen.

Omdat een rivier vol water is, zien we twee oevers en praten we over deze kant en de overkant. Maar als de rivier opdroogt, zien we dat er slechts één onafgebroken zandvlakte is. De twee oevers en het rivierbed vormen een deel van dezelfde grond. Op dezelfde manier ontstaan de begrippen "jij" en "ik" alleen omdat we een besef van individualiteit blijven houden. Als de individualiteit eenmaal verdwijnt, is alles één en hetzelfde, heel en perfect (purnam). Over beide paden, "niet dit, niet dit" en devotie, kunnen we de ervaring van het Zelf bereiken.

Het pad van "neti, neti" kan als volgt beschreven worden: Een kind brengt medicijnen naar zijn bedlegerige vader. Als hij op het punt staat de kamer binnen te gaan, valt de stroom uit. Hij staat plotseling in het donker en kan niets zien. Hij voelt de muur: "dat is het niet." Hij voelt de deur: "dit niet." Hij voelt de tafel: "dat niet." Hij voelt het bed: "dat niet." Ten slotte raakt hij

---

[9] Samskara is het geheel van indrukken die in de geest zijn ingeprent door ervaringen in dit en vorige levens en die het leven van een mens beïnvloeden: zijn aard, handelingen, geestesgesteldheid, enz. Het betekent ook de goedheid en verfijning van karakter die aan iedereen eigen zijn en de mentale instelling en nobele eigenschappen die men in het verleden ontwikkeld heeft. Het kan ook "cultuur" betekenen.

zijn vader aan. "Ja! Hier is hij." Op deze manier bereikt hij zijn vader door alles te verwerpen wat niet zijn vader is. Hetzelfde geldt voor devotie. De aandacht van een echte toegewijde is alleen op God gericht. God is het enige waar hij om geeft. De toegewijde accepteert niets anders dan God. Alleen de gedachte aan de Geliefde bestaat.

De ene groep zoekers zegt: "Ik ben niet het lichaam, noch de geest, noch het intellect. Ik ben het Zelf. De geest en het lichaam zijn de oorzaak van alle verdriet en geluk." Anderen hebben de houding: "Ik behoor God toe. Ik heb alleen God nodig. God is alles." Dit is het enige verschil. We beginnen te zien dat er niets dan God is. Zo moet ons leven zijn. We moeten alles als God waarnemen. Dat is echte devotie. Wanneer we alleen God in alles zien, vergeten we onszelf. Onze individualiteit lost op.

Door onze devotie zoeken we niet naar een God die ergens hoog in de hemel zit. Integendeel, we leren om God in alles te zien. Zo'n toegewijde hoeft niet rond te zwerven op zoek naar God. God schijnt in zo'n toegewijde omdat hij niets als gescheiden van God ziet. Het doel van bidden is om deze toestand te realiseren. Door onze gebeden verheerlijken we de Waarheid. De geest moet opgeheven worden van het niveau van het lichaam, de geest en het intellect naar het niveau van het Zelf. Stel dat er een 100 watt lamp in de keuken hangt. De lamp is zo bedekt met roet is dat hij zelfs niet de opbrengst van een tien watt lamp geeft. Als we het roet eraf vegen, zal de lamp weer met zijn volle helderheid schijnen. Op dezelfde manier is spirituele oefening het verwijderen van onze onzuiverheden. Door het verwijderen van de sluier die onze aangeboren goddelijkheid verduistert, zullen we de oneindige kracht in ons ervaren. We zullen begrijpen dat we niet geboren werden om verdriet te ervaren, maar dat onze werkelijke aard gelukzaligheid is. Het is echter niet voldoende om alleen maar over deze waarheden te praten. Spirituele oefening is nodig. Iedereen heeft de aangeboren capaciteit om te zwemmen, maar alleen als we het water ingaan en oefenen zullen we leren zwemmen. Devotie en gebed zijn de middelen waarmee we de Goddelijkheid in ons wakker maken.

Vraag: Er wordt gezegd dat een spirituele aspirant zijn spirituele kracht kwijtraakt, als hij iemand aanraakt. Is dit waar?

Amma: Een kleine batterij heeft slechts een beperkte hoeveelheid energie en zal zwak worden wanneer hij gebruikt wordt. Maar in een draad die verbonden is met het elektriciteitsnet, zal altijd energie zijn. Op dezelfde manier verlies je je kracht als je gelooft dat je het beperkte ego bent, zoals een kleine batterij. Maar als je met God verbonden bent, de Bron van Oneindige Energie, hoe kun je dan je kracht verliezen? Alleen het Oneindige komt uit het Oneindige voort. Zelfs als je duizend olielampjes met één enkele vlam aansteekt, vermindert de helderheid van de oorspronkelijke vlam helemaal niet.

Maar het is waar dat een spirituele aspirant zijn kracht kan verliezen. Je moet erg alert zijn omdat je nog steeds op het niveau van het lichaam, de geest en het intellect bent. Zolang je op dat niveau blijft, moet je steeds voorzichtig zijn. Totdat je de geest onder controle hebt is het nodig om je aan alle yama's en niyama's (geboden en verboden op het spirituele pad) te houden. Later hoef je je geen zorgen meer te maken als je iemand aanraakt. Beschouw degenen die je aanraakt als God, niet als mensen. Dan verlies je geen kracht. Je zult kracht krijgen!

Vraag: Amma, U hebt in Uw jeugd veel lijden ondergaan. Wanneer U mensen ziet lijden, denkt u dan aan die tijd terug?

Amma: Is er iemand die in het leven niet geleden heeft? Het is waar dat Amma veel ontberingen onderging toen Ze jong was, maar Ze zag dat niet echt als ontberingen. Amma's moeder, Damayanti, werd ziek en was niet in staat om voor het huishouden te zorgen. Onder die omstandigheden troostte Amma zich met de gedachte dat Haar broers en zussen hun studie konden afmaken, ook al werd Haar eigen opleiding afgebroken. En dus ging Ze niet meer naar school en nam de volledige verantwoordelijkheid voor al het huishoudelijke werk op zich. Ze kookte voor het gezin, maakte doosjes met de lunch voor Haar broers en zussen klaar, waste iedereens kleren, zorgde voor de koeien, geiten, eenden, kippen en andere dieren en verzamelde gras voor de koeien. Ze verpleegde ook Haar moeder Damayanti. Ze deed het ene werk na het andere van vier uur 's morgens tot middernacht. Door zulke ervaringen leerde Amma uit de eerste hand direct vanaf Haar jeugd de betekenis van ontbering.

Amma ging naar minstens vijftig huizen in de omgeving om tapiocaschillen voor de koeien te verzamelen. Het ene gezin zat te eten wanneer Ze kwam, in het volgende huis hadden de mensen niets en leden honger. De kinderen lagen op de grond, zwak van de honger. In het ene huis hoorde Amma de kinderen bidden voor een lang leven van hun ouders, terwijl in het naburige huis de grootmoeder totaal verwaarloosd werd en alleen wanhoop kende. "Niemand zorgt voor me," klaagde de oude vrouw: "Ze geven me op dezelfde manier te eten als je een hond te eten zou geven. Niemand helpt me om mijn kleren te wassen. Iedereen schreeuwt alleen naar me en slaat me."

Dit was het verhaal van veel ouderen. Ze hadden hun leven lang voor hun kinderen geploeterd. Ze hadden hun gezondheid verloren door hun worsteling om hun kinderen te onderhouden. Maar toen ze daar op hoge leeftijd hulpeloos lagen, steunde niemand hen. Niemand nam zelfs de moeite om hun wat water te geven wanneer ze dorst hadden. Wanneer Amma hun lijden zag, nam Ze eten van huis voor hen mee.

De kinderen, die ooit baden om een lang leven voor hun ouders, beginnen hun bejaarde ouders als een last te zien zodra ze hun eigen gezin en verantwoordelijkheden hebben. Ze willen van hen af. Ze houden alleen van anderen als ze verwachten iets terug te krijgen. Men houdt van een koe vanwege de melk. Als ze ophoudt melk te geven zendt de eigenaar haar naar het slachthuis. Amma begon te begrijpen dat er altijd een egoïstisch motief achter wereldse liefde zit.

Er was een vijver dicht bij ons huis. Amma bracht de oude vrouwen daarheen. Ze baadde hen en waste hun kleren. Ze pakte kinderen op die van de honger huilden, bracht ze naar huis en gaf ze te eten. Haar vader vond dit niet leuk. Hij gaf Haar op Haar kop en zei: "Waarom breng je al die vieze kinderen met druipneuzen hierheen?"

Amma leerde de aard van het leven in de wereld kennen door uit de eerste hand getuige te zijn van het lijden en de ontberingen van de mensen. Wanneer mensen ziek worden en naar het ziekenhuis gaan, moeten ze vele uren wachten. Uiteindelijk ontvangt de dokter hen misschien en schrijft medicijnen voor. Maar waar moet het geld voor het medicijn vandaan komen? Amma heeft zoveel arme mensen gezien die zelfs niet het geld hebben om één enkele pijnstiller te kopen. De mensen in dit gebied kunnen nauwelijks van dag tot dag rondkomen met hun mager loon. Als ze één dag niet kunnen werken, lijdt het gezin honger. Als ze ziek worden, hebben ze geen geld voor voedsel of medicijnen. Je ziet mensen kronkelen van de pijn omdat er geen geld is om pijnstillers te kopen. Eén pil zou genoeg zijn. De pijn zou binnen een paar minuten afnemen. Maar zelfs daarvoor is geen geld en dus lijden ze de hele dag ondraaglijke pijn.

Amma heeft veel kinderen zien huilen omdat ze geen geld hadden om papier voor hun examens te kopen.[10] Sommige kinderen gaan naar school met een overhemd waarvan de voorkant met doornen bij elkaar gehouden wordt omdat zij het zich niet kunnen veroorloven om de gebroken knopen te vervangen. Zo heeft Amma het lijden en de ontberingen die mensen in hun leven ondergaan gezien, gehoord en ervaren. Daardoor begreep ze de aard van de wereld. Het dwong Haar om naar binnen te kijken. Alles in de wereld werd Haar guru. Zelfs een piepkleine mier was haar guru.

Omdat Amma het verdriet en het lijden van de armen deelde toen Ze nog een kind was, begrijpt Ze de pijn en het lijden van de mensen zonder dat zij iets uit hoeven te leggen. Nu komen er talloze mensen die soortgelijke ontberingen ervaren naar Haar toe. Degenen die de financiële middelen hebben zouden het lijden van deze mensen in grote mate kunnen verlichten als zij daartoe zouden besluiten. Amma zou Haar rijke kinderen graag willen aansporen om meedogend te zijn en de arme en lijdende mensen te dienen.

Vraag: Hoe kunnen we Amma, die nooit kinderen gebaard heeft, als een moeder zien?

Amma: Mijn kinderen, de moeder is een symbool van onbaatzuchtigheid. Een moeder kent het hart van haar kind. Ze kent de gevoelens van het kind. Zij wijdt haar hele leven aan dat kind. Een moeder zal fouten die haar kind maakt vergeven omdat ze weet dat het alleen uit onwetendheid fouten maakt. Dit is echt moederschap. En daarover gaat Amma's leven. Amma ziet iedereen als Haar eigen kind.

---

[10] In sommige Indiase scholen waar het onderwijs gratis is, moeten de leerlingen zelf voor hun examenpapier zorgen. Dit is niet het geval in Amma's scholen (Amrita Vidyalayams).

De Indiase cultuur leert kinderen vanaf de vroege jeugd dat hun moeder God is, de belichaming van God. Onze cultuur beschouwt moederschap als de vervolmaking van vrouwelijkheid. Traditioneel beschouwt iedere man iedere vrouw behalve zijn echtgenote als moeder. Een vrouw spreekt een oudere vrouw en vrouwen die haar respect verdienen ook aan als "moeder." Dat is de verheven positie die traditioneel aan vrouwen in onze samenleving werd toegekend. Vandaag de dag is die houding in bepaalde mate verloren gegaan door de invloed van andere culturen. Je kunt het verval dat eruit voortkomt in onze samenleving zien.

De moederlijke kwaliteit is aangeboren bij iedere vrouw. Deze kwaliteit moet de dominerende kwaliteit in alle vrouwen zijn. Net zoals duisternis verdreven wordt door de stralen van de zon, verdwijnen alle ongewenste neigingen voor de kwaliteit van moederschap. Zo zuiver zijn de moederlijke eigenschappen. Liefde, onbaatzuchtigheid en zelfopoffering zijn de kenmerken van moederschap. Alleen door deze eigenschappen in onszelf te cultiveren kunnen we onze edele cultuur levendig houden.

Amma vindt dat Haar manier hiervoor geschikt is. Je vraagt hoe Amma moeder kan zijn zonder ooit kinderen ter wereld gebracht te hebben. Maar weet de ingenieur die de motor van een vliegtuig ontworpen heeft, niet meer over de motor dan de piloot? Een vrouw wordt geen moeder door alleen maar kinderen te krijgen. De moederlijke kwaliteit moet in haar tot bloei komen. Daarom is een vrouw die de moeder in al haar volheid in zich ontwikkeld heeft, niet minder een moeder dan een vrouw die het leven aan een baby geschonken heeft. En zien we ons moederland, onze moedertaal en moeder aarde ook niet als moeders?

Vraag: Amma, werkt U in de samenleving om een bepaald doel te bereiken?

Amma: Amma heeft slechts één verlangen: dat Haar leven als een wierookstokje is. Als het wierookstokje opbrandt, verspreidt het zijn geur voor het welzijn van anderen. Op dezelfde manier wil Amma van nut zijn voor de wereld door ieder moment van Haar leven aan Haar kinderen te wijden. Ze ziet niet dat het doel verschilt van de middelen. Amma's leven stroomt volgens de Goddelijk Wil, dat is alles.

Vraag: Er wordt gezegd dat een spirituele meester essentieel is op het spirituele pad. Wie was Amma's guru?

Amma: Alles in deze wereld is Amma's guru. God en de guru zijn in iedereen, maar zolang het ego standhoudt, worden we ons daarvan niet bewust. Dit ego werkt als een sluier en verbergt de innerlijke guru. Als je de innerlijke guru eenmaal ontdekt, zul je de guru in de gehele schepping waarnemen. Toen Amma de guru in zichzelf vond werd alles, inclusief ieder zandkorreltje, Haar guru. Je kunt je dan afvragen of zelfs een doorn Amma's guru was. Ja, iedere doorn was Haar guru, want wanneer je voet door een doorn geprikt wordt, besteed je meer aandacht aan het pad. Zo helpt die doorn je te voorkomen dat je door andere doorns gestoken wordt en te vermijden dat je in een diepe sloot valt.

Amma ziet Haar lichaam ook als guru, omdat we, wanneer we nadenken over de vergankelijke aard van het lichaam, ons gaan realiseren dat het Zelf de enige eeuwige realiteit is. Alles rondom Amma leidde Haar naar goedheid en daarom heeft Amma een gevoel van eerbied voor alles in het leven.

Vraag: Zegt Amma dat het niet nodig is dat we een bepaalde guru hebben om Zelfrealisatie te bereiken?

Amma: Dat zegt Amma niet. Iemand met een aangeboren talent voor muziek kan misschien alle traditionele melodische variaties of raga's zingen zonder speciale training. Maar stel je voor dat iedereen raga's begon te zingen zonder enige training! Amma zegt dus niet dat een spirituele meester niet nodig is, alleen dat een paar zeldzame individuen die begiftigd zijn met een ongewone mate van bewustzijn en oplettendheid, geen uiterlijke guru nodig hebben.

Bekijk alles wat je tegenkomt met onderscheidingsvermogen en bewustzijn. Koester geen gevoelens van gehechtheid of afkeer tegenover iets. Dan heeft alles je iets te leren. Maar hoeveel onder ons hebben zoveel onthechting, geduld en doelgerichtheid? Voor degenen die die eigenschappen nog niet ontwikkeld hebben, zou het uiterst moeilijk zijn om het doel te bereiken zonder zijn toevlucht te nemen tot een uiterlijke guru. De echte guru maakt je innerlijke kennis wakker. In deze tijd kunnen de mensen de innerlijke guru niet waarnemen omdat ze lijden aan de blindheid van onwetendheid. We moeten onze manier van waarnemen omvormen om het licht van kennis te zien. De houding dat je een leerling bent, de houding van overgave, helpt je om dit te bereiken.

We moeten de houding van een beginner hebben. Alleen een beginner heeft het geduld om iets echt te leren. Dat je lichaam gegroeid is betekent niet per se dat je geest volwassen is. Als je wil dat je geest zich verruimt en zo uitgestrekt als het universum wordt, moet je de houding van een kind hebben, want alleen een kind kan groeien en zich ontwikkelen. De houding van de meeste mensen is echter die van het ego, het lichaam, de geest en het intellect geworden. Alleen wanneer we die houding opgeven en de houding van een onschuldig kind aannemen, zullen we de oplettendheid hebben die nodig is om in ons op te nemen wat ons geleerd wordt.

Hoeveel water er ook op de top van een berg valt, het water zal daar niet blijven. Het stroomt van nature naar beneden en vult een gat in de grond. Op dezelfde manier zal alles naar ons toekomen als we de houding hebben dat we niets zijn. Geduld, bewustzijn en oplettendheid zijn de werkelijke rijkdommen in het leven. Iemand die deze eigenschappen verworven heeft kan overal slagen, zo belangrijk zijn ze. Wanneer je deze kwaliteiten ontwikkelt wordt je innerlijke spiegel, die je helpt om de onzuiverheden in jezelf te zien en die verwijdert, vanzelf helder. Je wordt je eigen spiegel. Je zult weten hoe je je onzuiverheden moet verwijderen zonder de hulp van iemand anders. Je krijgt het vermogen om jezelf te zuiveren. Wanneer je dat stadium bereikt, zie je de guru overal. Je ziet niemand als lager dan jezelf. Je argumenteert nooit onnodig. Je neemt je toevlucht niet tot lege woorden. Je grootheid wordt weerspiegeld in je handelingen.

Vraag: Betekent dit dat het niet nodig is om spirituele teksten te bestuderen?

Amma: Het is goed om Vedanta te bestuderen. De weg naar God zal je dan spoedig duidelijk worden. Zij die Vedanta bestuderen, zullen begrijpen hoe dichtbij God is, dat God in hen is. Maar tegenwoordig beperken de meeste mensen Vedanta enkel tot woorden. We zien helemaal geen Vedanta weerspiegeld in hun handelingen. Vedanta is geen last die we mee moeten dragen. Het is een principe dat we in ons hart moeten dragen en dat we moeten beoefenen. Veel mensen snappen dit niet en worden arrogant. Naarmate ons begrip van Vedanta toeneemt, ontwikkelt er zich vanzelf nederigheid in ons. Vedanta helpt ons te begrijpen dat we de essentie van God zijn. Maar om dat echt in de praktijk te brengen, moeten we volgens de principes van Vedanta leven. Als je het woord "suiker" op een stuk papier schrijft en eraan likt, zul je geen zoetheid proeven. Om zoetheid te ervaren moet je suiker proeven. Alleen lezen of praten over Brahman zal ons niet de ervaring van Brahman geven. Onze handelingen moeten weerspiegelen wat we gelezen en bestudeerd hebben. Dan wordt onze kennis onze eigen ervaring. Onze inspanning heeft aanmoediging nodig. De levens van hen die Vedanta echt geleerd en in zich opgenomen hebben, inspireren anderen om datzelfde pad te volgen.

Sommige mensen zitten niets te doen en verklaren: "Ik ben Brahman." Waarom heeft die Brahman (verwijzend naar die persoon) dan een lichaam aangenomen? Was het niet genoeg om vormloos te blijven? Nu we dit lichaam gekregen hebben, moeten we deze waarheid met ons handelen demonstreren. Als we dat eenmaal begrijpen, zullen we vanzelf nederig zijn.

Amma praat over Haar eigen leven. Ze dringt er niet op aan dat anderen het als zodanig accepteren of volgen. Je moet verdergaan op grond van je eigen ervaring. Weet wie je bent! Dat is alles wat Amma zegt.

Nu volgt een interview met Amma, gepubliceerd in de Times of India. Het interview vond plaats tijdens Amma's bezoek aan Nieuw Delhi in maart 1999.

Vraag: Amma heeft AIMS,[11] het hooggespecialiseerde ziekenhuis opgericht, het Amrita Kutiram gratis huizen project en nog vele andere dienstverlenende projecten voor de armen. Wat motiveerde Amma om met deze dienstverlenende activiteiten te beginnen?

---

[11] Amrita Institute of Medical Sciences in Cochin, Kerala

Amma: Amma ziet iedere dag veel arme mensen. Ze vertellen Haar over hun lijden. Zo is Amma hun ontberingen en hun noden gaan begrijpen. Een sterke drang om hun lijden te verlichten werd van binnen gevoeld. Zo begint ieder project. Geen enkel project werd gepland voordat het begonnen werd, noch waren er fondsen verzameld. Voor ieder project waarmee we beginnen, stuurt God ons alles wat we nodig hebben.

We moeten begrijpen dat God niet beperkt is tot de tempel of de kerk. God is in ieder van ons. Steeds wanneer we met anderen delen wat we hebben en elkaar helpen, vereren we in feite God.

Naar plaatsen van aanbidding gaan en tot God bidden en als we dan naar buiten komen ons gezicht afkeren van de hongerlijdende mens op straat, dat is geen echte devotie.

Vraag: De beweringen van sommige filosofen over de individuele ziel en het Hoogste Wezen hebben de indruk gewekt dat er geen verschil is tussen God en de mensen. Ze doen het ook voorkomen alsof er geen verschil is tussen goed en kwaad, zuiver en onzuiver of hemel en hel. Helpt dit niet om het onderscheid tussen goed en kwaad te vervagen?

Amma: Dit komt uit een misverstand voort. Het doel van het onderwijzen van het principe van non-dualiteit, de eenheid van de individuele ziel en het Hoogste Wezen, is om de aangeboren kracht in mensen wakker te maken en hen naar de Waarheid te leiden. Vedanta zegt ons: "Je bent de koning onder de koningen, je bent geen bedelaar!" Dit bewustzijn over onszelf helpt de oneindige kracht in ons te ontwaken. Maar totdat we die eenheid door directe ervaring realiseren, moeten we onderscheid maken tussen goed en kwaad en langs de juiste weg verdergaan. Als je eenmaal de uiteindelijke Waarheid realiseert, houdt voor jou de wereld van dualiteit op te bestaan. Er is alleen maar de

Waarheid en niets om als verkeerd te verwerpen. Je ziet alles als een manifestatie van God.

Ieder woord en iedere daad van zo'n gerealiseerde ziel komt de samenleving ten goede. Zelfs in aanraking komen met de adem van zo iemand zal helpen om de negatieve tendensen in ons uit te roeien. Iemand die zich bewust is van zijn Goddelijkheid zal nooit in de war raken wanneer hij met de problemen van de wereld geconfronteerd wordt. Een echte Vedantin is iemand die werkelijk in die toestand van non-dualiteit leeft, niet iemand die er alleen maar over praat. Een echte Vedantin is een levend voorbeeld voor de wereld.

Zij die alcohol drinken en andere verkeerde dingen doen terwijl ze de geschriften aanhalen en zeggen dat alles Brahman is, kunnen niet als spiritueel beschouwd worden. We moeten zulke schijnheiligen kunnen herkennen. Ons onvermogen om dat te doen is een van de redenen waarom onze cultuur in zo'n mate achteruitgegaan is. Spiritualiteit is niet iets waar we alleen maar over moeten praten, het moet geleefd worden.

Vraag: Kan een egoïstisch persoon door eigen inspanning onzelfzuchtig worden? Kunnen we onze eigen aard veranderen?

Amma: Zeker. Als je een juist inzicht in de spirituele principes hebt, zal je egoïsme afnemen. Een zeer effectieve manier om egoïsme te verminderen is om activiteiten te ondernemen zonder naar de resultaten te verlangen. We moeten nooit vergeten dat we slechts een instrument in Gods handen zijn. We moeten weten dat wij niet de doener zijn, maar dat God ons alles laat doen. Wanneer we deze houding oprecht hebben, zullen trots en zelfzucht verdwijnen.

Iemand roept van boven aan de trap: "Ik ben zo beneden!" Maar hij heeft nog geen vijf stappen gezet als hij instort door een hartaanval. Zelfs het volgende moment is niet in onze handen.

Als we dit echt begrijpen, hoe kunnen we dan egoïstisch zijn? Als we uitademen, is er geen garantie dat we ooit weer zullen inademen. Het is Gods kracht die ons ieder moment steunt. Wanneer we ons dit realiseren, voelen we ons van nature nederig en beginnen we God te aanbidden. We zullen bij iedere stap aan God denken. Maar in combinatie met deze houding moeten we moeite doen. Dan zal Gods genade naar ons stromen en zullen we in onze pogingen slagen.

Vraag: Er wordt gezegd dat ontberingen en lijden ons een beter mens maken. Waarom moeten we dan bidden dat onze ontberingen en ziekten weggenomen worden?

Amma: Je neemt medicijnen wanneer je ziek bent, nietwaar? Zelfs mahatma's verwerpen het gebruik van medicijnen niet. Wanneer zij ziek worden doen ook zij alles wat nodig is om weer beter te worden. Dit toont het belang van eigen inspanning. De Indiase cultuur heeft ons nooit geleerd om werkeloos te zitten en alles aan God over te laten. We moeten proberen om onze problemen op te lossen en ons lijden te verminderen. We moeten handelen met een houding van aanbidding zonder onze nederigheid te verliezen wetend dat God de kracht achter iedere handeling van ons is. Dat is wat de mahatma's en de geschriften ons leren. Voor degenen die spirituele oefeningen doen met inzicht in deze principes en die alles aan God overgegeven hebben, is het niet nodig om puja te doen of te bidden om hun ziekten te verlichten omdat zij zowel geluk als verdriet als Gods wil accepteren. Voor gewone mensen die niet die mate van overgave hebben, is het prima om verlichting te zoeken door gebed en puja. Zij die bidden en puja doen, zullen geleidelijk ook de toestand van onbaatzuchtige devotie bereiken.

We moeten zoveel doen als in ons vermogen ligt. Als de moeilijkheden niettemin voortduren, laten we die dan accepteren als Gods wil, als zijnde voor ons eigen bestwil. Wat voor moeilijkheden we ook tegenkomen, we moeten altijd weten dat we in Gods schoot rusten. Deze houding zal ons de kracht geven die we nodig hebben om ongunstige omstandigheden te overwinnen. We zien dat sommige mensen in bepaalde perioden zware ontberingen ondergaan. Er kan een lange reeks van calamiteiten zijn. Ze kunnen bijvoorbeeld de schuld krijgen van iets wat ze niet gedaan hebben en zelfs in de gevangenis gezet worden voor misdaden die zij niet begaan hebben. We hebben het voorbeeld van de zoon die een ongeluk kreeg toen hij op weg was naar zijn vader die in het ziekenhuis lag. We horen veel van dergelijke moeilijkheden. In het leven van de meeste mensen komen de moeilijkheden tijdens bepaalde perioden voor. Alles wat zij ondernemen eindigt in een mislukking. In sommige families worden alle vrouwen op jonge leeftijd weduwe.

We moeten deze situaties bestuderen en proberen die te begrijpen. De enige verklaring is dat zulke tragedies het gevolg zijn van handelingen die de persoon in vorige levens verricht heeft. Zij manifesteren zich gewoonlijk tijdens bepaalde perioden of overgangen van de planeten. Als mensen in die perioden meer tijd wijden aan aanbidding en gebed, zal dat hun veel verlichting geven. Het zal hun ook de mentale kracht geven die nodig is om de hindernissen die zij tegenkomen, te overwinnen.

De puja's die in een Brahmasthanamtempel[12] gedaan worden, zijn niet alleen rituelen die verricht worden om de moeilijkheden te verwijderen die door negatieve planetaire invloeden veroorzaakt worden. Zij zijn ook een vorm van meditatie. Bovendien leren de toegewijden de spirituele principes door de spirituele uiteenzettingen die tegelijk met de puja's in zulke tempels gegeven worden. Zo worden zij geïnspireerd om een leven in overeenstemming met dharma te leiden en meditatie te beoefenen. En wanneer de

---

[12] Brahmasthanamtempels zijn unieke tempels die Amma in heel India en in het buitenland heeft opgezet.

rituelen in de tempel helpen hun problemen te verlichten, groeien hun geloof en devotie.

Vraag: Is het nodig om beelden te aanbidden? Waarom zijn sommige religieuze teksten tegen het aanbidden van beelden?

Amma: We aanbidden niet het beeld als zodanig. Door het beeld aanbidden we God die overal aanwezig is. Het beeld symboliseert God. Het is voor ons een middel om onze geest doelgericht te maken.

We laten onze kinderen foto's van een papegaai en een mynahvogel zien en vertellen hun: "Dat is een papegaai en dat is een mynahvogel." Dit is nodig wanneer de kinderen erg jong zijn. Als ze ouder zijn, hebben ze die afbeeldingen niet langer nodig om de vogels te herkennen. Op dezelfde manier zijn in het begin bepaalde hulpmiddelen nodig om de geest van gewone mensen te helpen zich op het Goddelijke Bewustzijn te richten. Als men in zijn spirituele oefeningen vooruitgaat, leert de geest om zich te concentreren zonder van zulke middelen gebruik te maken. Zich op een beeld concentreren is een goede manier om de geest te trainen om doelgericht te worden. Bovendien kunnen we niet zeggen dat God niet in het beeld aanwezig is. God doordringt alle levende en niet levende dingen en God is dus ook in het beeld. Beeldenverering is een manier om de mensen te leren om God in alle levende en niet levende dingen te zien en een houding van liefde en dienstbaarheid tegenover de wereld te cultiveren.

Stel dat een man een cadeau geeft aan de vrouw van wie hij houdt. Het kan iets zijn dat maar vijf pais[13] waard is, maar voor de vrouw die het cadeautje krijgt is het oneindig veel meer waard. Want voor haar is het bezield met haar geliefde.

---

[13] Er gaan 100 pais in een roepie, de Indiase munt.

We laten niemand op de vlag van onze natie of politieke partij spugen, hoewel het doek zelf misschien maar een paar roepie waard is. Een vlag is niet gewoon een doek want als die doek eenmaal de status van vlag heeft gekregen, vertegenwoordigt hij een groot ideaal. We eren de vlag vanwege onze liefde en respect voor het ideaal dat hij symboliseert.

Op dezelfde manier is het God zelf die we zien in het beeld dat we aanbidden. Het beeld dient als een spiegel van het Goddelijke Bewustzijn in ons. We bidden voor het beeld met onze ogen dicht. Het beeld helpt ons om onze aandacht naar binnen te laten keren naar de in ons wonende God.

Zelfs religies die zich verzetten tegen beeldenverering vereren in feite beelden op de een of andere manier. Wanneer een christen de vorm van Jezus aan het kruis aanbidt of wanneer een moslim bidt en zich naar de Kaäba keert, zijn dat ook vormen van beeldenverering.

De negatieve kant van beeldenverering is dat de aanbidder gehecht kan raken aan het beeld alleen, zonder het principe erachter te begrijpen. Maar als mensen het principe begrijpen door naar spirituele lezingen te luisteren en de geschriften te bestuderen, is er geen probleem.

We moeten proberen mogelijkheden te creëren voor spiritueel onderwijs in onze tempels.

Vraag: Amma heeft veel toegewijden in het buitenland. Over het algemeen lijken westerlingen dienstbaarder dan wij, Indiërs. Wat is de reden hiervan?

Amma: In de westerse landen zijn er voor veel verschillende doeleinden organisaties opgericht. Wanneer zich een crisis of ramp voordoet, nemen deze organisaties de verantwoordelijkheid voor de zorg van de getroffenen op zich. Het publiek geeft zijn steun aan de organisaties en neemt deel aan het vrijwilligerswerk. Ook is het geld dat mensen doneren aftrekbaar van de belastingen. Dit moedigt mensen aan om met financiële donaties over de brug te komen voor vrijwilligersactiviteiten. Deze liefdadigheidsfondsen spelen een belangrijke rol om bij mensen de gewoonte om te geven te bevorderen. Lang geleden was het leven van Indiërs geworteld in dana (liefdadigheid) en yajna (heilige offergaven voor het algemeen welzijn). Nu zijn er niet genoeg faciliteiten of programma's om de mensen die idealen te leren.

Vraag: Bestaan hemel en hel werkelijk?

Amma: Hemel en hel bestaan hier, in ieder van ons. Het zijn onze eigen handelingen die hemel of hel creëren. Wanneer iemand iets slechts doet, zal hij de vruchten ervan moeten accepteren, dat is zeker. Dat is de hel.

Vraag: Wat zijn de manieren om op het spirituele pad vooruit te gaan?

Amma: Eerst moeten we ons karakter zuiveren. Als we melk in een vies vat gieten zal de melk bederven. We moeten het vat schoonmaken voordat we de melk erin doen. Zij die spiritueel vooruit willen gaan moeten eerst proberen zich te zuiveren. De geest zuiveren betekent negatieve en onnodige gedachten elimineren en egoïsme en verlangens verminderen. We moeten ons inspannen om hierin te slagen. Wat we boven alles nodig hebben is Gods genade. En wil Gods genade naar ons stromen, dan moeten we zeker nederig zijn. Devotie en meditatie bereiden ons hierop voor.

Door meditatie krijgen we niet alleen innerlijke rust, maar ook materiële rijkdom. Meditatie die gebaseerd is op het inzicht in de spirituele principes, plaveit de weg naar verlichting.

De volgende passage komt uit een interview dat de Amerikaanse documentairemaker Michael Tobias met Amma had.

Vraag: Amma, wat in Uw leven leek U het meest wonderbaarlijk?

Amma: Niets in het bijzonder leek Amma wonderbaarlijk. Waarover moet je je verwonderen bij uiterlijke pracht? Aan de andere kant, als we ons realiseren dat alles God is, wordt ieder voorwerp en ieder moment in het leven wonderbaarlijk. Welk wonder is groter dan God?

Vraag: Er wordt gezegd dat onze liefde zich in onze handelingen moet uitdrukken. Wat kunnen mensen doen om dit in de praktijk te brengen en geweldloosheid en mededogen te verspreiden?

Amma: We moeten het idee opgeven dat we individuen zijn, en handelen met het bewustzijn dat we een deel van het Universele Bewustzijn zijn. Alleen dan kunnen we mededogen en geweldloosheid volledig in de praktijk brengen. Je vraagt je af of het mogelijk is om dit te doen. Zelfs als we die toestand niet helemaal bereiken, moeten we er dan op zijn minst niet zoveel mogelijk naar streven om van anderen te houden en hen te dienen, en moeten we dat niet als doel voor ogen houden?

Vraag: Wat is Amma's reactie op de huidige milieuproblemen?

Amma: Het behoud van de natuur is alleen mogelijk wanneer de mensen volledig erkennen dat zij een deel van de natuur zijn. De houding die nu overheerst laat ons de natuur uitbuiten zonder na te denken. Als we op deze manier verdergaan zal de mensheid zelf vernietigd worden. In vroeger tijden was er welvaart omdat de mensen in harmonie met de natuur leefden. De Purana's beschrijven de aarde als een koe die voor alle benodigdheden gemolken wordt. Wanneer we een koe melken, moeten we ervoor zorgen dat we genoeg melk voor het kalf overlaten voordat we melk voor onszelf nemen. De mensen uit die tijd hielden van de koe en beschermden haar. Zij zagen haar als hun eigen moeder. Dit was hun houding tegenover de natuur in haar geheel. Wat we vandaag de dag nodig hebben is dat we Moeder Natuur evenzeer beginnen te waarderen als onze eigen moeder die ons het leven geschonken heeft. Wanneer onze mentale zienswijze verbetert, zal de toestand van de omgeving ook verbeteren. De milieuproblemen kunnen niet opgelost worden zonder een fundamentele verandering in de mentale houding van de mensen.

Vraag: Wat is Amma's mening over het beschermen van vissen en dieren?

Amma: De mensen en de natuur zijn van elkaar afhankelijk. Mensen die in gebieden leven die niet geschikt zijn voor landbouw, bijvoorbeeld langs de kust of in met ijs bedekte gebieden, zijn voor hun voedsel van vis afhankelijk. En mensen moeten bomen omhakken om huizen te bouwen en allerlei voorwerpen te maken. Dit is allemaal nodig maar het moet alleen gedaan worden in overeenstemming met de behoeften van de mensen. Nu sterven sommige dieren, planten en bomen uit door de buitensporige hebzucht van de mensen. Vele vormen van leven die eens op aarde bestonden, zijn nu uitgestorven. Die soorten gingen ten onder omdat zij niet bestand waren tegen de veranderingen die in de natuur plaatsvonden. De natuur verliest haar harmonie wanneer de mensen haar uitbuiten. Als we doorgaan de natuur uit te buiten, zal het tot de ondergang van de mensheid leiden, net zoals andere soorten uitgestorven zijn.

De mensheid is een deel van de natuur en van alle levende wezens op aarde. We mogen van de natuur nemen wat we nodig hebben om te overleven, maar we hebben ook de verantwoordelijkheid om ervoor te zorgen dat we door van haar overvloed te nemen het ritme en de harmonie in de natuur niet verstoren. Stel dat je een blad van een jackfruitboom plukt om er een lepel voor het eten van kanji (rijstgruwel die de dorpelingen in Kerala eten) van te maken. In plaats van slechts één blad te plukken trek je een hele tak van de boom af. Wat zou het resultaat zijn? Nadat je tien keer deze misstap begaan hebt, heeft de boom al zijn takken verloren en weldra zal de hele boom sterven. Van de andere kant is het plukken van een paar bladeren een klein verlies waar de boom gemakkelijk tegen bestand is. Dit moet onze benadering zijn steeds wanneer we iets van de natuur nemen.

God heeft iedere entiteit in de natuur op zo'n manier geschapen dat hij voor iets anders van nut is. Een kleine vis wordt door een grote vis opgegeten en de grote vis wordt door een nog grotere vis achtervolgd. Er is niets verkeerd aan wanneer mensen genoeg van de natuur nemen om in hun behoeften te voorzien, maar overmatig van de natuur nemen is een vorm van himsa (geweld), en dit zal tot de ondergang van de mensheid leiden.

Vraag: Hoe moeten we reageren op de huidige sociale problemen?

Amma: De problemen van vandaag zijn een reden voor ernstige bezorgdheid. Het is essentieel dat we de oorzaken van die problemen leren kennen en ze aanpakken. Maar verandering moet bij het individu beginnen. Wanneer een individu ten goede verandert, profiteert het hele gezin daarvan en dan vaart de samenleving daar wel bij. Dus eerst moeten wijzelf een poging doen om goed te doen. Wanneer we zelf ten goede veranderen, beïnvloedt dat iedereen om ons heen. Het zal ook positieve veranderingen in hen tot stand brengen. We kunnen anderen niet veranderen door hen alleen maar te adviseren en te berispen. We moeten een voorbeeld geven. We moeten vriendelijk en liefdevol tegenover iedereen zijn. Alleen door onbaatzuchtige liefde kunnen we een transformatie in anderen tot stand brengen. We zien misschien geen onmiddellijke veranderingen, maar we moeten nooit de hoop verliezen of onze pogingen opgeven. Onze inspanningen zullen in ieder geval een welkome verandering in ons tot stand brengen.

Als we blijven proberen om de staart van een hond recht te krijgen door de staart in een buis te stoppen, zal de staart niet recht worden, maar onze armspieren zullen sterker worden! Wanneer we ons dus inspannen met het doel effect op anderen te hebben, veranderen wij zelf ten goede. Maar bepaalde veranderingen zullen er ook zeker in anderen plaats vinden, hoewel we dat misschien niet direct zien. In ieder geval helpen onze pogingen te voorkomen dat de samenleving nog verder achteruitgaat. Door zulke pogingen kunnen we een bepaalde mate van harmonie in de maatschappij handhaven.

Iemand die tegen de stroom in zwemt komt misschien geen centimeter vooruit. Maar door zijn inspanningen is hij in staat om te blijven waar hij is en wordt hij niet meegesleurd. Als hij het opgeeft, verdrinkt hij. Zo ook is het essentieel dat wij in onze pogingen volharden.

Je kunt je afvragen: "Wat is het nut van één persoon die alleen in de samenleving worstelt, in een wereld zo vol duisternis?" Ieder van ons heeft een kaars, de kaars van de geest. Steek die kaars aan met de vlam van vertrouwen. Pieker er niet over hoe je zo'n grote afstand met zo'n klein lichtje zult kunnen afleggen. Neem gewoon één stap tegelijk. Je zult ontdekken dat er genoeg licht is om iedere stap op de weg te verlichten.

Er stond een man helemaal gedeprimeerd langs de kant van de weg. Een voorbijganger zag hem en glimlachte naar hem. Op deze man die zich helemaal hopeloos en door iedereen in de steek gelaten voelde, had die ene glimlach een geweldige uitwerking. De gedachte dat er iemand was die voldoende om hem gaf om naar hem te kijken en te glimlachen, gaf hem nieuwe energie. Op dat moment herinnerde hij zich een vriend die hij lange tijd niet gezien had en hij schreef hem een brief. De vriend was zo blij toen hij de brief ontving dat hij tien roepies aan een arme vrouw gaf die daar stond. De vrouw ging weg en kocht van het geld een lot in de loterij. En wonder boven wonder, ze won de loterij! Toen ze met haar geldprijs naar huis liep, zag ze een zieke bedelaar op het trottoir liggen. Ze dacht: "Dankzij God heb ik deze meevaller gekregen. Laat ik hiervan iets gebruiken om deze arme man te helpen." Ze nam de bedelaar mee naar een ziekenhuis en regelde zijn behandeling. Toen de bedelaar uit het ziekenhuis ontslagen werd, zag hij een in de steek gelaten jong hondje, dat het koud had en honger had en te zwak was om te lopen. Het hondje jankte meelijwekkend en het hart van de bedelaar smolt. De bedelaar pakte het op. Hij wikkelde het hondje in een doek en ontstak een vuurtje aan de kant van de weg om het op te warmen. Hij deelde zijn voedsel met het hondje dat na al die liefde en verzorging zijn kracht spoedig terugkreeg. Het jonge hondje volgde de bedelaar. Die nacht hield de bedelaar halt voor een huis om te vragen of hij daar de nacht door kon brengen. Het gezin stond de bedelaar en het hondje toe om op de veranda te slapen. 's Nachts werden de bedelaar en de mensen in het huis wakker door het onophoudelijke geblaf van het jonge hondje. Zij ontdekten dat het huis in brand stond vlakbij de slaapkamer van het kind! Op het nippertje konden zij het kind redden en door samen te werken maakten ze het vuur uit. Zo leidde het ene goede ding tot het andere. Onderdak geven aan de bedelaar en zijn hond redde het gezin. Het kind groeide op tot heilige. Ontelbare mensen vonden vreugde en rust door hun omgang met hem.

Als we dit verhaal analyseren, zien we dat al deze goede daden voortkwamen uit de glimlach van één persoon. Die persoon gaf geen pais uit, alles wat hij deed was glimlachen naar een man op straat. En die ene glimlach beïnvloedde het leven van veel mensen. Die ene glimlach verlichtte het leven van mensen. Zelfs de kleinste dingen die we voor anderen doen, kunnen een grote verandering in de maatschappij tot stand brengen. We hoeven ons daarvan niet meteen bewust te zijn, maar iedere goede daad draagt zeker vrucht. We moeten er daarom voor zorgen dat we al onze activiteiten verrichten op een manier die anderen ten goede komt. Zelfs een glimlach heeft een geweldige waarde. En een glimlach kost ons niets. Helaas lachen mensen in deze tijd vaak om anderen belachelijk te maken. Dat is niet wat we nodig hebben. We moeten daarentegen om onze eigen fouten en tekortkomingen kunnen lachen.

Niemand is een geïsoleerd eiland. We zijn allemaal met elkaar verbonden als de schakels van een ketting. Of we ons ervan bewust zijn of niet, we beïnvloeden anderen door onze handelingen. De veranderingen die in één individu plaatsvinden zullen in andere mensen weerspiegeld worden.

Het is zinloos te zeggen dat we pas zullen proberen te verbeteren als alle anderen verbeterd zijn. Als wij bereid zijn te veranderen, ook al zijn anderen niet bereid te veranderen, zullen we overeenkomstige veranderingen in de samenleving zien. Wees niet ontmoedigd als je geen tastbaar resultaat in jezelf ziet. De transformatie vindt van binnen plaats. Iedere heilzame verandering die in ons plaatsvindt, zal zeker ook een transformatie in de samenleving tot stand brengen.

Vraag: Amma's glimlach lijkt een speciale kwaliteit te hebben. Wat is de reden daarvan?

Amma: Amma glimlacht niet met opzet. Het gebeurt van nature. Wanneer je het Zelf kent, is er alleen gelukzaligheid. En een glimlach is per slot van rekening een natuurlijke uitdrukking van die gelukzaligheid. Moet het maanlicht bij volle maan zichzelf uitleggen?

Vraag: Maar soms zien we tranen in Uw ogen, vooral wanneer U mensen troost. Wordt Uw natuurlijke gelukzaligheid beïnvloed door uiterlijke situaties?

Amma: Amma's geest werkt als een spiegel. Een spiegel weerkaatst alles wat ervoor verschijnt. Wanneer Amma's kinderen huilen, wordt hun verdriet in Amma weerspiegeld en komen er tranen. Amma wil dat zij innerlijke rust ervaren. Amma lijkt misschien verdriet te hebben, maar in Haar innerlijke Zelf voelt Amma geen verdriet.

De onsterfelijke dialoog

In maart 1995 na de installatieceremonie in de Brahmasthanamtempel in Delhi waren Amma en de ashrambewoners op weg terug naar Amritapuri. De reis duurde een week. Zelfs onder het reizen zorgde Amma ervoor dat de dagelijkse routine van spirituele oefeningen van Haar kinderen niet verbroken werd. Na de hele dag gereisd te hebben stopte de groep bij een rivier of een meer wanneer de schemering naderde. Na het baden verzamelde iedereen zich rondom Amma om te mediteren en bhajans (devotionele liederen) te zingen.

Op de avond van de derde reisdag zochten ze weer, maar zij konden aan beide kanten van de weg geen rivier of vijver vinden. Toen Amma zag dat iedereen bezorgd werd dat ze die dag misschien geen kans kregen om te zwemmen, zei Ze: "We zullen het zwemmen niet mislopen, kinderen! Dat zal niet gebeuren. Er is heus ergens water." Ze liet de bus op een bepaalde plaats stoppen. Toen men het de plaatselijke mensen vroeg, zeiden zij: "Er is hier geen rivier of meer. Water is schaars in dit gebied." Toen Amma dit hoorde, troostte Zij iedereen en zei: "Nee, nee, Amma's gedachten zeggen dat er dichtbij water is. Ga het hun opnieuw vragen!" De brahmachari's gingen het weer vragen. Toen herinnerden enkele plaatselijke bewoners zich: "O ja! Er is een steengroeve in de buurt. Waar de stenen uitgehakt en verwijderd zijn, staat het nu vol met water, als een klein meer."

Amma en de groep volgden hun aanwijzingen en liepen een korte afstand totdat ze bij twee meertjes vol helder water kwamen. Ze zwommen allemaal naar hartelust met Amma. Na afloop ging de groep rondom Amma zitten om te mediteren en toen zongen ze samen met Haar bhajans. Op dat moment raakte Amma in een toestand van extase. Ze hief Haar armen ten hemel en riep luid: "Kom snel kinderen, kom aanrennen!" Een tijdje zat iedereen in stilte, verzonken in gelukzaligheid. Toen verbrak een Fransman die Daniël heette de diepe stilte en zei: "Amma, we zijn zo blij wanneer we met U zwemmen. Het voelt alsof we naar de Himalaya's gegaan zijn en in de Ganga (een heilige rivier in India) gebaad hebben. Toen Amma's programma in Rishikesh afgelast werd, waren we zo teleurgesteld bij de gedachte dat we de mogelijkheid misten in de Ganga te baden. Nu is dat gevoel over."

Amma: Mijn kinderen, tempels en heilige wateren helpen gewone mensen op weg naar spiritualiteit, maar alleen totdat zij een satguru vinden. Iemand die zich aan een satguru heeft overgegeven, hoeft naar geen enkele heilige rivier op zoek te gaan. Een perfecte mahatma is de samenvloeiing van alle heilige rivieren. Zich volledig aan een meester overgeven staat gelijk met zich baden in alle heilige wateren.

Er is een gezegde dat de verblijfplaats van de guru Benares[14] is en dat het water dat gebruikt wordt voor het wassen van de voeten van de guru, de Ganga is. Het water dat de voeten van de guru aanraakt is inderdaad "Gangawater." Het padapuja water[15] is vol met de energie van de mahatma. Als men het padapuja water drinkt is het niet nodig om naar Benares of waar dan ook te gaan. Er is niets zo zuiverend als padapuja water, het is de echte Ganga.

Vraag: Amma, hoe kreeg het water van de heilige rivieren zo'n heiligheid en zuiverheid?

Amma: Alle rivieren beginnen in de bergen. Er is geen verschil tussen het water dat in die rivieren stroomt. Wat is dan het verschil

---

[14] Benares wordt als een van de heiligste plaatsen in India beschouwd.
[15] Het water waarmee de voeten van de guru ceremonieel gewassen is.

tussen de Ganga en andere rivieren? Waarom loop je geen ziekten op door in de Ganga te baden? [16] Veel mahatma's baden in rivieren als de Ganga en de Narmada en veel asceten mediteren op hun oevers. Dat maakt deze rivieren heilig. Een rivier wordt heilig wanneer mahatma's erin baden. Hun zuivere vibraties versmelten met het water. Baden in het gezelschap van een mahatma is als het proeven van een beetje van de gelukzaligheid van Brahman. Baden waar dan ook in de aanwezigheid van een mahatma is als het baden in de Ganga. Vertrouwen is echter de basis van alles. Met liefde en vertrouwen kan ieder water heilig worden. Kennen jullie het verhaal van Pakkanar? Een brahmaan stond op het punt naar Benares te gaan. Hij nodigde Pakkanar uit om met hem mee te gaan om in de Ganga te baden en de darshan van Heer Vishvanath van Benares te ontvangen. Maar Pakkanar kon niet gaan. Hij zei: "Als je toch gaat, zou ik je zeer dankbaar zijn als je mijn wandelstok in de heilige Ganga zou willen onderdompelen en hem naar me terug zou willen brengen." De brahmaan stemde ermee in en nam de wandelstok mee naar Benares. Toen hij in Benares in de Ganga baadde, werd de stok door de stroom meegesleurd. Toen de brahmaan terugkwam legde hij Pakkanar uit hoe hij de stok verloren had. Pakkanar zei tegen hem: "Maak je geen zorgen! Ik krijg die stok wel terug!" Hij nam toen een duik in een vijver bij zijn huis en kwam boven water met dezelfde stok! Hij zei tegen de brahmaan: "Als je genoeg vertrouwen hebt, kan ieder water de heilige Ganga worden. En zonder vertrouwen zijn de Ganga en Yamuna alleen maar gewoon water."

---

[16] Hier verwijst Amma naar alle afvalwater en verontreiniging die tegenwoordig in de Ganga gestort worden, de miljoenen mensen die in de rivier baden en de vele lijken die in het water gegooid worden.

Vraag: Dus wanneer Amma bij ons is, zijn alle heilige wateren hier! Maar toch gingen sommige mensen naar Rishikesh en Haridwar.[17]

Amma: Hun overgave is beperkt. Als je eenmaal een mahatma kent, moet je het onschuldige vertrouwen en de overgave van een kind hebben. Als iemand op zoek gaat naar heilige wateren en gewijde plaatsen, zelfs nadat hij bij een spirituele meester gekomen is, betekent dat dat het vertrouwen van die persoon nog niet sterk is. Je kunt alles wat je nodig hebt van een satguru krijgen. Het is niet nodig om ergens heen te gaan om naar wat dan ook te zoeken.

Hebben jullie het verhaal van Ganesha gehoord? Ganesha en Muruga zagen dat hun moeder Devi Parvati (de Goddelijke Moeder) een prachtige vrucht in Haar hand hield. Ze vroegen Haar er allebei om. De Goddelijke Moeder beloofde de vrucht aan degene die er het eerst in slaagde om een reis rond de wereld te voltooien. Muruga besteeg zijn pauw en vertrok onmiddellijk. Maar Ganesha, die wist dat het hele universum in Zijn Goddelijke Ouders bestond, ging nergens heen. Hij liep om Zijn ouders heen en vroeg Zijn Moeder om de vrucht. De Godin gaf die blij aan Hem. Degene die wist dat de hele schepping aanwezig was in Shiva en Parvati, de Vader en Moeder van het universum, kreeg de vrucht van onsterfelijkheid. Op dezelfde manier zal alles je gegeven worden, wanneer je je toevlucht neemt tot een satguru. Alle godheden en alle werelden zijn aanwezig in de heilige voeten van de satguru. Als je eenmaal vertrouwen in de spirituele meester ontwikkeld hebt, moet je niet toestaan dat je vertrouwen geschokt wordt. Je vertrouwen moet onwrikbaar en ononderbroken zijn.

Dicht bij Amma verkeren is niet altijd gemakkelijk. Je kunt pijn en ontberingen ervaren. Zodra je een paar kleine

---

[17] Toen Amma Haar reis naar de Himalaya's annuleerde, gingen een paar teleurgestelde toegewijden op eigen houtje naar Rishikesh en Haridwar (twee heilige plaatsen aan de voet van de Himalaya's).

moeilijkheden tegenkomt, wil je misschien vertrekken. Eén van jullie wil misschien naar Benares gaan en een ander naar Haridwar of de Himalaya's om spirituele oefeningen te doen. Maar, mijn kinderen, jullie zijn je niet bewust van de manier waarop een mahatma aan jullie werkt. Jullie begrijpen dit niet en daarom worden jullie hierdoor van de wijs gebracht. Amma opereert van binnen, heel diep, zonder uiterlijke sneden te maken. Amma opereert en brengt ingrijpende transformaties tot stand. Ze verwijdert op een subtiele manier je vasana's. Jullie zien dit niet. Het kan nodig zijn om veel dingen te verwijderen. Amma verwijdert de pus van de wonden in je en dit zal nu en dan pijnlijk zijn.

Amma moet veel dingen verwijderen. Het lijkt op een magneet die onder het tafelblad beweegt. Er liggen wat ijzerdeeltjes op de tafel en dit is het enige wat je ziet, je kunt de magneet niet zien. Wanneer de magneet beweegt, bewegen de deeltjes op de tafel en rangschikken zich opnieuw zonder dat je kunt begrijpen hoe of waarom. Jullie begrijpen het niet en omdat het proces pijnlijk is, willen jullie misschien weglopen.

Je vasana's sterven snel in de aanwezigheid van een satguru. Wanneer alle vasana's gestorven zijn, vindt realisatie plaats.

Mijn kinderen, als jullie spirituele oefeningen in je eentje doen, hoef je nog niet in staat te zijn om de prarabdha van honderd levens weg te nemen, maar als je in de aanwezigheid van een satguru verblijft en spirituele oefeningen doet, kan de prarabdha van duizend levens verwijderd worden.

Spirituele oefeningen doen in de aanwezigheid van een satguru is als het graven van een klein gat bij een rivier. Je zult zeker water vinden. Spirituele oefeningen alleen doen zonder een meester die je begeleidt, is als het graven naar water in een rots.

Een leerling die zich volledig aan een spirituele meester heeft overgegeven, zal de meester niet verlaten. De gedachte om weg te gaan zal niet eens in hem opkomen. Zelfs als God komt, zal de leerling liever bij de meester blijven dan met God meegaan. De leerling zal de meester boven God verkiezen.

Er was eens een grote wijze die veel leerlingen had. Op een dag riep hij hen allemaal bijeen en kondigde aan: "Als gevolg van mijn handelingen uit het verleden, zal dit lichaam spoedig aan melaatsheid en blindheid gaan lijden. Ik zal naar Benares gaan en daar blijven. Is er iemand onder jullie die bereid is om met mij mee te gaan en me te dienen tijdens de dagen vol lijden die voor mij liggen?"

De leerlingen keken elkaar met een geschokte en gealarmeerde uitdrukking aan, maar niemand zei iets. Toen stond de jongste leerling op en zei: "Geachte meester, ik zal met U meegaan."

Maar de meester antwoordde: "Zoon, je bent te jong en weet nog niet wat dienen betekent."

De jongeman zei: "Eerbiedwaardige meester, ik ben ertoe bereid en zal zeker met U meegaan."

De meester probeerde hem ervan af te brengen, maar de leerling gaf niet toe, zo intens was zijn verlangen om zijn meester te dienen. En dus reisden de meester en zijn jonge leerling naar Benares.

Spoedig na hun aankomst liep de meester de verschrikkelijke ziekte op en verloor zijn gezichtsvermogen. Dag in dag uit diende de leerling vol toewijding zijn meester. Hij liet zijn meester nooit alleen behalve als hij om voedsel ging bedelen of de kleren van zijn meester waste. Hij was constant bezig om voor zijn meester te zorgen en deed alle moeite om zelfs in zijn kleinste behoeften te voorzien.

Ondanks de onwankelbare devotie en volledige toewijding van de jongen berispte de meester hem vaak ernstig en beschuldigde hem van fouten die hij niet gemaakt had. Hij gaf hem op zijn kop en zei dat de kleren niet goed gewassen waren of dat het voedsel bedorven was. Andere keren was de meester echter erg liefdevol en teder en zei dat hij de jonge leerling zoveel last bezorgde.

Op een dag verscheen Heer Shiva aan de leerling en zei: "Ik ben heel blij met jouw devotie en toewijding aan je meester. Je mag om een gunst vragen." Maar de leerling wilde niets vragen zonder eerst de toestemming van zijn meester te krijgen. Dus rende hij terug naar zijn meester, wierp zich voor hem ter aarde en zei: "Mijn eerbiedwaardige guru, mag ik Heer Shiva om de gunst vragen om Uw ziekte te verwijderen?"

De meester antwoordde kwaad: "Jij bent niet mijn leerling, maar mijn vijand! Is het jouw wens om mij nog meer te laten lijden door opnieuw geboren te worden? Wil je niet dat ik nu mijn prarabdha onderga en in dit leven verlicht word?"

De leerling keerde bedroefd naar Heer Shiva terug en zei: "O Heer, vergeef het mij, maar mijn meester staat het mij niet toe om het enige wat ik wens te vragen. En wat mij betreft, er is niets wat ik voor mijzelf wens."

De jaren gingen voorbij en de leerling, die de belichaming van devotie was, ging door zijn meester te dienen met dezelfde liefde en standvastige overgave. Toen de leerling op een dag op weg naar de stad was om te bedelen om voedsel, verscheen Heer Vishnu aan hem en zei: "Mijn kind, ik ben erg blij met je devotie en toewijding aan je meester. Ik ben bereid om je iedere gunst te geven waar je om vraagt. Je hebt Heer Shiva niets gevraagd. Stel mij ook niet teleur."

De leerling vroeg de Heer: "Ik heb U niet gediend en niet eens iedere dag aan U gedacht, hoe kunt U dan toch blij zijn met mijn dienstbaarheid?"

Heer Vishnu glimlachte naar hem en zei: "Er is geen verschil tussen God en de guru. God en de guru zijn één. Het is je dienstbaarheid aan je meester die mij bevalt."

Opnieuw vroeg de leerling de toestemming van zijn meester om om een gunst te vragen. De meester zei hem: "Als je een gunst voor jezelf wil, ga je gang en vraag erom. Maar vraag niets voor mij."

De leerling keerde terug naar Heer Vishnu en zei: "O Heer, geef mij meer kennis en wijsheid zodat ik beter kan begrijpen hoe ik mijn meester volgens zijn wensen kan dienen. Meestal begrijp ik door mijn onwetendheid niet wat hij graag wil. O Heer, geef mij de kennis om mijn meester goed te dienen." Heer Vishnu was hier blij over en zei: "Zo zij het."

Toen de leerling naar zijn meester terugkeerde, vroeg de meester hem wat voor gunst hij aan de Heer had gevraagd. De leerling beschreef alles wat er was gebeurd.

Plotseling verdwenen alle symptomen van melaatsheid van het lichaam van de meester en zijn gezichtsvermogen was meteen hersteld. Hij glimlachte naar zijn verbaasde leerling en omarmde hem.

De melaatsheid en blindheid had de mahatma vrijwillig op zich genomen om de devotie en toewijding van zijn jongste leerling te testen. Omdat de meester permanent in de Hoogste Waarheid gevestigd was, had hij helemaal geen prarabdha uit te werken. Hij zegende zijn leerling met de hoogste kennis en zei: "Ik ben heel blij met jouw devotie. Die leerlingen die hun meester met evenveel devotie en toewijding dienen als jij mij getoond hebt, zal geen kwaad overkomen en zij zullen geen gevaar lopen. Mogen alle leerlingen en hun leerlingen door alle eeuwen gezegend worden omwille van jou."

Kinderen, nu zijn jullie als kleine baby's. Jullie spelen en lachen met Amma en genieten van Haar gezelschap. Maar jullie begrijpen niet wat Amma doet of wie Amma werkelijk is. Jullie kijken alleen naar de uiterlijke Moeder. Bijna niemand is geïnteresseerd is het Hoogste Bewustzijn dat erachter ligt. Er is geen drang om het Zelf in je te kennen. Jullie willen niet echt de werkelijke Amma.

Wanneer een baby huilt, stopt de moeder een fopspeen in zijn mond en zuigt de baby eraan. Wat een hongerige baby echt nodig heeft is melk. Maar hier zijn baby's tevreden met het zuigen op een fopspeen zonder melk. De uiterlijke wereld is als een fopspeen. Kinderen, jullie zijn tevreden met het gelach en het spel. Jullie amuseren je met de zintuiglijke objecten. Kinderen, Amma komt naar waar jullie spelen en stopt eten in jullie mond. Omdat jullie zo opgaan in je spel, waarderen jullie niet de waarde van het voedsel dat Amma jullie geeft. Jullie zullen niet vooruitgaan als jullie gewoon rond blijven trekken en tempels en heilige plaatsen bezoeken.

Mijn kinderen, jullie moeten een onschuldige houding cultiveren. Jullie onschuld en een zuiver hart zal jullie redden. Alles is mogelijk met het vertrouwen en de onschuld van een kind.

Vraag: Maar we hebben die onschuld niet, nietwaar Amma? Hebben we dat kinderlijke hart niet verloren?

Amma: Nee, jullie hebben die onschuld niet verloren. Die is nog steeds in jullie. Word je niet spontaan als een kind wanneer je met een klein kindje speelt? Je gaat naar dat niveau. Wanneer je eten in de mond van een kind stopt, doe je dan je eigen mond ook niet open om als een kind gevoed te worden? Wanneer we met kinderen spelen, vergeten we alles en worden we als zij. We worden blij van kinderen. We vergeten ons egoïsme omdat we één worden met het onschuldige hart van de kinderen.

Maar het hoofd werkt het hart zo vaak tegen. We moeten de rationele geest loslaten en diep in het hart duiken. Omhels het hart, mijn kinderen. Als men ergens een mengsel van suiker en zand laat liggen, zullen er mieren komen en alleen van de suiker peuzelen. Zij zullen van de zoetheid genieten. Maar een mens die vanuit het intellect functioneert, kan dat niet doen. Hij krabt aan alles met het intellect. Om van de zoetheid te genieten, moeten we ons hart openen.

Vraag: Amma, zonder er ons van bewust te zijn, gaan we daarheen waar de geest ons zegt te gaan. Wat kunnen we hieraan doen?

Amma: Mijn kinderen, tot nu hebben jullie je vertrouwen in de geest gesteld. Maar de geest is als een aap die van de ene tak naar de andere springt, van de ene gedachte naar de andere en die dat tot het laatste moment zal blijven doen. De geest zal tot het einde aanwezig blijven. De geest tot je kameraad maken is als vriendschap met een gek sluiten. Hij zal altijd last bezorgen. Je zult nooit rust vinden. Als we in het gezelschap van dwazen blijven, zullen wij ook een dwaas worden. Het is dwaas om je vertrouwen in de geest te stellen en de geest te volgen. Raak niet verstrikt in de geest. We moeten ons altijd het doel herinneren: Zelfrealisatie. We moeten ons niet door afleidingen onderweg op een dwaalspoor laten leiden.

Jullie dragen al je samskara's met je mee, dus moeten jullie beetje voor beetje, stap voor stap vooruitgaan. Het is een langzaam proces dat geloof en vertrouwen vereist. Het is belangrijk dat je onthecht bent van je gedachten en dat je weigert om je mee te laten slepen door de geest.

Vraag: Amma, er blijven slechte gedachten in mijn geest opkomen, hoe hard ik ook probeer om ze niet te denken.

Amma: Wees niet bang. Hecht geen enkel belang aan zulke gedachten wanneer ze opkomen. Stel dat we per bus een pelgrimstocht maken. We kijken door het raam naar het landschap. Soms is het mooi, soms niet. Maar hoe boeiend het schouwspel voor ons ook is, we vergeten het zodra de bus er voorbij is. We laten de bus niet stoppen iedere keer dat we iets moois zien. We waarderen de schoonheid, maar gaan zonder te stoppen verder en houden onze geest op het doel gericht. Anders zullen we nooit aankomen. We moeten ons op onze bestemming concentreren. Laat de gedachten en vasana's die in je geest opkomen, voorbijgaan als het landschap door het busraam. Laat je door je gedachten niet in beslag nemen. Dan zal het niet zo'n invloed op je hebben. Er zijn twee kanten aan de geest. De ene kant kijkt aandachtig naar het doel en verlangt naar realisatie. De andere kant kijkt alleen maar naar de uiterlijke wereld. Er woedt een gevecht tussen die twee. Zolang je je niet identificeert met of belang hecht aan de gedachten die in je opkomen, is er geen probleem.

Op het ogenblik lijkt je geest op een spiegel aan de kant van de weg, die alles reflecteert wat er over de weg voorbijgaat. Op dezelfde manier richt de geest zich naar buiten naar alles wat we zien of horen.

Maar wij missen één eigenschap die de spiegel wel heeft: hoewel de spiegel alles helder reflecteert, is er niets dat hem beïnvloedt. Alles is weg zodra het uit het gezicht verdwijnt. De spiegel is aan niets gehecht. Zo hoort onze geest te zijn. We moeten alles onmiddellijk loslaten wat we zien, horen of waar we over denken als een voorbijgaand uitzicht langs de weg. We moeten aan niets gehecht zijn. We moeten weten dat de gedachten die opkomen en verdwijnen, tot de geest behoren maar het Zelf niet beïnvloeden. Leef alleen maar als een getuige.

Als je van de schoonheid van een snelstromende rivier wilt genieten – niet alleen van het water, maar ook van de vissen en de andere dieren en dingen die in het water verblijven, van alles wat bij de aard van de rivier hoort – dan is het het beste om naast de rivier te zitten en hem gade te slaan. Als je in het water springt, kun je door de stroom meegesleurd worden en zelfs verdrinken, en je kunt de schoonheid van de rivier niet ervaren. Op dezelfde manier moet je als een getuige leven zonder door de stroom van de geest gegrepen te worden. Leer om je er los van te maken. We moeten onze geest onder controle hebben en de kracht hebben om hem tot stilstand te brengen, zoals de remmen van een nieuwe auto, die de snelheid in bedwang houden en het voertuig tot stilstand brengen steeds wanneer het nodig is.

Mensen hebben vertrouwen in hun geest, maar niet in hun spirituele meester. Maar de geest vertrouwen is je overgeven aan de willekeur van een dwaas. De geest is dwaas. Hij geniet ervan om alleen de oppervlakte van alles wat hij ziet weer te geven zonder de diepere waarheid te begrijpen.

Satsang—dat is het gezelschap van een mahatma, spirituele boeken lezen en naar spirituele lezingen luisteren—is erg belangrijk. Deze activiteiten zullen helpen om je onderscheidingsvermogen te ontwikkelen en zullen je vrede geven. Persoonlijke inspanning is ook nodig.

Het pad waar we over moeten gaan, is vol hindernissen. We moeten altijd waakzaam zijn, alsof we over een brug gaan die lange tijd niet gebruikt is en bedekt is met glibberige modder. We lopen het risico om ieder ogenblik te vallen en dus moeten we bij iedere stap heel oplettend zijn. Als we vallen dan moeten we weer overeind krabbelen. De val vindt eigenlijk plaats zodat we kunnen oefenen om weer overeind te komen. Overwinning en nederlaag zijn de aard van het leven. Zet iedere stap van nu af aan met grotere voorzichtigheid. Het is niet goed om in een moeilijke of negatieve situatie te zitten zonder er iets aan te doen. Weet dat het risico om te vallen tot het laatste moment zal blijven, tot de avond voor je bevrijding.

We moeten ons onderscheidingsvermogen gebruiken wanneer verlangens, kwaadheid en jaloezie in ons opkomen. Wees waakzaam wanneer jullie vooruitgaan, mijn kinderen, omdat je ieder moment kunt vallen.

Vraag: Als we vallen, helpt Amma ons dan om weer overeind te komen?

Amma: Weet dat Amma altijd bij jullie is. Heb vertrouwen. Mijn kinderen, er is geen reden om bang te zijn, maar van jullie kant is inspanning en volharding nodig. Als jullie Amma met onschuld en vertrouwen roepen, is Ze altijd bereid om jullie te helpen. Als jullie vallen, sta dan weer op. Maak van de val een opgang.

Vraag: Hebben gerealiseerde mahatma's voorkeur en afkeer?

Amma: Nee, in die toestand is alles hetzelfde. Er zijn geen voorkeuren. Er is alleen de getuige die waarneemt. Een Mahatma is zijn geest de baas en kan altijd nee zeggen. Als de mahatma het spel wil spelen, gebruikt hij zijn geest om dat te doen, maar hij kan het onder controle houden en er ieder moment mee ophouden. De geest van een mahatma lijkt op de remmen van een dure auto: wanneer je op de rem trapt staat de auto onmiddellijk stil, zelfs bij hoge snelheid, en slipt niet.

Gewone mensen worden door hun geest beheerst. Zij bewegen alleen zoals hun geest hen leidt, maar een mahatma heeft stevig grip op zijn geest, de geest heeft geen macht over de mahatma. De mahatma is eenvoudig getuige van alles. Amma spreekt nu over echte mahatma's, niet over hen die rondlopen en beweren dat ze vrij van alle banden zijn, terwijl ze nog verlangens en kwaadheid in zich hebben.

De Heer van Yoga,
Beschermer van Dharma

Vraag: De hele geschiedenis van de Indiase cultuur is doordrongen van de persoonlijkheid van Heer Krishna. Toch is het
moeilijk om veel van Zijn daden te verklaren. Sommige van Zijn
daden kunnen zelfs onjuist lijken. Wat zegt Amma in antwoord
hierop?

Amma: Voor iedereen die het Hoogste Wezen, Sri Krishna,
echt begrepen heeft, zullen er geen twijfels over Zijn daden zijn.
Zijn leven zal nog steeds een voorbeeld voor de mensen van de
komende eeuwen zijn, net zoals het dat in de afgelopen eeuwen
is geweest. Zijn glorie is onovertrefbaar. Zijn geschiedenis is een
bron van vreugde en inspiratie voor mensen van alle rangen en
standen.

Als een restaurant slechts één soort voedsel serveert, zal het
alleen degenen aantrekken die van dat bepaalde gerecht houden.
Maar als er een afwisseling aan schotels wordt aangeboden, zullen allerlei mensen daardoor aangetrokken worden. Er zal voor
iedereen iets zijn. Het onderwijs van Heer Krishna is voor iedereen
geschikt. Hij kwam niet voor een bepaald deel van de samenleving. Hij wees iedereen, zelfs prostituees, rovers en moordenaars,
de weg naar spirituele vooruitgang.

De Heer inspireert ons om ons dharma te volgen. Hij roept
ons niet op om onjuist te handelen of om te volharden in adharmische activiteiten. Hij spoort ons aan om volgens ons echte
dharma te leven, daar standvastig in te blijven en zo in het leven
vooruit te gaan naar het uiteindelijke doel.

De Heer vraagt ons niet om onze tijd te verspillen door over
fouten uit het verleden te piekeren en te treuren. Dat is niet Zijn

manier. Hij leert ons om onze fouten te corrigeren en verder te gaan. Er is geen zonde die niet weggewassen kan worden door de tranen van berouw. Maar als we eenmaal weten wat juist is, moeten we niet blijven herhalen wat verkeerd is. De geest moet de kracht ontwikkelen die nodig is om op de juiste koers te blijven. De Heer liet ons zien hoe we dat moeten doen. Hij leerde ons de meest geschikte manier voor ieder van ons. Hij leerde ons om ons omhoog te trekken vanaf het niveau waarop we zijn. De weg van de een hoeft niet per se geschikt voor de ander te zijn. Dit geeft geen tekortkomingen van de Heer of Zijn onderricht aan. Het toont gewoon een erkenning van de verschillen in de samskara's van de mensen.

Het Hoogste Wezen, Sri Krishna, kwam om iedereen te verheffen. Mensen betwijfelen sommige van Zijn daden alleen omdat zij niet echt proberen om Hem te begrijpen. Als we het landschap vanaf het grondniveau bekijken, kunnen we heuvels en dalen, velden en bossen zien. Maar als we van heel hoog naar beneden op het landschap kijken, zien we alles als een uitgestrekte groene vlakte. Dus het is echt een kwestie van onze plaats van waarneming. Als we de daden van de Heer in het juiste perspectief onderzoeken, kunnen we duidelijk zien dat al Zijn daden bedoeld waren om mensen spiritueel te verheffen. Maar als we met ogen kijken die gekleurd zijn door twijfels, dan zal alles onjuist lijken. Zij die de wereld zo zien, kunnen in niemand iets goeds zien. Dat is niet Gods fout. Het komt door een fout in hun innerlijk samskara. Heer Krishna wees zelfs deze mensen de weg naar spirituele groei. Omdat de mensen het onderricht van de Heer niet goed in zich opgenomen hebben, is India zo sterk achteruitgegaan.

Een kind krijgt een verjaardagscadeautje dat prachtig verpakt is in schitterend gekleurd papier. Omdat het kind gefascineerd is door de verpakking, neemt het niet de moeite om het pakje te openen en vindt het de waardevolle gift erin niet. Dit is wat er met mensen gebeurde met betrekking tot Heer Krishna. Sommigen waren geboeid door de wonderen die Hij verrichtte, anderen zagen alleen fouten in wat Hij deed en bekritiseerden Hem. Geen van beiden begreep de echte essentie. Hierdoor misten zij de Heer zelf. Beide groepen gooiden de vrucht weg en vochten om de schillen! Zij konden de boodschap van Zijn leven niet begrijpen. In plaats van mahatma's te overstelpen met lof of kritiek moeten wij de boodschap van hun gezegende leven in ons opnemen. Zo kunnen wijzelf een vreedzaam, gelukzalig leven leiden en een voorbeeld voor de wereld worden.

Vraag: Week de Heer bij veel gelegenheden tijdens de Mahabharata-oorlog niet van het pad van de waarheid af?

Amma: We kunnen de betekenis van de daden van de Heer niet echt begrijpen of in ons opnemen met onze kleine geest. Iedere handeling en ieder beweging van Hem was stevig in dharma geworteld. Het is niet mogelijk om de activiteiten van een mahatma vanaf een gewoon standpunt te begrijpen. Alleen door diepe contemplatie en een zuiver hart kunnen we een vaag idee krijgen van de betekenis van de daden van een mahatma.

Een mahatma heeft geen ego. Hij is als een vogel. De verkeersregels zijn niet van toepassing op de vogels in de lucht. Maar mensen die nog een egobesef hebben moeten volgens de regels leven.

De Heer handelde altijd op een manier die bij bepaalde omstandigheden paste. Hij had slechts één doel: dharma herstellen. Hij erkende de positie van het individu, maar wanneer hij met de maatschappij te maken had, hechtte Hij het grootste belang aan de samenleving. Kijk naar Sri Krishna in de Bhagavad Gita. Het was niet voor zichzelf dat Hij, die onderricht gaf over het Hoogste Zelf, aan de oorlog deelnam.

Vraag: Duizenden mensen komen om tijdens een oorlog. Keurde Heer Krishna geweld dus goed toen Hij Arjuna aanspoorde om te vechten?

Amma: Heer Krishna wilde helemaal geen oorlog. Uiterste tolerantie was Zijn manier. Maar wanneer de tolerantie van een machtig persoon iemand aanmoedigt om anderen pijn te doen en zich aan geweld te bezondigen, dan wordt die tolerantie een nog groter geweld. Als onze verdraagzaamheid een ander egoïstischer maakt, dan is het het beste om die verdraagzaamheid op te geven. Maar we moeten voorzichtig zijn dat we geen gevoel van wraak of wrok tegen die persoon koesteren. We moeten niet tegen het individu zijn, alleen tegen de onjuiste daden die hij begaat.

De Heer voelde geen haat tegenover Duryodhana. Hij wilde alleen dat hij zijn slechte gewoonten opgaf. Dit was nodig voor het welzijn van de mensen en het land. Alleen omdat er geen andere manier was om dit doel te bereiken gaf het Hoogste Wezen, Sri Krishna, Zijn toestemming voor de oorlog. Hij die in staat was om de hele wereld te vernietigen, legde de gelofte af om geen wapens in de oorlog te gebruiken en om alleen als wagenmenner deel te nemen. Bewijst dit niet dat Hij niet geïnteresseerd was in vechten?

Als Duryodhana de Pandava's slechts één huis had aangeboden om in te wonen, zou Sri Krishna de Pandava's tot bedaren gebracht hebben en hen aangemoedigd hebben om daarmee tevreden te zijn. Maar de Kaurava's weigerden om zelfs dat beetje compassie[18] te tonen. Het waren de Kaurava's en vooral Duryodhana die anderen dwongen om ten strijde te trekken.

Wanneer een land in de grip is van een heerser die de belichaming van onrechtvaardigheid is, dan zou dat de vernietiging

---

[18] De helft van het koninkrijk behoorde toe aan de Pandava's. Nadat de Pandava's terugkwamen uit twaalf jaar ballingschap, verwachtten zij dat hun helft van het koninkrijk aan hen teruggegeven zou worden, maar hun neef Duryodhana weigerde dat.

van de wereld kunnen veroorzaken. Zulke mensen moet zo snel mogelijk de macht ontnomen worden met alle noodzakelijke middelen. Dat is mededogen ten opzichte van de samenleving. Wanneer je een vergiftige boom omhakt, kunnen een paar plantjes eromheen ook vernietigd worden. Wanneer je een fruitboom plant, ontwortel je misschien een paar plantjes om ruimte vrij te maken voor de jonge boom. Maar denk eraan hoeveel profijt de samenleving van het boompje zal hebben als hij volwassen is geworden en een boom is. En veel kleine planten zullen in zijn schaduw bloeien. Als je het zo ziet is de vernietiging van een paar kleine planten in het begin, hoewel jammer, een acceptabel verlies. Het is geen geweld als zodanig.

Had men Duryodhana laten leven, dan zou hij andere koninkrijken binnengevallen zijn en een groter aantal mensen gedood hebben dan in de Mahabharata-oorlog sneuvelde. Zijn handelingen zouden de samenleving en beschaving in de toekomst nog meer schade berokkend hebben. Het is veel wenselijker om dharma te beschermen, zelfs ten koste van een paar levens, dan adharmische mensen onbeperkt te laten regeren ten koste van veel meer levens en de totale ontaarding van dharma. Dit is wat Sri Krishna deed. Hij beschermde dharma. Oorlog was de enige keuze die overbleef als dharma wilde overleven. Wat de Heer deed was volkomen juist. Als Hij voor Zijn eigen persoonlijke voordeel gehandeld had, dan kon men Hem misschien bekritiseren, maar geen van Zijn handelingen was egoïstisch. Hij handelde niet voor zichzelf of voor Zijn familie. De beweegreden achter alles wat Hij deed was het beschermen en in stand houden van dharma, mensen in vreugde en tevredenheid laten leven.

Vraag: Was het juist dat de Heer Arjuna aanspoorde om te vechten?

Amma: De Heer leerde ons hoe we moeten leven met inzicht in dharma en adharma. Hij leerde dat zelfs oorlog acceptabel is als er geen andere manier is om dharma in stand te houden. Maar impulsieve actie was nooit Zijn manier. Hij liet zien dat men alleen de wapens op moet nemen als de vijand weigert om het pad van dharma te volgen zelfs nadat hij volop kansen gekregen heeft om zijn fouten te herstellen.

Ieder individu heeft zijn eigen dharma en moet bereid zijn om in overeenstemming daarmee te leven. Anders zal die persoon en de hele maatschappelijke orde op een negatieve manier beïnvloed worden. Een mahatma wenst niemand kwaad te doen, noch heeft een mahatma een speciale gehechtheid aan iemand. Het enige verlangen van de grote zielen is dat dharma in de samenleving gehandhaafd wordt. Zij werken voor dit doel in overeenstemming met de heersende omstandigheden.

Als een kamer in een huis vlam gevat heeft, zou je de mensen dan adviseren om er gewoon bij te zitten en te mediteren? Nee. Je zou hen aansporen om water op het vuur te gooien en het zo snel mogelijk te blussen. Indien nodig zou je niet aarzelen om wat planten of takken van bomen af te snijden en die gebruiken om het vuur uit te slaan. Dat zou juist zijn in die situatie. Dit is wat Krishna deed. Een moedig iemand die na veel nadenken de juiste manier van handelen heeft gekozen, zal zich nooit omdraaien en wegrennen, want dat is in strijd met dharma.

Een mahatma hecht meer belang aan het welzijn van de samenleving dan aan het geluk of verdriet van een individu. Als men het Duryodhana en zijn medestanders voor de wind had laten gaan, zou de samenleving door en door slecht geworden zijn. Heer Krishna wist dat dharma alleen gehandhaafd kon worden als die individuen gedood werden. Daarom moedigde Hij Arjuna aan om te vechten. Passief erbij staan en toekijken hoe het kwaad zich verspreidt zonder actie te ondernemen of enige zorg te voelen is een nog groter kwaad. Het was Duryodhana die de oorlog veroorzaakte. Sri Krishna liet hem vele manieren zien om oorlog te vermijden, maar Duryodhana weigerde zijn suggesties te accepteren. De Kaurava's eigenden zich alles toe wat zij op een oneerlijke manier verkregen hadden. Ze speelden vals bij het dobbelspel en namen van de Pandava's alles af wat zij bezaten. De Pandava's daarentegen hielden zich strikt aan het principe van de waarheid, zonder dat ooit op te geven. De Heer probeerde namens hen te onderhandelen, maar de Kaurava's gaven niet toe. De Heer legde de Kaurava's uit dat de Pandava's niet het hele land wilden. De helft zou genoeg zijn. De Kaurava's weigerden om daarmee in te stemmen. Hij vroeg of ze in dat geval de vijf Pandava's ten minste ieder een huis wilden geven om in te wonen. Nee, zeiden ze. En slechts één huis? De Heer was bereid om zelfs dat te accepteren. Pas toen de Kaurava's zo arrogant werden dat ze verklaarden dat ze de Pandava's niet genoeg land wilden geven om er een naald in te steken, accepteerde Sri Krishna uiteindelijk de onvermijdelijkheid van de oorlog. Wat zouden de gevolgen voor de samenleving geweest zijn als men die adharmische mensen getolereerd had? Vooral omdat zij geen gewone mensen waren, maar de regeerders van het land! Als het land in de handen van zulke leiders gevallen was, zou het resultaat totale ondergang geweest zijn. Goedheid en dharma zouden uit het land verdwenen zijn, wat geresulteerd zou hebben in de ondergang van de mensen en het land. Het is het dharma van een mahatma om adharma te verwijderen, dharma te herstellen en de mensen te beschermen. Om dit te bereiken gebruikte Heer Krishna de Pandava's als Zijn instrument.

Regeerders moeten hun onderdanen als hun eigen vrienden en verwanten zien. Maar de Kaurava's zagen de mensen van hun land als hun vijanden. Wat voor goed kan een land verwachten van leiders die zelfs hun eigen neven niet juist behandelen? Heer Krishna was oneindig vergevensgezind. Hij ging op weg om de Kaurava's over dharma raad te geven. Maar toen Hij bij het koninklijke paleis aankwam, probeerden ze Hem te schande te maken. Zulke mensen vrij rond laten lopen, om welke reden dan ook, zou een grote onrechtvaardigheid tegenover de samenleving en dharma zijn.

De Heer probeerde alle vier traditionele middelen: verzoening, vrijgevigheid, berisping en straf. Pas toen al het andere faalde, nam Hij Zijn toevlucht tot oorlog om de plegers van adharma te gronde te richten.

Er was eens een spirituele meester die een leerling in het leger had. Er brak een oorlog met een ander land uit. De leerling had nooit in een oorlog gevochten. Omdat hij veel verschrikkelijke oorlogsverhalen gehoord had, was hij al bang bij het noemen van het woord oorlog. Hij liep uit het leger weg en ging naar zijn meester. Hij vertelde de meester dat hij niet langer enig werk wilde doen en sannyasi wilde worden. De vijand rukte op. Het land zou in gevaar zijn als er niet genoeg soldaten waren om de oorlog te voeren. De meester wist dat zijn leerling alleen uit vrees monnik wilde worden en niet uit echte onthechting. Hij praatte de leerling daarom moed in en stuurde hem terug naar het slagveld. De meester deed dit niet omdat hijzelf enig belang bij de oorlog had, maar omdat het op dat ogenblik de plicht van zijn leerling was om te vechten aangezien hij soldaat was. Het is nooit juist om een lafaard te zijn en weg te rennen. Iemand die het aan moed ontbreekt kan nooit bevrijding bereiken door de geloften van een monnik af te leggen. De meester onderwees zijn leerling over zijn juiste dharma en gaf hem de kracht om het uit te voeren.

Zou het juist zijn om een soldaat op het slagveld te zeggen alles op te geven en monnik te worden omdat dat de weg naar bevrijding is? Soldaten hebben de verantwoordelijkheid om de veiligheid van hun land te waarborgen. Als ze hun plicht niet uitvoeren, dan verraden ze zowel zichzelf als hun land. Wanneer de veiligheid van een land op het spel staat, is het het dharma van een soldaat om de wereld niet te verlaten en monnik te worden, maar om tegen de vijand te vechten. Als de soldaat op dat moment besluit om alles op te geven, dan zal hij niet slagen. De natuur zal dat niet toestaan.

De grote spirituele meesters worden geboren om mensen bewust van dharma te maken en de wereld naar dat juiste pad te leiden. Als soldaten zich niet aan hun plicht houden, zal het land in gevaar verkeren en zal de bevolking lijden. Om dit te vermijden is het enige advies dat een echte meester aan een soldaat kan geven dat hij zijn taak juist uit moet voeren. Dit betekent niet dat grote meesters doden of geweld goedkeuren. Zij sporen mensen eenvoudigweg aan om het pad van dharma te volgen dat bij die tijd past. We moeten dus de omstandigheden onderzoeken wanneer we de woorden en daden van een mahatma beoordelen.

Arjuna's situatie was niet anders dan die van de soldaat in het verhaal. Hij drukte ook het verlangen uit om alles los te laten. Zijn wens kwam voort uit zijn gehechtheid aan zijn vrienden en familie bij de tegenpartij op het slagveld. Maar op dat moment was het niet Arjuna's dharma om de wereld te verlaten, maar om in de oorlog te vechten. Zijn verlangen naar verzaking kwam niet voort uit een helder begrip van het eeuwige en het voorbijgaande. Het kwam door zijn gehechtheid. De Heer wist dit en daarom spoorde Hij Arjuna aan om te vechten.

De Heer zei Arjuna niet dat hij ten strijde moest trekken ter wille van de oorlog zelf. Hij moedigde hem aan om zich aan zijn dharma te houden. Als de Heer oorlog gewild had, had Hij de Pandava's veel eerder kunnen overhalen om te vechten omdat het niet nodig was om te wachten. Als je van je eigen dharma afdwaalt uit gehechtheid of vrees of om welke reden dan ook, creëert dit een schadelijk effect op de samenleving en het hele land. De mahatma's weten dit en daarom sporen ze mensen aan om het pad van dharma te volgen dat bij de omstandigheden past. Zij die het Zelf kennen zijn altijd meedogend. Zij willen de samenleving graag in vrede en harmonie zien bloeien en onenigheid en gevechten vermijden. Alleen wanneer dharma zegeviert kan dit bereikt worden. Dit is het voorbeeld dat het Hoogste Wezen, Sri Krishna, ons geeft.

Vraag: Had Krishna, hoewel er gezegd wordt dat iedereen in Zijn ogen gelijk was, geen speciale gehechtheid aan de Pandava's?

Amma: Niet één handeling van de Heer kwam voort uit gehechtheid. Zou iemand die geen gehechtheid voor zijn eigen vrienden en verwanten inclusief zijn eigen kinderen voelt, zich gehecht voelen aan iemand anders? Zelfs toen de zonen en verwanten van Sri Krishna later met elkaar vochten en door hun arrogantie omkwamen, raakte Hij niet uit evenwicht. Er was geen verandering in Zijn gelaatsuitdrukking. Iemand met het geringste spoortje van gehechtheid kan het pad van dharma voor de wereld niet verlichten. Een geest die vertroebeld is door gehechtheid kan geen onderscheid maken tussen goed en kwaad.

De Heer toonde geen voorkeur voor Duryodhana of Arjuna toen ze allebei naar Hem toe kwamen om hulp te zoeken voor de oorlog. Hij gaf hun waar zij om vroegen. Toen Duryodhana om Sri Krishna's leger vroeg, gaf de Heer dat zonder enige aarzeling. Arjuna vroeg alleen om de Heer zelf. Arjuna twijfelde niet aan zijn besluit, zelfs niet toen Sri Krishna hem uitlegde dat Hij in de strijd niet naar de wapens zou grijpen. De Heer koos voor de Pandava's door Arjuna's onbaatzuchtige devotie en houding van overgave, niet uit een gevoel van gehechtheid.

De een wordt water aangeboden, maar wijst het aanbod af en duwt het kopje weg. De ander die door dorst gekweld wordt, smacht naar water en krijgt zoveel als hij wil. Kan dit gehechtheid van de kant van de gever genoemd worden? Duryodhana wilde de Heer niet. Hij wilde Zijn leger. Arjuna verlangde niet naar de wapens van de Heer. Hij wilde alleen de Heer zelf. Krishna vervulde de wensen van hen beiden.

De Heer hield zich aan Zijn belofte en werd Arjuna's wagenmenner. Toen Arjuna op het slagveld als leerling Zijn toevlucht tot de Heer nam, maakte de Heer Arjuna zijn dharma bekend in de woorden van de Bhagavad Gita. Wanneer de onderliggende bron van het handelen vrij van gehechtheid is, wordt kennis van het Zelf de gids die de weg toont. De Heer toonde zowel aan Arjuna als aan Duryodhana Zijn kosmische vorm. Duryodhana keek erop neer als een vorm van toverij. Maar Arjuna geloofde en gaf zich over aan de voeten van de Heer. Arjuna's geloof en nederigheid bezorgden de Pandava's de overwinning.

Alleen door Sri Krishna's aanwezigheid bij hen konden de Pandava's de Kaurava's vergeven voor hun ernstige onrechtvaardigheid. Als Krishna er niet geweest was, dan zouden de Pandava's Duryodhana veel eerder gedood hebben. De weg van dharma is er niet een van onbezonnenheid of arrogantie, maar van uiterste tolerantie en nederigheid. Dit is wat de Heer de wereld liet zien door het voorbeeld van de Pandava's.

Vraag: Is het juist om de weg van geweld te kiezen ook al is het voor het handhaven van dharma?

Amma: Om te beoordelen of een gedragslijn gewelddadig is of niet, moeten we niet alleen de daad zelf onderzoeken. Het is de houding achter de daad die belangrijk is.

Een vrouw neemt een meisje in dienst om het huis schoon te maken en geeft haar een zwaardere taak dan ze aankan. Hoe hard de meid het ook probeert, ze kan het niet bolwerken. Ze eindigt in tranen vanwege de uitbranders die ze van haar werkgeefster krijgt. Ze heeft niemand om haar te troosten. Dezelfde vrouw geeft haar dochter een pak slaag voor het verspillen van tijd met spelen in plaats van het maken van haar huiswerk. Haar dochter zit in een hoek van de kamer en huilt. Beide meisjes, de dochter en de werkneemster, zijn in tranen. Het pak slaag dat de dochter kreeg kunnen we geen geweld noemen, omdat haar moeder haar strafte met de positieve bedoeling om haar toekomst te verbeteren. Dit is geen geweld maar een uitdrukking van haar liefde voor haar dochter.

Hoewel de vrouw de werkneemster niet sloeg, was haar gedrag tegenover haar wreed. Het was in feite een vorm van geweld. Zou een echte moeder zich zo tegenover haar eigen kind gedragen? Hier moeten we aandacht schenken aan de verschillende houdingen achter deze twee daden.

Een patiënt die aan een fatale ziekte lijdt sterft tijdens een operatie. Toch prijst iedereen de dokter voor zijn enorme inspanning om het leven van de patiënt te redden. Ergens anders steekt een dief met hetzelfde soort mes dat de dokter voor de operatie gebruikte, een bewaker neer die hem probeert te beletten om te stelen. Waar de handeling van de dokter geweldloos (ahimsa) was, was de daad van de rover gewelddadig (himsa).

Wanneer er meer dan genoeg voedsel voor een maaltijd is, zou het een vorm van geweld zijn om een kip te doden voor het maken van een extra schotel om het genot van de maaltijd te verhogen. Het plukken van een bloem die we niet nodig hebben is ook een vorm van geweld.

Het is de houding achter een handeling die hem gewelddadig of geweldloos maakt. De schade die we aan een levend wezen toebrengen uit egoïsme, om ons eigen geluk of comfort te vergroten, is een vorm van geweld. Maar als we een schadelijk iemand pijn moeten doen voor het welzijn van de samenleving, kan men dit niet als geweld beschouwen. Daarom wordt de Mahabharata-oorlog de Oorlog van Dharma genoemd.

Vraag: Sri Krishna doodde Kamsa, Zijn eigen oom. Hoe kan dat gerechtvaardigd worden?

Amma: Wanneer we heilige boeken zoals de Purana's lezen, moeten we de uiterlijke betekenis van de verhalen niet zonder meer accepteren. We moeten dieper doordringen en proberen om de onderliggende principes te begrijpen. Het gebruik van verhalen is als het gebruik van je vingers om een blind kind Braille te leren. Verhalen zijn alleen een hulpmiddel voor het begrijpen van principes. Verweven met al deze verhalen is de Atma tattva (het principe van het Zelf). Alleen wanneer we dat diepere principe waarnemen, zullen we volledig baat vinden bij de verhalen.

Sri Krishna streefde ernaar om iedereen geschikt te maken voor eeuwige gelukzaligheid, voor Zelfrealisatie. Maar die toestand kan alleen bereikt worden over het pad van dharma. Sommige mensen die het aan onderscheidingsvermogen ontbreekt, voelen zelfs een afkeer tegen het woord dharma. Kamsa was zo iemand. Hoeveel advies men hem ook gaf, hij had niet de mentale volwassenheid om iemands advies te accepteren. Zij die de weg van dharma verlaten, kunnen nooit kennis van het Zelf bereiken.

Heer Krishna kwam op aarde zowel voor de deugdzamen als de zondaren. Zijn zending hield ook het leiden van zondaars naar God in. Hij deed alles wat hij kon om de mensen die op het verkeerde pad waren een besef van dharma bij te brengen. Maar zij waren dronken van de opvatting dat het lichaam het zelf is en weigerden dharma te aanvaarden. Er bleef slechts één mogelijkheid voor de Heer open: hun lichaam vernietigen dat de inspiratie was voor al hun slechte daden en al hun naar buiten gerichte zintuigen ondersteunde. Hij liet dit dus gebeuren. Het was de enige manier om hen te overtuigen van de tijdelijkheid van het lichaam en de eeuwige aard van het Zelf. Alleen door deze ervaring konden zij het inzicht krijgen dat zij de erfgenamen waren van eeuwige gelukzaligheid, die voorbij het bereik van de zintuigen ligt.

Soms gooit een moeder de kleren van haar baby weg omdat ze te vuil zijn om te wassen. Ze doet dit alleen om haar baby nieuwe kleren te kunnen aantrekken. Wil je dat onrechtvaardigheid noemen? In het geval van een adharmisch iemand die het leven van anderen en het welzijn van de samenleving bedreigt, kan het laatste redmiddel zijn om die persoon van zijn bestaande lichaam te bevrijden als alle andere middelen falen. Wanneer die ziel een nieuw lichaam krijgt, kan hij de grootheid van dharma realiseren en over de juiste weg naar het uiteindelijke doel verdergaan.

Wanneer een bananenboom aangetast is door een ongeneeslijke, niet te behandelen ziekte, wordt hij dicht bij de grond omgehakt. Dit voorkomt dat de nieuwe uitlopers geïnfecteerd worden. De nieuwe planten zullen gezond opgroeien en goede vruchten geven.

De Heer wist dat Kamsa zich in dit leven nooit aan het pad van dharma zou houden. Zijn geest en lichaam waren volledig doordrongen van adharma. Dat lichaam moest verdwijnen en hij moest een nieuw lichaam aannemen. Toen Kamsa door de Heer gedood werd, verliet hij zijn lichaam, starend naar Krishna en met zijn geest op Hem gericht. Zo werden al zijn zonden weggewassen. Het was in feite Kamsa's diepste verlangen om door de Heer gedood te worden. En de Heer vervulde die wens. Hoewel Sri Krishna Kamsa uiterlijk doodde, is wat er eigenlijk gebeurde niet zo zichtbaar. De Heer bevrijdde Kamsa's ziel uit zijn lichaam en schiep de juiste omstandigheden om Kamsa het Hoogste Zelf te laten bereiken. Hij vernietigde Kamsa's ego en verhief zijn ziel naar de hoogste staat.

Stel dat je leeuwen en luipaarden op een muur hebt getekend. Als je die tekeningen uitwist, bestaan die dieren niet langer. Er blijft gewoon een schone muur over. De muur diende als de basis voor die dierlijke vormen. Als we willen, kunnen we ook herten of konijnen op dezelfde muur tekenen. Vond de dood van de leeuwen en de luipaarden dus werkelijk plaats? Werden herten en konijnen ooit echt geboren? In werkelijkheid veranderden er alleen een paar lijnen op de muur en daarmee veranderden hun naam en vorm. De onderliggende muur blijft altijd. Op dezelfde manier vernietigde de Heer alleen de egoïstische aard in Kamsa. Hij vernietigde niet het Zelf in hem. We moeten dit begrijpen.

Vraag: Zijn sommige van Krishna's daden, bij voorbeeld het stelen van de kleren van de gopi's en de rasa lila, niet ongepast voor een goddelijke incarnatie?

Amma: Zij die de Heer bekritiseren voor het stelen van die kleren, kunnen alleen onwetend genoemd worden. Sri Krishna was toen pas zes of zeven jaar oud. Zijn doel was om iedereen gelukkig te maken. Hij wilde de kunstmatige beperkingen van trots en schaamte doorbreken en iedere ziel wakker maken voor het Hoogste Zijn. Een baby die op de heupen van zijn moeder zit, denkt niet aan zijn kleren. Ieder van ons moet de houding ontwikkelen dat we Gods baby'tje zijn. We moeten de houding van totale onschuld, niet beïnvloed door lichaamsbewustzijn, tegenover God ontwikkelen. We kunnen God niet bereiken zonder het gevoel van trots en schaamte op te geven. Zonder ons lichaamsbewustzijn los te laten kunnen we niet opstijgen naar het niveau van het Zelf.

In vroeger tijden bedekten de vrouwen in Kerala over het algemeen hun borsten niet. De mensen vonden dit helemaal niet vreemd. Maar hoe zouden de mensen vandaag de dag reageren? Op dezelfde manier lijkt de manier waarop de mensen in het westen zich 's zomers kleden aanstootgevend voor ons in India. Maar omdat het de gangbare gewoonte in het westen is en de mensen eraan gewend zijn, vinden zij er niets verkeerd aan. Zelfs de Indiërs die zich er nu aan storen, zouden hun houding veranderen als ze een bepaalde tijd in het westen zouden blijven. Sommigen kunnen die manier van kleden misschien zelfs overnemen. Gevoelens van trots en schaamte zijn creaties van de geest. Alleen door die ketenen die de geest stevig vastbinden te verbreken kunnen we de voeten van God bereiken.

Amma bedoelt niet dat iedereen het dragen van kleren op moet geven! Ze bedoelt alleen dat niets in de weg mag staan van onze ononderbroken herinnering van God. Wat we nodig hebben is vrijheid van alle banden die ons van God afleiden.

De rasa lila vond niet plaats op het gewone niveau van de zintuigen, de manier waarop de mensen het nu interpreteren. Tijdens de rasa lila ervoeren de gopi's de gelukzaligheid van het opgaan van de individuele ziel in het Hoogste Wezen. Vanwege hun goddelijke liefde verscheen de Heer aan iedere gopi. Met Zijn kracht zegende Hij iedere gopi met een visioen van het Zelf.

De rasa lila is iets dat iemand die pret maakt op het niveau van de zintuigen zich niet eens voor kan stellen. Alleen wanneer de geest en de zintuigen vrij zijn van alle gehechtheden aan zintuiglijke objecten, kan men hopen om zelfs maar een zeer kleine fractie te ervaren van de goddelijke gelukzaligheid die de gopi's genoten tijdens de rasa lila.

Iedere gopi had in haar relatie met Heer Krishna de houding van de minnaar tegenover de Geliefde (madhura bhava). Deze houding bestaat ook in het christendom. Nonnen beschouwen zich als de bruid van Heer Jezus. Werpt dit op enige manier een smet op Christus? Het stelt de relatie voor tussen de individuele ziel en het Hoogste Wezen. Alleen zij die alles door wereldse ogen bekijken kunnen hierop aanmerkingen maken.

De Heer miste geen enkele gelegenheid om allerlei mensen naar eeuwige gelukzaligheid te leiden. In iedere mogelijke situatie probeerde Hij de vlam van het Zelf in mensen helderder te laten branden en de brandstof van Zijn liefde toe te voegen aan het licht van het Zelf dat in hun hart scheen. De Heer is verantwoordelijk voor de schepping en is ook degene die de ziel uit de schepping bevrijdt. Bevrijding is alleen mogelijk door de verwijdering van lichaamsbewustzijn. Dit is het doel van Zijn incarnatie als Krishna.

Vraag: In de Gita zegt de Heer dat, wat er ook gebeurt, we ons dharma nooit moeten opgeven. Als dat zo is, hoe kan iemand dan zijn beroep opgeven voor een andere baan die meer oplevert?

Amma: In die dagen geloofden veel mensen dat ze alleen bevrijding konden bereiken door alle karma (werk) op te geven, zich in het bos terug te trekken en als sannyasi te leven. Als antwoord hierop verklaarde de Heer dat het niet nodig is om van alles afstand te doen, maar dat mensen hun plicht in de wereld moeten doen en stevig in hun eigen dharma gegrondvest moeten zijn. De Heer maakte het duidelijk dat we onze plichten niet moeten verzaken, maar dat het uitvoeren van die plichten met de juiste houding tot bevrijding leidt.

Er zit nog een dimensie aan dit concept van dharma. Een kind dat geboren wordt in het gezin van een beeldhouwer kan gemakkelijk een goede beeldhouwer worden, omdat de omstandigheden dat talent bevorderen. Waarschijnlijk werd het kind met dezelfde gift geboren. Het talent van de vader of moeder wordt aan het kind doorgegeven als zijn erfenis. Zo'n kind heeft misschien tien dagen nodig om te begrijpen wat anderen in een jaar leren. Er is dus een enorme mogelijkheid om vooruit te gaan als men standvastig in zijn geërfde ambacht werkt. Anderen die van buiten het beroep komen moeten het leren door met niets te beginnen. In vroeger tijden voerden de mensen hun traditionele beroep meestal in hun eigen huis uit. Zij werkten niet in een kantoor of een fabriek. Iedereen in de familie deed met het traditionele werk mee. De mensen begonnen met hun familieberoep nadat ze hun onderwijs in een gurukula gekregen hadden. Tot welke van de vier hoofdkasten[19] men behoorde werd bepaald aan de hand van het beroep dat men koos en niet op grond van iemands afkomst. Niemand wordt in een bepaalde kaste of religie geboren, allen zijn eenvoudig Gods kinderen. Pas wanneer de mensen opgroeiden werden zij in verschillende kasten ingedeeld op grond van hun werk. In die dagen had een kind dat geboren was in de kshatriya-kaste het recht om brahmaan te worden, en een kind in een brahmanenfamilie kon een kshatriya worden. Iemand die met hout werkte, werd timmerman genoemd. Zelfs als de timmerman in een brahmanengezin was geboren en grootgebracht, stond hij toch als timmerman bekend. Pas met de degeneratie van de regels van de Sanatana Dharma werd iemands afkomst het enige criterium voor zijn kaste.

Vroeger werkten de mensen niet alleen om een inkomen te verdienen. Het doel van iedereen in het leven was Zelfrealisatie en het werk was een manier om die staat te bereiken. In de perfectie van hun werk hadden de mensen de ervaring van God.

Wanneer iedereen alleen voor financieel gewin probeert te werken, gaat de harmonie van de sociale orde verloren. Egoïsme en hebzucht zullen de overhand hebben.

In die tijd bestond de gewoonte niet om een vooraf vastgesteld loon aan de werkers te betalen. Werkers werd het bedrag dat ze nodig hadden uitbetaald en ze waren tevreden met wat ze

---

[19] De vier hoofdkasten zijn brahmanen (priesters en Vedische leraren), kshatriya's (strijders en regeerders), vaishya's (kooplieden) en sudra's (werkers).

ontvingen. Er bestond een atmosfeer van liefde tussen werknemers en hun werkgevers. Ze hadden respect voor elkaar. Zij die het loon betaalden en zij die het ontvingen waren allebei helemaal tevreden. Die gewoonte verdween toen de mensen egoïstischer werden. De houding van de werkgevers veranderde in "minder loon, meer werk" en werknemers begonnen te denken "minder werk, meer loon."

Er wordt gezegd dat wanneer je een tempel bezoekt, je het geld dat je aan de godheid offert, niet moet tellen. Je moet handenvol geven. Tegenwoordig sparen de mensen kleine muntjes zodat, zelfs als ze een hele hand vol geven, het niet meer dan een paar roepie bedraagt.

Tegenwoordig willen de meeste mensen dat hun kinderen ingenieur of dokter worden om in de samenleving gerespecteerd te worden en een hoop geld te verdienen. Weinig ouders besteden aandacht aan de echte aanleg van hun kind. Als de mentaliteit van competitie die de overhand in het onderwijs heeft gezond is, zal het de kinderen helpen om vooruit te gaan en hun talenten te ontplooien. In plaats daarvan veroorzaakt de huidige competitie spanning bij de studenten. Ze verliezen hun mentale kracht wanneer ze hun doel niet bereiken en brengen uiteindelijk de rest van hun leven in wanhoop door. Hun wanhoop brengt velen van hen tot zelfmoord. Dit mogen we niet laten gebeuren. Het doel van het onderwijs en het krijgen van werk moet onze geestelijke ontwikkeling en dienstbaarheid aan de wereld zijn. Dit doel zal ons motiveren om op ieder gebied vooruit te gaan. Zelfs als we mochten falen, dan zal het ons alleen aanzetten om het opnieuw te proberen, en niet te bezwijken voor wanhoop en ons leven te verspillen.

Wanneer we een gebied kiezen als onze levenstaak, moeten we proberen om zoveel mogelijk deskundigheid op dat gebied te verwerven. We moeten ons daaraan houden en succesvol in het leven worden. Het doel van het leven is niet om miljonair te worden, maar om eeuwige gelukzaligheid te genieten. Maar toch heeft iemand met een gezin de plicht om zijn gezin te onderhouden. Wanneer we een beloning voor ons werk krijgen, moet ons enige doel zijn om te verdienen wat we nodig hebben. Vroeger werkten de mensen hard. Ze hielden zoveel van hun loon als ze nodig hadden voor zichzelf en hun gezin, en gaven de rest aan de armen. Tegenwoordig is business management een van de meest begeerde beroepen in de samenleving. Handel is noodzakelijk voor de economische vooruitgang van een land, maar persoonlijk voordeel mag niet het enige doel in het zakenleven zijn. Toch vinden we veel handelaren en industriëlen die niet alleen genoeg rijkdom vergaren voor zichzelf, maar voor duizend toekomstige generaties! Tegelijkertijd zwoegen overal om hen heen ontelbare verpauperde mensen die zelfs niet genoeg geld voor één maaltijd bij elkaar kunnen schrapen. Bijna niemand denkt hieraan. Het doel van de meeste mensen is nu om zoveel mogelijk winst voor zichzelf te maken, zelfs ten koste van anderen.

Als je je beroep opgeeft en een ander kiest, betekent dat dat je niet tevreden bent met je werk. Maar je hoeft niet per se bevrediging in je nieuwe onderneming te vinden, omdat tevredenheid afhangt van de geest en niet van uiterlijke handelingen of situaties. Als mensen hun beroep opgeven met het verlangen om buitensporige winst te maken, toont dat eenvoudig hun hebzucht. Zonder hun houding te veranderen zullen zulke mensen nooit tevredenheid in het leven vinden. Maar voor hen die hun geest onder controle hebben zal iedere situatie gunstig zijn. Ze zullen van ieder beroep genieten. Niets maakt hen ontevreden. We moeten deze instelling cultiveren, wat voor werk we ook doen.

Als we één soort werk opgeven en met een ander soort werk beginnen, kunnen we ons tijdelijk tevreden voelen, maar dat hoeft niet zo te blijven. Een slang die bevroren in de sneeuw ligt lijkt onschadelijk. Maar als je hem wat warmte geeft, zal hij spoedig zijn ware aard tonen. Hij zal sissen en je aanvallen. Op dezelfde manier zal de geest zijn ware aard tonen zodra de omstandigheden zich voordoen, en je zult je innerlijke rust verliezen. De manier om de geest onder controle te krijgen is niet om hem te verwennen en hem alles te geven wat hij eist. We moeten hem onder controle krijgen en hem op het echte doel richten. Op dezelfde manier adviseerde de Heer Arjuna om standvastig zijn plicht te vervullen en zo in het leven te slagen. Je mag alle werk doen waar je van geniet, maar het is je houding die moet veranderen. Dan wordt zelfs het strijden op het slagveld een heilige offergave (yagya). Dat was wat Sri Krishna adviseerde. Hij adviseerde niet om ons werk om egoïstische redenen op te geven. Noch adviseerde Hij om ons derde oog te openen en de andere twee te sluiten. Zijn voorbeeld leert ons om door ons derde oog te kijken terwijl we de andere twee ogen openhouden. Met andere woorden Sri Krishna leert ons om het leven tegemoet te treden terwijl we de onderliggende eenheid in alles zien.

Vraag: Hoewel Sri Krishna een gelofte afgelegd had om geen wapens op te nemen tijdens de strijd, deed Hij dat toch. Was dat niet verkeerd?

Amma: Ieder woord en iedere daad van Sri Krishna was voor het welzijn van anderen, niet voor zichzelf. Hoe kon Hij Zijn wapens gebruiken als Arjuna en Bhishma, die beiden aan Hem toegewijd waren, bij tegenover elkaar staande partijen vochten? Daarom weigerde Hij te vechten. Toen Bhishma duizenden pijlen in Zijn richting stuurde, glimlachte Hij gewoon. Toen die scherpe pijlen zijn lichaam met bloedende wonden bedekten, ontving Hij ze als bloemblaadjes die ter aanbidding worden geofferd. Bhishma die een toegewijde was, een groot strijder en een man die alleen de waarheid sprak, had gezworen om de Heer te dwingen om Zijn wapen te gebruiken. Omdat Bhishma Sri Krishna niet van Zijn besluit af kon brengen, begon hij pijlen op Arjuna af te schieten, die net achter de Heer stond. Arjuna was kwetsbaar en niet in staat om zich te verdedigen tegen de pijlenaanval. Zijn strijdwagen begon uit elkaar te vallen. Hij verkeerde in groot gevaar. Zonder een moment te verspillen sprong de Heer naar beneden en sprong op Bhishma af met de sudarshana chakra (goddelijke discus) in Zijn hand. Dus in één klap vervulde de Heer Bhishma's gelofte, maar alleen om Arjuna te beschermen. Hiervoor moest Hij Zijn eigen gelofte echter breken. Door deze daad stelde Hij beide toegewijden tevreden. Omdat Arjuna Zijn toegewijde was, was Hij verantwoordelijk voor het beschermen van Arjuna's leven. Omdat Bhishma ook Zijn toegewijde was, was het Zijn plicht om Bhishma's woorden uit te laten komen en zo Bhishma's eer te beschermen. Voor dit doel was Hij bereid om Zijn eigen reputatie als de belichaming van waarheidsgetrouwheid op te offeren. Dit toont Zijn onvergelijkbare mededogen.

De stroom van Gods genade naar de toegewijde hangt niet af van dharma of adharma, en wordt ook niet beheerst door de wetten van oorzaak en gevolg. Gods genade wordt niet door regels beperkt. Daarom prijzen de heiligen God als de oorzaak van spontaan mededogen zonder motief of oorzaak.

Vraag: Wat is de betekenis van Rama en Krishna in deze wetenschappelijke tijd?

Amma: Iedereen prijst enthousiast de prestaties van de wetenschap. Het is waar dat wetenschappelijke vorderingen veel hebben bijgedragen aan de vooruitgang van de mensheid. Het heeft geholpen om ons materieel comfort en gevoel van welvaart te vergroten. Het reizen van de ene plaats naar de andere is nu veel gemakkelijker dan in het verleden. Een reis die verscheidene dagen duurde kan nu in een paar minuten worden voltooid. De tijd die we besparen kan voor andere doeleinden gebruikt worden. Eén man die computers gebruikt kan nu bepaalde taken verrichten waarvoor vroeger honderd mensen nodig waren. Het is waar dat we veel vooruitgang hebben gemaakt op materieel niveau. Maar tegelijkertijd is de geest van de mensen zwakker geworden. Hoeveel mensen, die helemaal van de technische vooruitgang genieten, kunnen 's nachts vredig slapen? Amma heeft talloze mensen ontmoet die in kamers met airconditioning wonen en die toch niet zonder slaappillen kunnen slapen. Bewijst dit niet dat enkel wetenschappelijke vooruitgang je geen innerlijke rust kan geven? Kijk eens hoeveel miljonairs zelfmoord plegen. Ontbreekt het hen aan iets op materieel gebied? Als zij innerlijke rust zouden hebben, zouden zij zeker geen zelfmoord plegen. In deze tijd hebben veel mensen alles op het materiële niveau, maar ze hebben niet wat ze echt nodig hebben: vrede en geluk.

In vroeger tijden hadden de mensen geen slaapproblemen, hoewel er niet zulke luxe was als airconditioning. Nu kunnen zij die gewend zijn aan ventilators en airconditioning het niet meer zonder stellen. Als de elektriciteit één nacht uitvalt zodat die apparaten niet werken, kunnen de mensen niet slapen. De cellen van degenen die al hun tijd in kamers met airconditioning doorbrengen zonder frisse lucht in te ademen, worden geleidelijk door die atmosfeer beschadigd. Het vernietigt ook de natuurlijke kracht van het lichaam. Sommige mensen moeten 's morgens thee drinken, anders krijgen ze hoofdpijn. We hebben veel slechte gewoonten ontwikkeld. De geest is de enige oorzaak hiervan. Onze lichaam en geest, die eens sterk waren omdat we in harmonie met de natuur leefden, zijn zwak geworden. Lang geleden leefden de mensen in perfecte harmonie met de natuur. Zij werden niet gehinderd door veranderingen in het klimaat of door andere veranderingen in de natuur. Maar in deze tijd isoleren de mensen zich van hun natuurlijke omgeving. Zij leven in een gescheiden, kunstmatige, egocentrische wereld. Zij realiseren zich niet dat hun voortdurend zoeken naar tijdelijke genoegens hen in eindeloos verdriet laat wegzinken.

Onze voorouders ervoeren veel meer tevredenheid en geluk in het leven. Zij waren gezonder en leefden langer dan de mensen nu. Reusachtige, schitterende stenen structuren, waaronder tempeltorens, staan er vandaag nog als bewijs van de fysieke kracht van de mensen van weleer. Zijn de mensen nu sterk genoeg om zelfs één van die stenen op te pakken? Er waren in die tijd niet veel machines en de mensen wisten hoe ze in harmonie met de natuur moesten leven.

De wetenschap, die bedoeld is om het materiële comfort van de mensen te vergroten en hen te helpen, wordt in plaats daarvan de doodsklok van de mensheid. In handen van egoïstische mensen wordt de techniek gebruikt om hun medemensen uit te buiten. In plaats van vrede en liefde zien we overal competitie en geweld. Om iedereen bij de prestaties van de wetenschap baat te laten vinden moeten de mensen leren lief te hebben, meedogend te zijn en nobele eigenschappen te ontwikkelen.

Tegenwoordig vermeerdert iedere wetenschappelijke ontdekking de arrogantie van de mensen: "Wie ben jij dat je ons durft tegen te spreken? Kijk naar de prestaties van ons land!" Dit is de houding van iedere regeerder geworden. Dagelijks ontstaan er meer conflicten tussen individuen en tussen naties. De mensen lijken er steeds meer op gebrand om weg te gaan van de kust van liefde naar de ruwe wateren van arrogantie.

Amma bekritiseert of kleineert op geen enkele manier de wetenschappelijke ontdekkingen, maar zij moeten de bron van liefde in ons niet laten opdrogen. We hebben de uiterlijke wereld verbeterd, maar de innerlijke wereld is aan het verwelken. In het verleden kregen de mensen de training die zij nodig hadden om hun geest onder alle omstandigheden onder controle te houden.

Zij hoefden niet verzwakt door onbelangrijke dingen door het leven te gaan. Als je in diep water valt, zul je het niet overleven als je niet kunt zwemmen ongeacht wat je verder geleerd mag hebben. Op dezelfde manier kun je niet van innerlijke rust genieten als je je geest niet getraind hebt, hoeveel je je materiële comfort ook toe laat nemen.

In de toekomst zullen de mensen erg zwak worden als zij niet in staat zijn om rust in zichzelf te vinden, omdat er steeds vaker niemand zal zijn die onbaatzuchtig van hen houdt. Moedig zijn degenen die onder alle omstandigheden rust in hun eigen geest vinden, niet degenen die van andere mensen of materiële objecten afhankelijk zijn voor hun geluk. Dit is wat Sri Rama, Sri Krishna en andere goddelijke incarnaties ons leren.

Al prins was Heer Rama de lieveling van Zijn ouders, Zijn leraren en de mensen in Zijn land. Hij leefde temidden van koninklijke pracht. Toen werd Hij plotseling op een morgen in ballingschap naar het bos gestuurd en werd gedwongen om alles achter te laten. Het comfort van het paleis was niet langer beschikbaar. Er waren geen heerlijk voedsel, geen zijden bed om op te slapen en geen dienaren om Hem koelte toe te wuiven. Toch leefde Hij in het bos met dezelfde innerlijke rust als in het paleis. Voor Hem waren Zijn koninkrijk en het bos hetzelfde, omdat Hij in perfecte harmonie met de natuur was. Voor Heer Rama gaf het geen problemen om zich aan de omstandigheden aan te passen toen die veranderden, omdat Hij Zijn geest volledig onder controle had. Hij was een atmarama (iemand die zich verheugt in het Zelf) en vond alleen gelukzaligheid in zichzelf.

Deze zelfde eigenschap kunnen we ook in het leven van de Pandava's zien. Zij leefden overeenkomstig het advies van Sri Krishna. Zij maakten niet één keer ruzie met elkaar. Zelfs de zwaarste beproevingen in hun leven konden hun eenheid of wederzijdse liefde niet verbreken.

Als tegenwoordig drie mensen onder één dak wonen, gedragen zij zich alsof zij op drie verschillende planeten wonen. Er is geen echte band tussen hen, geen eenheid van hart. Zo sterk is het egoïsme van de mensen geworden. Als onze geest onder die omstandigheden niet sterk genoeg is, zal het aantal psychische ziekten en zelfmoorden toenemen.

Er was een tijd dat een band van liefde de mensen met elkaar verbond. Nu blijven de mensen bij elkaar door de breekbare lijm van zelfzucht, die ieder moment kan breken en niets achterlaat om mensen bijeen te houden.

We zijn ondergedompeld in een cultuur die onzuivere gedachten en emoties aanmoedigt. De enige zorg van de mensen is hoe ze hun zintuigen kunnen bevredigen. Al hun inspanning is op dat doel gericht en hiervoor hebben ze een hoop geld nodig. Om aan dat geld te komen nemen zij vaak hun toevlucht tot corruptie, wat een toename in misdaad en geweld tot gevolg heeft. In deze wereld van tijdelijke zintuiglijke bevrediging blijft er weinig plaats over voor de kwaliteiten van moederschap of een besef van verwantschap, en daarom verspreidt onrust zich over de hele samenleving. Het brengt de veiligheid van ieder land in gevaar en vernielt ook de harmonie in de natuur.

In een tijd als deze hebben het leven en het onderricht van Heer Krishna meer betekenis dan ooit. Wat leren we door zijn onderricht te bestuderen? We begrijpen dat zintuiglijk genot en zelfbehagen ons nooit gelukkig kunnen maken en dat echte eeuwigdurende gelukzaligheid alleen in onszelf gevonden kan worden. Hij leert ons dit telkens opnieuw. Hij sluit zintuiglijk genot echter niet helemaal uit. Hij herinnert ons er gewoon aan dat het leven een andere betekenis en doel heeft.

Alle excessen moeten we vermijden. We moeten alleen eten om onze honger te bevredigen. Gezondheidsdeskundigen suggereren dat we om gezond te blijven niet meer dan de helft van de maag met voedsel moeten vullen, een kwart met water, en het overblijvende kwart moet leeg blijven. De spirituele wetenschap legt ook uit hoe we onze geestelijke gezondheid moeten handhaven. Het idee is niet dat we niet met onze zintuigen mogen genieten, maar dat we nooit de slaaf van onze zintuigen of van de gewoonten van onze geest mogen worden. We moeten meester over onze geest en zintuigen zijn. Het is belangrijk dat we naast genieten ook een bepaalde mate van onthechting beoefenen. Chocolade is zoet, maar te veel ervan maakt ons ziek. We moeten dus matiging beoefenen, zelfs wanneer we zin hebben om ons te buiten te gaan. Er is een beperking aan het gebruik van alles en dit is voor ons eigen bestwil. Zelfbeheersing hindert vrijheid nooit. Wat zou er gebeuren als de mensen op de weg zouden rijden zoals ze leuk vinden met de bewering dat de verkeersregels hun vrijheid beperken! Verkeersregels zijn essentieel voor ieders veiligheid. Op dezelfde manier is het in acht nemen van bepaalde spirituele regels nodig als we blijvend geluk en tevredenheid willen genieten.

Als we de situatie van alle kanten bekijken, kunnen we duidelijk zien dat het in de praktijk brengen van spirituele principes in ons dagelijks leven de enige manier is om fundamentele veranderingen aan te brengen in de huidige wereld. Onze intellect is toegenomen, maar ons hart droogt uit. Het leven van Heer Krishna geeft ons een ideaal voorbeeld om aan onze huidige conditie te ontsnappen, om ons brandend hart en geest te kalmeren en om de gebroken liefdesband te herstellen.

Heer Krishna accepteerde zowel de spirituele als de materiële aspecten van het leven. Hij vraagt ons niet om het ene aspect op te geven omwille van het andere. Wanneer het voor een plant tijd is om vrucht te dragen, vallen de bloemblaadjes vanzelf af. Naarmate ons bewustzijn van het doel sterker wordt, zullen op dezelfde manier onze gehechtheden aan materiële genietingen vanzelf afvallen. Het opgeven van genoegens is niet zo belangrijk als het bevorderen van de juiste houding tegenover die genoegens. Alleen wanneer de spirituele en materiële aspecten van het leven in evenwicht zijn als de twee vleugels van een vogel, kan er harmonie in de samenleving zijn.

Heer Krishna gaf specifieke instructies aan verschillende soorten mensen van alle rangen en standen: aan sannyasi's, brahmachari's, mensen met een gezin, soldaten, koningen en zeer wereldse mensen. Hij leerde de wereld hoe ieder individu realisatie kan bereiken ongeacht zijn achtergrond of leefomstandigheden. Daarom wordt Hij een Purnāvatar genoemd, een volledige incarnatie van God. Hij kwam niet alleen voor het welzijn van de sannyasi's. Zijn leven was een perfect voorbeeld hoe je niet hoeft te verschroeien temidden van het vuur van de wereld. Het is als een stuk chocola op je tong houden zonder te watertanden.

Weglopen van onze verantwoordelijkheden in de wereld, ons terugtrekken in het bos en met onze ogen dicht zitten is niet zo moeilijk. Er zijn weinig tegenstanders in het bos die moeilijkheden kunnen creëren. De Heer leert ons niet om weg te lopen uit deze wereld vol lijden. Hij toont ons hoe we in het leven kunnen slagen terwijl we tussen de hindernissen blijven. De Heer adviseert ons niet om ons van onze relaties af te keren om Zelfrealisatie te bereiken. Hij legt uit dat we vrij van alle gehechtheid moeten zijn terwijl we nog steeds liefdevolle relaties onderhouden en onze gezinsverantwoordelijkheden handhaven.

De spirituele wetenschap leert ons om iedere situatie met een glimlach tegemoet te treden. Een echte yogi bewaart zijn innerlijke rust in iedere crisis. Zij die deze toestand willen bereiken, hoeven alleen maar naar het leven van Sri Krishna, het perfecte voorbeeld, te kijken.

De vlam van een lantaarn brandt standvastig binnen een glazen omhulsel, dat hem tegen de wind beschermt. Er is daaraan niets prijzenswaardig. Een echt spiritueel persoon moet als een open vlam zijn, helder als de zon, standvastig brandend zelfs in een razende storm. Heer Krishna moet ons voorbeeld zijn als we die toestand willen bereiken. Hij wijst ons de weg om de twee aspecten van de geest met elkaar in harmonie te brengen, het spirituele en het materiële, en om te groeien naar perfectie. De bevrijding die de Heer belooft is niet iets dat we pas na de dood zullen bereiken. We kunnen het hier in deze wereld bereiken terwijl we nog in het lichaam zijn. Heel Zijn leven werd Heer Krishna met verschillende crises geconfronteerd die als golven opkwamen, de een na de ander. En zelfs dan was er niet één keer een uitdrukking van verdriet op Zijn gezicht. Hij trad iedere situatie met een glimlach tegemoet.

Voor het Hoogste Wezen, Sri Krishna, was het leven een boeiend vreugdelied van begin tot einde. Zelfs iemand die zeer door leed getroffen was, voelde zich gelukzalig in Zijn aanwezigheid. Zoals duisternis geen plaats heeft in het zonlicht, was er geen plaats voor verdriet in Sri Krishna's aanwezigheid. Hij was de belichaming van gelukzaligheid. In Zijn aanwezigheid was iedereen blij en vergat al het andere. In Zijn aanwezigheid proefden zij de gelukzaligheid van het Zelf. Vervult enkel de gedachte aan Hem zelfs nu, na al die tijd, ons niet met gelukzaligheid?

De mensen hebben aanmerkingen op het goddelijke spel van de Heer, omdat hun geest gehecht blijft aan de zintuigen. Onze pogingen om de oneindige glorie van de Heer met onze betrekkelijk nietige geest te meten zijn als de kikker in de put die probeert om de oceaan te meten.

Als we onze twijfelende, kritische manier om naar dingen te kijken kunnen opgeven, en in plaats daarvan met openheid en liefde naar het leven van Sri Krishna kijken, een bekoorlijk leven van begin tot eind, zullen we ontdekken dat niets in Zijn leven verworpen hoeft te worden, dat ieder moment geaccepteerd moet worden. Pas wanneer het innerlijke oog van goddelijke liefde zich

119

opent, kunnen we volledig succes en perfecte rust genieten in dit leven en hierna.

Vrouwen en de Samenleving

Vraag: Wat moet de rol en de status van vrouwen in de samenleving zijn?

Amma: Vrouwen moeten dezelfde status en een gelijk aandeel in het leiden van de samenleving hebben als mannen. Wanneer de positie van vrouwen minder wordt, verliest de samenleving zijn harmonie. Mannen en vrouwen hebben een gelijke plaats in Gods Schepping. Net zoals de ene helft van het lichaam even onmisbaar is als de andere, zijn mannen en vrouwen even belangrijk. De ene helft kan niet beweren superieur aan de andere te zijn. Wanneer men zegt dat de vrouw de linkerhelft van de man is, dan spreekt het vanzelf dat de man de rechterhelft van de vrouw is. Het verschil tussen man en vrouw ligt vooral op het lichamelijke niveau. Net als mannen hebben vrouwen hun eigen unieke rol in de samenleving. Iedereen moet zijn of haar rol begrijpen en dienovereenkomstig handelen. Wanneer vrouwen de rol van mannen proberen over te nemen of wanneer mannen de rol van vrouwen met geweld onder controle houden, veroorzaakt dat ontevredenheid en onrust in individuen en daardoor in de samenleving.

De linker en rechter banden van een auto zijn even belangrijk. Alleen als de wielen aan beide kanten tegelijk vooruitgaan, kunnen de reizigers hun doel bereiken. Op dezelfde manier kunnen man en vrouw in het gezinsleven alleen het doel bereiken om zich met het Zelf te verenigen, wanneer zij in harmonie samenleven.

Vrouwen hadden een zeer gerespecteerde positie in de oude cultuur van India. Matrudevo bhava (beschouw de moeder en vrouwen als God) was het ideaal dat India de wereld voorhield. Onze cultuur leert mannen om alle vrouwen als hun moeder te zien. Iedere man brengt negen maanden in de baarmoeder van zijn moeder door voordat hij geboren wordt. Vanzelfsprekend zal een verstandig man zijn eigen moeder met respect bejegenen. Alle vrouwen moeten met datzelfde respect behandeld worden. De vrouw vormt de basis van het gezin. Zij kan een belangrijkere rol spelen dan de man bij het handhaven van vrede, harmonie en voorspoed in het gezin omdat ze als vrouw vooral begiftigd is met liefde, vergevingsgezindheid en nederigheid. Deze kwaliteiten van vrouwen houden het gezin bijeen. Mannelijkheid vertegenwoordigt sterke wilskracht. Maar wilskracht alleen is niet genoeg om een harmonieuze relatie tussen gezinsleden in stand te houden. Iedereen in het gezin moet liefde, geduld, nederigheid en een vergevende houding tegenover de andere gezinsleden cultiveren. Er ontstaan interne conflicten in het gezin wanneer de vrouw probeert om de mannelijke aard over te nemen of wanneer de man probeert om zijn ego aan de vrouw op te leggen.

India is het land van verzaking, niet van zintuiglijke genoegens. Onze voorouders zochten en vonden de bron van eeuwige gelukzaligheid. Zij vielen niet ten prooi aan de moderne fout van het verspillen van het leven en de gezondheid door het najagen van voorbijgaand genot. De activiteiten, eigenschappen en dharma van iemand bepaalden zijn plaats in de samenleving. Het uiteindelijke doel van iedereen was Zelfrealisatie. De mensen waren zich volledig bewust van dat doel en het pad dat erheen leidde. Dit schonk tevredenheid. Maar toen probeerden degenen die niet tevreden waren de posities die anderen hadden te bemachtigen. Wanneer er innerlijk ongenoegen is, ontstaan er conflicten. De samenleving in India was volledig in staat om iedereen naar perfect geluk en Zelfrealisatie te leiden. Gelijkheid tussen mannen en vrouwen en de positie van vrouwen in de samenleving waren in die tijd geen punten van discussie.

De echte plaats van een vrouw in de samenleving is in geen geval op de achterste rij, deze is gelijk aan die van mannen. De vrouw hoort op de voorste rij. De belangrijke vraag is of haar die positie vandaag de dag wordt gegeven.

Vraag: Zegt Manu niet dat de vader van een vrouw haar in haar kinderjaren moet beschermen, haar man wanneer ze jong is en haar zonen wanneer ze oud is, en dat een vrouw niet geschikt is voor onafhankelijkheid?

Amma: De echte betekenis van deze uitspraak is dat een vrouw het verdient om beschermd te worden, niet dat men haar de vrijheid moet ontnemen. Manu wijst erop dat het de verantwoordelijkheid van mannen is om vrouwen onder alle omstandigheden te beschermen. Dit toont aan dat vrouwen in die tijd een hoge positie in de samenleving innamen. Niemand hoeft een vrouw vrijheid te geven. Het is haar geboorterecht om evenveel vrijheid te genieten als iedere man. Maar Manu zegt dat het de plicht van mannen is om in te staan voor haar bescherming. Een samenleving die vrouwen hun vrijheid ontzegt, lokt zijn eigen ondergang uit.

Wanneer Amma mensen deze uitspraak van Manu hoort bekritiseren, herinnert dat Haar aan de politiebescherming die ministers krijgen wanneer zij op reis zijn. Zijn de ministers niet vrij omdat zij beschermd worden? Zij genieten volledige vrijheid en kunnen overal heen reizen. Het is eenvoudig de taak van de politieagenten rondom hen om die vrijheid te garanderen. Op dezelfde manier gaf onze samenleving, die volledige vrijheid aan vrouwen gaf, aan mannen de verantwoordelijkheid om de bescherming en veiligheid van de vrouwen zeker te stellen. De Indiase samenleving schonk vrouwen deze respectabele positie omdat vrouwen als leidend licht in het gezin functioneren en dus uiteindelijk in de hele samenleving.

Vraag: Wat is Amma's mening over de discussie over gelijkheid tussen mannen en vrouwen?

Amma: We moeten praten over de eenheid van man en vrouw, en niet zo zeer over hun gelijkheid. Het is moeilijk voor mannen en vrouwen om gelijkheid op lichamelijk niveau te bereiken. Als je naar het mentale niveau kijkt, is er een zekere mate van mannelijkheid in vrouwen en een element van vrouwelijkheid in mannen. Vrouwen moeten mannen niet blindelings imiteren. Als zij bijvoorbeeld mannen imiteren door toe te geven aan gokken, drinken en roken, dan graven zij het graf voor de vrouwen. In plaats daarvan moeten zij het mannelijke element in zichzelf versterken. En mannen moeten het moederlijke aspect in zich cultiveren. Dat is perfectie. Door de innerlijke versterking van deze tegenpolen, zowel in mannen als vrouwen, zullen beiden zich naar heelheid en perfectie ontwikkelen.

Materialistische culturen zien de relatie tussen man en vrouw meestal beperkt tot het fysieke niveau, maar de cultuur van India heeft ons geleerd om het als een verbinding op het spirituele niveau te zien.

Wat veel mensen in deze tijd in naam van vrijheid voor getrouwde vrouwen verlangen, is in werkelijkheid alleen vrijheid van de verantwoordelijkheden van het gezinsleven. Onbeperkte vrijheid zonder verantwoordelijkheden zal alleen een verlangen naar materieel genot bevorderen. Hoe kan men vrede en harmonie handhaven in een gezin waar een houding van competitie tussen de partners bestaat? Maar wanneer een man en een vrouw zich samen ontwikkelen met liefde, wederzijds begrip en een bereidheid om flexibel te zijn voor de behoeften van de ander, dan ontwikkelt er zich tussen hen geen gelijkheid maar eenheid, de eenheid van Shiva en Shakti. Dat is een wereld vol vreugde. De man en vrouw vergeten alle verschillen en worden één. Ieder vult de tekortkomingen van de ander aan. Door liefde transcendeert de een kwaadheid in de ander. En door vergeving accepteert ieder de zwakheden van de ander. Op deze manier genieten beiden echte vrijheid. Mensen hebben deze vermenging van mannelijke en vrouwelijke kwaliteiten in het leven nodig. De vrouwelijke kracht vult de man aan terwijl de mannelijke kracht de vrouw aanvult. In een relatie heeft ieder steun, aanmoediging en inspiratie van de ander nodig. Ze zijn geen last voor elkaar, maar steunen en beschermen elkaar. Om dit ideaal te bereiken moeten we spiritualiteit begrijpen. Spiritualiteit helpt ons om uiterlijke conflicten te vergeten en onze innerlijke eenheid, de essentie van het Zelf te realiseren.

Vraag: Men zegt dat in India vrouwen sociale gelijkheid ontzegd werd. Werden Indiase vrouwen niet veroordeeld tot opsluiting in de kamers van hun huis?

Amma: De geschiedenis van India verschilt op vele manieren van die van andere landen. De Indiase beschaving is ouder dan iedere andere beschaving. Vrouwen bekleedden eens een ereplaats in onze samenleving. Zelfs bij vedische offerplechtigheden hadden mannen en vrouwen gelijke rechten bij het verrichten van de offers en wanneer een man het vedische offer verrichtte hadden hij en zijn vrouw een gelijke status. Vrouwen hebben ook verscheidene vedische mantra's bijgedragen. In vroeger tijden had een vrouw dezelfde rechten als een man om een beroep te kiezen. Vrouwen als Maitreyi en Gargi bekleedden een eerbiedwaardige plaats in de bijeenkomst van geleerden. In die tijd had India ook vrouwelijke soldaten. Als we het advies bestuderen dat in de Ramayana gegeven wordt door vrouwen als Sumitra, Tara en Mandodari, zien we dat inzake dharma vrouwen een beslissende invloed hadden. Hoe kan men zeggen dat vrouwen in zo'n beschaving vrijheid ontkend werd?

Het is waar dat India van tijd tot tijd beïnvloed is door de culturele veranderingen in het buitenland. We kunnen dit zien door zorgvuldig India's geschiedenis te bestuderen. Eeuwenlang was India gedwongen om onder vreemde heerschappij te staan. De vreemdelingen die India regeerden zagen vrouwen alleen als objecten van genot. Om aan deze mensen te ontsnappen moesten vrouwen vaak in hun huis opgesloten blijven. Geleidelijk slopen er ook elementen van verval in onze cultuur binnen. Dit veroorzaakte veel vernieling bij de grote beschaving die eens in India bloeide.

Terwijl India traditioneel de vreugde en onsterfelijkheid van verzaking accepteerde, beschouwden de regeerders die het land bezetten, zintuiglijke genieting en vermaak als hun doel in het leven. Hoe kon er harmonie zijn tussen mensen met zo'n verschillende denkrichting? Het onderwijssysteem in India veranderde ook met de komst van de westerlingen. Het Gurukula-onderwijs verdween. Het doel van het onderwijs veranderde van de ontwikkeling van zelfstandigheid tot de ontwikkeling van afhankelijkheid van anderen. Leerstellingen over dharma als "matru devo bhava, pitru devo bhava, acharya devo bhava (behandel moeder als God, behandel vader als God, behandel de leraar als God) werden niet langer op school onderwezen. Egoïsme en competitie namen de plaats in van waarheid en verzaking. Vrouwen die aanvankelijk bescherming tegen de buitenlandse veroveraars gezocht hadden in de binnenste kamers van hun huis, werden nu gedwongen om daar te blijven door de nieuwe generaties mannen van wie de overheersende karaktertrek egoïsme was. Deze nieuwe generaties verdraaiden de ethische codes en voorschriften in de geschriften zodat die bij hun eigen egoïstische belangen pasten. De samenleving ondergaat de gevolgen hiervan zelfs nu nog. De fundamentele oorzaak van de verstikkende ervaring die vrouwen in India moesten ondergaan, ligt bij de invloed van andere culturen. Een vrouw tot lijden dwingen past niet bij de Indiase cultuur. Dat komt uit een andere, een rakshasa (duivel) cultuur. We moeten niet vergeten dat Sita's tranen Lanka in de as legden.[20]

Vraag: Wanneer Amma zegt dat volledigheid verkregen wordt door de eenheid van het mannelijke en het vrouwelijke, bedoelt Amma dan dat volledigheid niet door brahmacharya verkregen kan worden?

Amma: Met het één worden van man en vrouw bedoelt Amma niet op het fysieke niveau. Wat iemand een vrouw of een man maakt is het overheersende vrouwelijke of mannelijke element in die persoon. Vrouwen en mannen hebben beide elementen in zich. Over een vrouw in wie een mannelijke aard domineert, zeggen we dat ze als een man is, ook al is ze een vrouw. Als we naar een man kijken in wie de vrouwelijkheid domineert, zeggen we op dezelfde manier dat hij als een vrouw is. We zeggen dit natuurlijk niet op grond van hun lichaam.

De vrouw is zich niet bewust van de mannelijkheid in zich en zoekt het buiten zichzelf in een man. Evenzo probeert de man niet om de kwaliteiten van vergevingsgezindheid, mededogen en genegenheid die in hem verborgen liggen, te versterken. Hij stelt zich voor dat die alleen in een vrouw gevonden kunnen worden. Zowel mannen als vrouwen moeten de aanvullende krachten en capaciteiten in zichzelf wakker maken. Volledigheid is de eenheid van de mannelijke en vrouwelijke elementen in ons. Dat is wat het

---

[20] Dit verwijst naar het oude epos de Ramayana dat geschreven is door de heilige Valmiki. Sita was de vrouw van de Goddelijke Incarnatie Sri Rama. Nadat zij beiden in ballingschap het bos in gestuurd waren, werd Sita door de duivel Ravana ontvoerd en naar Lanka gebracht. Rama zond Zijn helpers uit om haar te zoeken. Rama's grote toegewijde, de apengod Hanuman, vond haar in Lanka. Toen Hanuman Sita gezien had, legde hij een deel van de stad in de as. Op het eind van het epos wordt Ravana door Heer Rama gedood en wordt Sita gered.

ardhanarishvara-beeld symboliseert. Alleen door deze innerlijke eenheid kunnen we onbeperkte gelukzaligheid ervaren.

Het doel van brahmacharya is om ons te realiseren dat zowel de mannelijke als de vrouwelijke aspecten in ons aanwezig zijn en dat de aard van ons echte Zelf iedere dualiteit overschrijdt. We kunnen dit niet zonder voortdurende spirituele oefening ervaren. Maar de mensen hebben er tegenwoordig het geduld niet voor. Zij beschouwen alles wat zij in de uiterlijke wereld zien als echt. Zij rennen de luchtspiegeling van zintuiglijk genot achterna en bij die achtervolging komen zij om.

Vraag: Wat is Amma's visie op vrouwen die diploma's voor hoger onderwijs proberen te halen?

Amma: Vrouwen moeten hetzelfde hoge opleidingsniveau bereiken als mannen en ze moeten indien nodig werk vinden. Goed onderwijs is de bron van sociale rechtvaardigheid en een nobele cultuur.

Alleen wanneer een vrouw door onderwijs onafhankelijkheid bereikt kan ze haar partner in het leven aanmoedigen, inspireren en adviseren als een echte sahadharmini: een echtgenote die iedere stap in het leven naast haar man op het pad van dharma zet. De belangrijkste reden dat vrouwen gedwongen worden in het gezin en in de samenleving te lijden is hun gebrek aan financiële vrijheid. Als ze werk kunnen krijgen dat hun een inkomen verschaft, zal hun financiële gebondenheid verdwijnen. Door de invloed van onze huidige cultuur en een algemene onwetendheid over spirituele zaken, hebben de mensen een volledig materialistische kijk op het leven. Zij hechten veel meer belang aan wereldse zaken zoals geldelijke rijkdom dan aan spirituele eenheid van het mannelijke en het vrouwelijke. Deze verandering in houding is een van de oorzaken van het toenemend aantal echtscheidingen. Vrouwen moeten vandaag de basis leggen voor hun financiële onafhankelijkheid en veiligheid, anders zullen ze onder de huidige omstandigheden waarin een vrouw niet voldoende opgeleid en niet financieel onafhankelijk is, morgen niet in staat zijn om zich te onderhouden wanneer het nodig is.

Familiebanden zijn in het westen niet erg sterk. Te zijner tijd zal de westerse gewoonte dat mannen hun vrouw verlaten voor een andere vrouw, ook in India niet meer als onjuist beschouwd worden. Behalve het voorzien in hun eigen behoeften zullen vrouwen ook het grootste deel van de verantwoordelijkheid voor het opvoeden van hun kinderen moeten dragen. Zij zullen veel ontberingen lijden als zij van tevoren niet een vaste bron van inkomsten vinden. Maar ze kunnen dit niet zonder hoger onderwijs doen.

Vraag: Maar we zien niet dat vrouwen in vroeger tijden probeerden om hoger onderwijs te krijgen.

Amma: De omstandigheden zijn nu totaal verschillend van hoe ze toen waren. De levensbehoeften waren in die dagen simpel. Het was niet nodig dat zowel de man als de vrouw geld verdienden. Bovendien was het doel van het onderwijs niet alleen het verdienen van geld. Het was om iemand geschikt te maken om de hoogste toestand te bereiken door het ontwaken van zijn echte Zelf. Vrouwen verwierven deze kennis in hun jeugd. De bruid werd het hoofd van het huis en werd als de bron van alle rijkdom en voorspoed van haar man en het gezin beschouwd. Alleen de man werkte om de noodzakelijke inkomsten te verdienen voor de uitgaven van het gezin. In deze omgeving had de vrouw niet het gevoel dat haar man haar vrijheid beknotte en haar tot zijn slaaf maakte. En de man dacht niet dat zijn vrouw de regeerder over het gezin was. Liefde verbond hen, niet egoïsme. Een vrouw beschouwde het in die tijd als haar plicht, haar dharma, om het gezin leiding te geven, haar man en zijn ouders te dienen en om voor de kinderen te zorgen. De man, op zijn beurt, vond dat zijn eigen geluk in de veiligheid en het welzijn van zijn vrouw lag. Er is in zo'n gezin geen plaats voor conflicten. Het is een gezin vol vrede. Onze vrede komt van de edele eigenschappen waarnaar we leven. Rijkdom, positie en status kunnen ons geen rust geven. In die tijd voelden de vrouwen niet de behoefte om een hogere opleiding te krijgen of om werk te krijgen om meer geld te verdienen.

Vraag: Wanneer beide ouders in deze tijd werken, hoe kunnen zij dan hun kinderen de aandacht geven die zij nodig hebben?

Amma: Zolang zij begrijpen hoe belangrijk dat is, zullen ze zeker tijd voor hun kinderen vinden. Hoe druk mensen het op hun werk ook hebben, ze slagen er toch in om vrij te nemen wanneer ze ziek worden, nietwaar?

Vrouwen moeten voorzichtig zijn vanaf het begin van hun zwangerschap. Een zwangere vrouw moet iedere situatie vermijden die spanning kan veroorzaken, omdat stress die tijdens de zwangerschap ervaren wordt, gezondheidsproblemen kan veroorzaken in het kindje dat zij draagt. Daarom moet een zwangere vrouw proberen gelukkig te zijn, spirituele oefeningen doen, ashrams bezoeken en advies bij spirituele meesters zoeken.

Moeders moeten begrijpen hoe belangrijk het is om hun kinderen borstvoeding te geven. Moedermelk is liefdesmelk. Hij wordt gevormd door de liefde van de moeder voor haar baby. Hij bevat ook veel makkelijk te verteren voedingsstoffen. Hij is ideaal voor de gezondheid van de baby en voor het versterken van het geheugen van de baby. Niets kan tegen moedermelk op.

Wanneer het kind oud genoeg is om zich dingen te herinneren, moeten de ouders beginnen om het kind morele lessen te leren door verhalen en slaapliedjes. In het verleden maakten de grootouders en andere verwanten gewoonlijk ook deel van het gezin uit. Nu beschouwen mensen hun bejaarde ouders gewoonlijk als een last. De kinderen gaan het huis uit en stichten zo snel mogelijk een eigen gezin. In dit proces worden hun eigen kinderen beroofd van de rijke, vruchtbare grond van familierelaties. De kinderen lopen ook de talrijke verhaaltjes mis die opa en oma kunnen vertellen. De kinderen raken achter in hun ontwikkeling als een jong boompje in een pot dat niet diep wortel kan schieten of tot volle bloei kan komen. In de wereld van vandaag zou het het beste zijn om de verantwoordelijkheid voor de kinderen aan de ouderen in de familie toe te vertrouwen. Zij zullen met meer liefde en affectie voor hun kleinkinderen zorgen dan een kinderoppas of een medewerker in een kinderdagverblijf. De aanwezigheid van de kinderen zal het leven van de grootouders op hun oude dag ook vreugde schenken.

Op de schoot van hun moeder leren kinderen hun eerste lessen hoe zij onderscheid moeten maken tussen goed en kwaad. Hun persoonlijkheid wordt gevormd door de invloeden die zij in zich opnemen tot de leeftijd van vijf. In deze jaren brengen de kinderen gewoonlijk de meeste tijd bij hun ouders door. Omdat dagverblijven in deze tijd populair geworden zijn, missen kinderen in grote mate de onbaatzuchtige liefde en affectie van hun moeder. De verzorgers in dagverblijven zijn betaalde werknemers. Velen van hen hebben thuis hun eigen kinderen om van te houden en te koesteren. Een moeder voelt niet dezelfde emotionele band met het kind van een ander als met haar eigen kind. Dus juist in de tijd dat het karakter van de kinderen gevormd moet worden, wordt hun geest gesloten. Hoe kan men later van zulke kinderen verwachten dat zij de verantwoordelijkheid voelen om voor hun bejaarde ouders te zorgen, dezelfde ouders die hen aan werkers in een kinderdagverblijf toevertrouwden op de gevoelige leeftijd dat zij zich moesten ontwikkelen in de warmte van hun moeders liefde? Het zou verrassend zijn als die kinderen er niet over dachten om hun bejaarde ouders in een verzorgingstehuis te plaatsen.

De moeder is degene die haar kind leidt. Naast het geven van liefde en affectie aan het kind dat zij draagt en voedt, heeft zij ook de verantwoordelijkheid om het kind te helpen om edele kwaliteiten te ontwikkelen. Ze kan dit tien keer zo effectief doen als de vader. Vandaar het gezegde: wanneer een man goed is, vindt één persoon daar baat bij, maar wanneer een vrouw goed is vindt het hele gezin daar baat bij.

Als kinderen opgroeien zonder voldoende liefde, domineert vaak een dierlijke aard in plaats van een vriendelijk hart. Dit is onvermijdelijk als de ouders geen spirituele waarden kennen. Ouders moeten onderscheid maken tussen minder belangrijke behoeften en de absolute levensbehoeften. Ze moeten tevreden zijn met een eenvoudige manier van leven. Ouders moeten veel tijd aan hun kinderen besteden, zelfs als dat betekent dat ze vrij van hun werk moeten nemen. Echt van een kind houden betekent niet dat je hem meeneemt naar pretparken. Het betekent dat je de tijd neemt om het kind echte, nobele waarden te leren. Alleen als zulke waarden diep in onze kinderen zijn ingeprent, zullen zij de kracht hebben om standvastig te blijven en niet zwak te worden onder ongunstige omstandigheden.

Kinderen moeten van de liefde en affectie van hun moeder kunnen genieten, op zijn minst tot de leeftijd van vijf. Van dan af tot zij vijftien zijn hebben kinderen zowel liefde als discipline nodig. Vrede en harmonie kunnen alleen in de samenleving gehandhaafd worden door de inspanning van alle ouders om hun kinderen werkelijk goede waarden bij te brengen.

De integriteit van ieder individu vormt de basis van een edele cultuur voor de hele natie. Het kind van vandaag moet zich ontwikkelen tot de volwassen persoonlijkheid van morgen. We oogsten morgen wat we vandaag zaaien.

Vraag: Kunnen ouders hun kinderen nu voor onderwijs naar gurukula's sturen zoals vroeger?

Amma: Materialisme heeft de spirituele cultuur van weleer vervangen. De huidige genotzoekende consumentencultuur is zo stevig geworteld dat het niet meer mogelijk is om terug te keren. Hij is twee keer zo sterk als onze traditionele cultuur. Het is zover gekomen dat het zinloos is te denken dat we het materialisme kunnen uitroeien en de oude manier van leven terugbrengen. Zulke pogingen zouden alleen tot teleurstelling leiden. In de wereld van vandaag moeten we ons richten op hoe we vooruit kunnen gaan terwijl we het totale verval van onze traditionele waarden voorkomen.

De kosten van het levensonderhoud zijn geweldig gestegen en het is moeilijk om een gezin te onderhouden zonder dat de man en de vrouw allebei werken. Wat ouders de meeste problemen geeft is het onderwijs van hun kinderen. Goed onderwijs kan onmogelijk zijn als je je niet tot privé scholen wendt. Maar toelating en andere kosten zijn heel duur. Om hun reputatie te bewaren onderwijzen de privé scholen de kinderen systematisch. Het enige criterium voor het succes van de leerlingen ligt in de punten die zij voor de examens halen. Dit heeft weinig te maken met echte kennis, wijsheid of juist gedrag.

Het huidige onderwijssysteem zet de kinderen onder geweldige druk. In een nieuwe auto moet je niet te hard rijden. De motor moet geleidelijk aan zijn volle vermogen wennen, anders kan hij schade oplopen. Op dezelfde manier schaadt het onderwerpen van jonge mensen aan veel spanning hun gezondheid en belemmert het hun ontwikkeling.

Tegenwoordig plaatsen we in naam van onderwijs een zwaardere last op onze kinderen dan ze op zo'n gevoelige leeftijd horen te dragen. Op een leeftijd dat kinderen met hun vrienden horen te lachen en te spelen, dwingen we hen in de beperkte schoollokalen als vogels in een kooi. Als het kind vanaf de kleuterschool niet de hoogste cijfers krijgt, ergeren de ouders zich en klagen ze. Maar het is het kind die al die ellende mee moet maken, niet de ouders. Als je kinderen vraagt waarom ze studeren, zullen de meeste van hen antwoorden: "Om dokter of ingenieur te worden." Hun ouders sporen hen vanaf de eerste klas tot dat doel aan. Ouders moedigen hun kinderen zelden aan om het echte doel van het leven te leren en dienovereenkomstig te leven.

Kijk naar het doel van het onderwijs. Het is waar dat je met modern onderwijs een graad kunt krijgen, je van een goede baan kunt verzekeren en geld kunt verdienen. Maar kun je alleen daarmee innerlijke rust krijgen? In deze tijd is het enige doel van onderwijs geld verdienen en macht verwerven. Maar, mijn kinderen, vergeet niet dat het zuiveren van de geest de basis van rust en vrede in het leven is. Alleen door inzicht in spiritualiteit kunnen we deze verfijning in de hoogste mate krijgen. Als we onze kinderen niet helpen om geestelijke verfijning en nobele waarden te cultiveren, samen met modern onderwijs, dan voeden we Ravana's (duivels) op in plaats van Rama's (goden).

Als je tien keer over een grasveld loopt, vormt er zich een duidelijk pad. Maar hoe vaak je ook over een rots loopt, er zal geen pad ontstaan. Op dezelfde manier: als je positieve waarden aan een jong iemand meegeeft, zullen die waarden snel een diepe indruk maken. Wanneer het kind opgroeit, zullen die waarden hem leiden.

Klei kan in iedere gewenste vorm geboetseerd worden voordat het in een oven geplaatst wordt, maar wanneer het eenmaal gebakken is, kan de vorm niet meer veranderd worden. We moeten onze kinderen dus positieve waarden leren voordat hun geest hard wordt door blootstelling aan de hitte van de wereld. Helaas worden de omstandigheden waarin we het karakter van onze kinderen kunnen vormen, steeds beperkter. Daarom benadrukt Amma dit punt.

Vraag: Waarom worden de familiebanden tegenwoordig zwakker?

Amma: Hebzucht en het verlangen naar zintuiglijk genot worden sterker door de invloed van onze materialistische cultuur. De morele invloed die vrouwen eens op mannen hadden is verloren gegaan. In de loop der tijd werden de mensen egoïstisch in hun verlangen naar werelds voordeel. Echtgenotes begonnen te voelen dat hun man hen tot onderwerping dwong. Aan beide kanten ontstonden kwaadheid en conflicten. Ouders die hun kinderen hadden moeten helpen om een goed karakter te ontwikkelen, zaaiden in plaats daarvan de giftige zaden van egoïsme en competitie. Nu zien we die negatieve eigenschappen in hun sterkste vorm. Ze zijn ontkiemd, gegroeid en hebben hun takken wijd en zijd uitgespreid. Om ons van die negatieve kwaliteiten te bevrijden hebben we veeleer begrip tussen man en vrouw voor elkaars rol in het gezin nodig dan de zogenaamde gelijkheid tussen man en vrouw. Alleen maar geld kan ons geen vrede schenken. Niemand heeft ooit een zuiver karakter of innerlijke kracht met geld kunnen ontwikkelen. Hoe kunnen ouders die zelf geen tevredenheid kennen, zulke waarden als wederzijds begrip en vergevingsgezindheid bij hun kinderen inprenten en laten groeien? Door het onvermogen van de ouders om hun kinderen juist te vormen wordt de invloed van negatieve krachten in de samenleving iedere generatie sterker. Als we dit willen veranderen moeten ouders spirituele principes in hun eigen leven versterken.

Een kind kan op verscheidene manieren liefde van de samenleving krijgen. Er kunnen veel mensen zijn die liefdevol voor het kind zijn. Maar niets daarvan kan de liefde van een moeder evenaren. Een auto kan op benzine lopen maar hij heeft een accu nodig om te starten. Voor een kind is de liefde van zijn ouders als een batterij. De ouderlijke liefde die wij in onze jeugd ontvangen hebben, geeft ons de kracht om alle omstandigheden in het leven met een beheerste geest tegemoet te zien.

Er zit egoïsme achter de liefde die wij van de wereld krijgen. We houden van een koe om de melk die zij geeft, niet uit echte liefde. Hoe veel melk ze ons ook gegeven heeft, als ze ophoudt melk te geven, gaat ze naar het slachthuis. Als een echtgenoot of echtgenote de wensen van de ander niet tegemoetkomt, volgt er snel een scheiding. Maar de liefde van een moeder voor haar baby is niet gebaseerd op egoïsme.

Naast het volgen van onderwijs en het vinden van werk moeten we ook inzicht in de spirituele principes krijgen. Als we aan het gezinsleven beginnen zal onze kennis van die principes ons helpen om bij iedere stap op de juiste weg te blijven. Mijn kinderen, dit is de enige manier om rust te vinden. Zelfs na het eten van een volle maaltijd hebben we toch innerlijke rust nodig om goed te slapen.

Als we een huis in een modderig gebied bouwen zonder eerst een stevige fundering te leggen, kan zelfs een zachte wind het huis laten instorten. Evenzo, als we ons gezinsleven alleen op materialisme bouwen, kunnen de relaties binnen het gezin uit elkaar vallen zelfs wanneer het gezin maar met kleine problemen geconfronteerd wordt. Maar als we ons gezinsleven op het stevige fundament van spiritualiteit bouwen, kunnen we iedere storm doorstaan. Dit is het voordeel van een gezinsleven gebaseerd op een begrip van de echte principes. De ouders mogen niet nalaten om hun kinderen de spirituele principes uit te leggen en zelf als voorbeeld te dienen.

Ondanks de grote rijkdom die er in de ontwikkelde landen is, neemt het aantal geestelijke ziekten toe. Alleen door te begrijpen wat eeuwig is en wat vergankelijk is, kunnen we in het leven vooruitgaan zonder ooit ons geestelijk evenwicht of onze innerlijke rust te verliezen. Anders zal het opdringen van het materialisme dat we thans ervaren ook een toename van het aantal psychische ziekten in India veroorzaken. Amma zal een voorbeeld geven. Er was een gezin van drie personen: vader, moeder en een zoon. De vader was een hoge beambte en de moeder was maatschappelijk werkster. Hun zoon, een student aan de universiteit, was gek op cricket. Het gezin had maar één auto. Op een avond moest de vader naar een vergadering. Toen hij de auto startte kwam zijn vrouw naar buiten. Zij was uitgenodigd voor een bruiloft en wilde de auto gebruiken. Er ontstond ruzie. Op dat moment liep hun zoon naar de auto en zei dat er die avond een cricketwedstrijd was en dat hij de auto nodig had om daarheen te gaan. Ze kregen alle drie ruzie en schreeuwden al spoedig tegen elkaar. Ten slotte was het te laat voor ieder van hen om nog ergens heen te gaan. Het enige wat ze gedaan hadden was ruziemaken met elkaar. Als de drie in plaats daarvan geprobeerd hadden om zich aan elkaar aan te passen, dan was onenigheid niet nodig geweest. Ze hadden de auto kunnen delen en samen kunnen gaan. De man had zijn vrouw naar de bruiloft kunnen brengen, zijn zoon bij het cricketveld kunnen afzetten en dan naar zijn vergadering kunnen gaan. Maar door hun ego misten zij alle drie hun gebeurtenis. In plaats van harmonie bestond er alleen kwaadheid en wrok bij hen.

Laten we nu eens naar ons eigen leven kijken, mijn kinderen. Verspillen we niet veel tijd op deze manier, met het twisten over onbelangrijke zaken? We moeten dit punt begrijpen. Het cultiveren van een nederige houding, vergevingsgezindheid en aanpassing aan de behoeften van anderen zal onze gezinsrelaties iedere dag sterker maken. In een echt gezin is er een gevoel van wederzijdse acceptatie tussen man en vrouw. Dit verruimt de wereld die zij met elkaar delen en die wereld wordt nog groter als zij kinderen hebben. Maar de grenzen ervan moeten daar niet ophouden. Hun wereld moet zich nog verder uitbreiden totdat hij alle levende en levenloze wezens omvat. Dit is het uiteindelijke doel van het gezinsleven. Zo kunnen man en vrouw hun eigen perfectie ontdekken. Een wereld van zulke alomvattende liefde is een wereld van blijvend geluk. Het is een wereld zonder ruzies of gevechten over gisteren, een leven zonder zinloze zorgen over morgen. Iedereen leeft niet met de gedachte "voor mij," maar met de houding "voor jou!" God verschijnt uit eigen beweging om het altaartje van het gezin te zegenen waar het liefdeslicht helder brandt.

In gesprek met een groep Westerlingen

Een groep Duitse toegewijden kwam voor Amma's darshan naar de ashram. De meesten van hen deden al jaren spirituele oefeningen. Hier volgt hun gesprek met Amma.

Vraag: Hoe veel tijd moet er zitten tussen een maaltijd en meditatie?

Amma: Mijn kinderen, mediteer niet onmiddellijk na een maaltijd. Wacht minstens twee uur na een hoofdmaaltijd. Als je alleen een lichte maaltijd gebruikt hebt, laat dan een half uur voorbijgaan voordat je begint te mediteren. Wanneer je zit te mediteren gaat je geest naar het lichaamsdeel waarop je je probeert te concentreren. Wanneer de mediterende zich op het hart concentreert of op de plaats tussen de wenkbrauwen, stroomt veel van zijn energie naar het punt waarop hij zich concentreert en dit laat onvoldoende kracht voor de spijsvertering over. Er kan daardoor indigestie optreden met klachten als braken en hoofdpijn. Dus je moet pas met je meditatie beginnen nadat je voldoende tijd voor een goede spijsvertering genomen hebt.

Vraag: Hoe moeten we onze mantra herhalen?

Amma: Wanneer je je mantra herhaalt, concentreer je dan op de vorm van je Geliefde Godheid[21] of op de klank van de mantra. Het is goed om iedere letter of lettergreep van de mantra in je

---

[21] Wanneer Amma naar de Geliefde Godheid verwijst, bedoelt Ze dat aspect van het Goddelijke dat God voor ons is, bijvoorbeeld de Goddelijke Moeder, Krishna of Christus.

geest te visualiseren als je hem herhaalt. Je kunt de geest richten op het geluid als je de mantra herhaalt. Voor het onder controle brengen van onze gedachten is het herhalen van de mantra uiterst nuttig. De mantra is de roeispaan die we gebruiken om naar het Hoogste Wezen te roeien.

Nu is je geest gehecht aan afwisseling. Het herhalen van een mantra zal je helpen om je geest van al die verscheidenheid te bevrijden en hem op God te richten. Amma heeft veel mensen gezien die zich zorgen maken omdat zij hun Geliefde Godheid niet kunnen visualiseren als zij hun mantra herhalen. Als je de Godheid niet kunt zien, is het voldoende om je Zijn of Haar naam te herinneren en door te gaan met het herhalen van de mantra. Concentreer je op de letters of op de klank. Als je je tijdens de meditatie op de vorm kunt concentreren is dat voldoende. Op dat moment is het niet nodig om de mantra te herhalen. Maar het herhalen van de mantra moet voortdurend in je geest doorgaan wanneer je werkt, loopt, zit, reist of wat dan ook doet. Zo zal de geest altijd op een subtiele manier in God rusten. Maak je geen zorgen als je je niet volledig kunt concentreren. Je kunt op zijn minst aandacht aan de klank van de mantra besteden.

Iedere keer dat je de mantra herhaalt, kun je je voorstellen dat je een bloem aan de voeten van je Geliefde Godheid offert. Houd je ogen dicht, pluk een bloem uit je hart, breng die naar de voeten van je Geliefde Godheid en leg die daar neer. Als dat niet mogelijk is, concentreer je dan op de klank van de mantra of op de gevisualiseerde vorm van de letters van de mantra. Welke methode je ook kiest, laat de geest niet afdwalen. Houd hem gericht op je Geliefde Godheid.

Vraag: Is het nodig om de mantra tijdens de meditatie te herhalen?

Amma: Nee, dat is niet nodig als je je geest op de vorm kunt richten.

Vraag: Hoe concentreren we de geest op de vorm van onze Geliefde Godheid als we mediteren?

Amma: Visualiseer de vorm van je Geliefde Godheid herhaaldelijk van top tot teen en omgekeerd. Je kunt je voorstellen dat je rondom de Godheid loopt of rondrent en met Hem pret maakt. Of dat de Godheid aan je ontsnapt en dat jij achter Hem aanholt en probeert Hem in te halen. Je kunt je voorstellen dat je bij de Godheid op schoot zit en Hem een kus geeft, of dat je Zijn haar kamt of dat de Godheid jouw haar kamt en gladstrijkt. Al deze visualisaties zijn bedoeld om de geest op je Geliefde Godheid gericht te houden.

Als je de goddelijke vorm visualiseert, bid dan bijvoorbeeld "O Moeder, leid me!" "O Vader, leid me!" "Eeuwig Licht, leid me!" of "Oceaan van Mededogen, leid me!"

Bedenk eens hoe ver de geest in een seconde reist! Deze visualisaties doen we om de geest te belemmeren ergens heen te gaan. Je ziet dit alles misschien niet als Vedanta, maar alleen door deze stappen te nemen kun je dat waar Vedanta over spreekt naar het niveau van je eigen ervaring brengen.

Vraag: Hoe kunnen we de mantra herhalen of ons de vorm van onze Geliefde Godheid herinneren als we werken? Zullen we niet vergeten om de mantra te herhalen?

Amma: Stel je voor dat je broer in een kritieke toestand in het ziekenhuis ligt. Kun je dan ophouden aan hem te denken zelfs wanneer je aan het werk bent? Je zult voortdurend aan hem denken, waar je ook mee bezig bent. "Is hij weer bij bewustzijn gekomen? Praat hij? Voelt hij zich beter? Wanneer mag hij naar huis?" Je gedachten gaan alleen maar over je broer. Maar je kunt nog steeds je werk doen. Op dezelfde manier zal het niet moeilijk voor ons zijn om aan God te denken en de mantra te herhalen als we God als onze naaste verwant zien, als helemaal van ons.

Vraag: Zullen alle brahmachari's en brahmacharini's die hier wonen realisatie bereiken?

Amma: De kinderen die hier gekomen zijn, zijn om twee verschillende redenen gekomen. Er zijn er die het besluit genomen hebben om te komen omdat zij totale onthechting tegenover de dingen van de wereld ontwikkeld hebben, en dan zijn er degenen die die groep nabootsen en hier komen uit een aanvankelijk enthousiasme. Maar als zij zich inspannen, kunnen ook zij deze spirituele samskara in zich opnemen en vooruitgaan. Zijn er zelfs niet mensen die op een slechte manier leefden op het rechte pad gezet door satsang (omgang met mahatma's)? Valmiki was een bosbewoner die mensen beroofde en vermoordde. Door satsang en zijn verdere inspanning werd hij een groot heilige en onze eerste dichter. Satsang had ook een groot effect op Prahlada, die een zeer belangrijk toegewijde werd, ook al was hij geboren in een geslacht van asura's [22] (duivels).

---

[22] Toen de vrouw van de demonenkoning Hiranyakashipu in verwachting was, vielen de deva's (hemelse wezens) de asura's aan. Hiranyakashipu verrichtte op dat moment strenge ascese. De deva's wilden het kind dat Kayadhu droeg vernietigen. Zij maakten zich zorgen dat het kind voor hen in de toekomst een bedreiging zou worden. Maar toen Devendra Kayadhu ontvoerde, greep de heilige Narada in en hield hem tegen. Narada wist dat het kind dat spoedig geboren zou worden, voorbestemd was om zijn leerling te worden en beroemd zou worden als een groot toegewijde van Heer Vishnu. Daarom bracht Narada Kayadhu naar zijn kluizenaarsverblijf en daar vertelde hij haar iedere dag over Heer Vishnu en de prachtige verhalen over Hem. Het kind in de baarmoeder nam alles enthousiast in zich op. Zelfs wanneer Kayadhu door uitputting in slaap viel, reageerde het ongeboren kind op de verhalen van de heilige! Dus toen Prahlada nog in de baarmoeder zat, hoorde hij de verhalen over de goddelijke incarnaties van de Heer. Hij bracht ook het grootste deel van zijn jeugd in Narada's ashram door.

Zelfs als sommige mensen hier alleen maar uit een beginnenthousiasme komen, kunnen zij echt veranderen als zij proberen om het onderricht te begrijpen, in zich op te nemen en het in hun leven toe te passen. Is het niet mogelijk om alles over een vak te leren door voortdurend om te gaan met iemand die een meester in dat vak is? Alleen als je dicht bij de deskundige blijft en hem observeert, zul je iets leren. Op dezelfde manier kan iemand door hier in de ashram te zijn en deel te nemen aan het ashramleven in de loop der tijd vooruitgaan en zal er een spirituele instelling in hem ontstaan. Als er geen verandering in iemand is zelfs nadat hij lange tijd in de ashram geweest is, moeten we accepteren dat dat het resultaat van karma van die persoon uit vorige levens is. Het is zinloos om iemand de schuld te geven.

In een bepaald dorp zat iedere dag een sannyasi onder een pipalboom te mediteren en zijn mantra te herhalen. De dorpelingen gaven hem fruit en gebak en boden hun diensten aan. Een jongeman die dit dag na dag gadesloeg begon te denken dat het leven zeker zonder problemen zou zijn als hij zo monnik zou worden. Daarom ging hij naar een dorp in de buurt, trok het oker kleed van een sannyasi aan, ging onder een boom zitten en begin te mediteren en een mantra te herhalen. Weldra begonnen er mensen te komen die de sannyasi hun respect betuigden. Er kwamen fruit en schalen met zoetigheid in overvloed. Er waren veel mooie vrouwen onder degenen die de jongeman kwamen opzoeken. Na een paar dagen was hij verdwenen. Hij was er met een van de vrouwen vandoor gegaan.

Zij die hier komen alleen om te doen alsof, zullen daarin niet slagen. Alleen zij die totaal vertrouwen en overgave hebben, zullen de hoogste toestand bereiken. De anderen zullen uiteindelijk hun eigen weg gaan. Waarom zouden we ons over hen zorgen maken? Dit is een slagveld. Als je hier kunt slagen, kun je de hele wereld veroveren: het hele universum staat dan onder je gezag.

Vraag: Als God de oorzaak van alles is, is Hij dan ook niet de oorzaak van de talrijke ziekten die we nu zien?

Amma: God is de oorzaak van alles. Hij heeft ons ook verteld hoe we ons leven moeten leiden. Hij spreekt tot ons door de mahatma's. Wat heeft het voor zin om God de schuld te geven van de ontberingen die wij ondergaan, wanneer wij Zijn onderricht niet volgen?

Een gezondheidstonicum helpt je om beter te worden, maar als je de hele fle: in één teug leegdrinkt zonder naar de instructies van de dokter te luisteren hoe het ingenomen moet worden, dan kan het beetje gezondheid dat je nog hebt verwoest worden. Als je een radio niet juist afstemt, zal hij alleen storing geven. Wanneer je hem op de juiste manier afstemt, zal de muziek je een gevoel van genot en voldoening geven. Op dezelfde manier lijden de mensen omdat zij de belangrijkste punten in het leven niet doorhebben. Door de hoofdpunten in het leven te begrijpen kunnen we geluk vinden. We kunnen die principes door satsang leren. Het luisteren naar spirituele uiteenzettingen kan ons helpen om veel problemen op te lossen, maar als je dicht bij een spirituele meester woont die in de Uiteindelijke Waarheid verblijft en zijn instructies opvolgt, zal je leven steeds vol vreugde zijn. Je zult nooit in gevaar komen. Het leven van degenen die de echte principes van het leven niet leren door boeken of spirituele lezingen en ook de aanwezigheid van een spirituele meester niet ervaren, zal zeker bergafwaarts gaan.

Veel ziekten die we vandaag de dag zien zijn het gevolg van de egoïstische activiteiten van de mensen. We eten giftig, verontreinigd voedsel. De gewassen die zo geproduceerd worden, brengen buitensporig veel op. De pesticiden en kunstmest die gebruikt worden om granen en groenten te verbouwen zijn giftig genoeg om de mensen die dat inademen te doden. Hoe kan onze gezondheid daardoor niet aangetast worden? Het gebruik van alcohol en drugs is ook een oorzaak van veel ziekten. De mensen krijgen niet eens zuivere medicijnen om ziekten te behandelen want de medicijnen zijn ook verontreinigd. Het onmenselijke gedrag van de mensen is dus de reden dat ziekten zich nu zo snel vermenigvuldigen. We kunnen God daarvan niet de schuld geven. God maakt niemand ziek, noch laat God iemand lijden. Er zijn geen onvolmaaktheden in Gods schepping. De mensen zijn degenen die alles verdraaien. We moeten volgens Gods wil leven in harmonie met de natuur. Dan kunnen de meeste ziekten van nu uitgebannen worden.

Vraag: Tegenwoordig zijn zelfs kinderen niet vrij van ziekten. Welke fouten hebben zij begaan?

Amma: Hun ouders zijn vaak onbedoeld de oorzaak van hun ziekten. Per slot van rekening worden de kinderen geboren uit het zaad van ouders die van vergiftigd voedsel leven. Hoe kunnen zij dan gezond zijn? Zelfs koeienmelk bevat tegenwoordig vergiftige stoffen. Koeien eten gras en andere soorten voer die met pesticiden besproeid zijn.

De kinderen van alcoholici en drugverslaafden zullen niet gezond zijn. Zij kunnen ook misvormingen hebben omdat het zaad van hun vader misschien niet de noodzakelijke factoren heeft om een gezond lichaam te laten groeien. De kinderen van hen die een overmatige hoeveelheid allopathische medicijnen nemen, zijn ook vatbaar voor ziekten. Door de negatieve handelingen die die zielen in hun vorige levens verricht hebben, moeten ze als kinderen van zulke ouders geboren worden. Zo moeten ze ook de gevolgen van de negatieve daden van hun ouders ondergaan. Ons geluk en verdriet hangen helemaal van onze daden af. De primaire oorzaak van alles ligt in karma. Als we onze activiteiten met grote zorg en alertheid uitvoeren, zullen we geen lijden hoeven te ervaren. We zullen altijd geluk kunnen genieten.

Mensen creëren hun eigen moeilijkheden. Ze ervaren niet de resultaten van fouten die zij niet gemaakt hebben, maar van fouten die zij wel gemaakt hebben. Vandaag de dag leven de mensen niet als een deel van Gods schepping. Zij leven in hun eigen schepping en ervaren de gevolgen daarvan. Dus we kunnen God niet de schuld geven en zeggen dat het Zijn fout is. Zolang we Gods pad volgen hoeven we niet bedroefd te zijn. We zullen zelfs niet weten wat lijden is.

Vraag: De geschriften spreken over reïncarnatie. Op grond waarvan krijgt een individu een nieuw lichaam?

Amma: Iedere individuele ziel krijgt een nieuwe geboorte in overeenstemming met zijn eerdere samskara (niveau van innerlijke verfijning). Door de samskara die de individuele ziel in zijn vorige leven bereikt heeft, krijgt hij een menselijk leven. Als iemand goede handelingen verricht en een zuiver leven leidt, kan hij werkelijk God worden. Maar als iemand als een beest blijft leven hoewel hij als mens geboren is, zal hij weer in een lagere levensvorm herboren moeten worden.

Er is een aura rondom ons lichaam. Net zoals we muziek en gesprekken op band opnemen, neemt de aura iedere gedachte en daad van ons op. De aura heeft verschillende delen voor het opnemen van verschillende daden: goede daden worden door de aura boven het middel vastgelegd en slechte daden in het lagere gedeelte. Als iemand hoofdzakelijk goede dingen gedaan heeft, gaat hij na zijn dood omhoog naar een hoger niveau. De ziel bereikt de wereld van de voorouders of wordt opnieuw geboren in overeenstemming met de beperkingen die door zijn handelingen opgelegd worden. Maar als iemand hoofdzakelijk slechte daden verricht heeft, valt de aura van die ziel op de grond en verandert in voedsel voor wormen en insecten. Dan wordt de ziel opnieuw geboren als vogel of dier.

Wanneer een goed ei uitkomt, zal er een vogel uit komen. Als het ei bedorven is, zal er geen vogel uit komen. Het kapotte ei verrot op de grond en wordt door wormen en insecten opgegeten. Alleen leven voor het geluk van vandaag zal slechts tot het verdriet van morgen leiden. Als je omhoog spuugt als je op je rug ligt omdat je te lui bent om op te staan, zal het spuug op je eigen lichaam terechtkomen. Op dezelfde manier is er voor iedere daad een corresponderende reactie van de natuur. Dat is zeker.

Vraag: Als we allerlei handelingen in onze vorige levens verricht hebben, waarom zijn we ons daar nu niet van bewust?

Amma: Kun je je alle dingen herinneren die je deed toen je een klein kind was? We kunnen ons zelfs niet alle dingen herinneren die we in dit leven gedaan hebben. Een lied dat je gisteren van buiten geleerd hebt, kun je vandaag vergeten zijn. Hoe kun je dan verwachten dat je je herinnert wat er in een vorig leven gebeurde? Maar wanneer je geest subtiel wordt door spirituele oefening, zul je alles weten. Wanneer we over de resultaten van handelingen in vorige levens praten, zijn de resultaten van handelingen die we onwetend in dit leven gedaan hebben daar ook bij inbegrepen.

Het geluk en het verdriet die we nu ervaren zijn het gevolg van onze vroegere handelingen uit vorige levens of uit dit leven zelf. Als we onze intelligentie gebruiken en juist handelen, kunnen we tevreden leven. We kunnen de kinderen van gelukzaligheid worden.

Vraag: Wanneer we iemand per ongeluk met onze voet aanraken, horen we die persoon met onze hand aan te raken en dan onze hand naar ons voorhoofd te brengen. Is dat allemaal geen bijgeloof?

147

Amma: Deze gebruiken zijn door onze voorouders ingesteld om goede gewoonten bij de mensen te bevorderen. We zeggen tegen een kind: "Leugens vertellen maakt je blind." Als dat waar zou zijn, hoeveel mensen zouden er dan nu kunnen zien? Maar door dit te zeggen kunnen we de gewoonte van het kind om leugens te vertellen corrigeren. Wanneer we iemand met onze voet aanraken, worden we gevraagd om die persoon aan re raken en respect te tonen. Dit is bedoeld om nederigheid in ons te cultiveren. Iemand die dit beoefent zal er niet aan denken om iemand te schoppen zelfs niet wanneer hij kwaad is.

Er is nog een reden voor dit gebruik. Er is een verbinding tussen onze voeten en ons hoofd. Wanneer we onze voet tegen iets stoten, worden er bepaalde zenuwen in het hoofd beïnvloed. Wanneer we buigen wordt de spanning in die zenuwen verlicht.

Maar deze gebruiken helpen ons vooral om goed gedrag te ontwikkelen.

Vraag: Amma, kan het leven in twee aspecten verdeeld worden, het spirituele en het materiële? Welk aspect schenkt ons geluk?

Amma: Mijn kinderen, het is niet nodig om de spirituele en materiële kanten van het leven als gescheiden te zien. Dat verschil bestaat alleen in de houding van de geest. We moeten spiritualiteit begrijpen en dienovereenkomstig leven. Alleen dan wordt het leven gelukzalig. Spiritualiteit leert ons hoe we een leven van echt geluk kunnen leiden. Zeg dat de materiële kant van het leven rijst is en de spirituele kant suiker. Spiritualiteit is de suiker die de rijstpudding zoet maakt. Inzicht in spiritualiteit maakt het leven zoet.

Als je op de materiële kant van het leven vertrouwt, zal er lijden zijn. Zij die alleen wereldse genoegens verlangen moeten bereid zijn om ook lijden te ervaren. Alleen zij die bereid zijn om ervoor te lijden, moeten om wereldse benodigdheden bidden. De wereldse kant zal ons voortdurend lastig vallen en kwellen. Dit betekent niet dat je het wereldse leven volledig op moet geven. Amma zegt alleen dat je inzicht in spiritualiteit moet hebben als je in de wereld leeft. Dan zul je niet door lijden verzwakt worden. In deze wereld behoort niemand die beweert dat hij van ons is, onze vrienden en verwanten, werkelijk aan ons toe. Niemand die beweert onze familie te zijn, is echt onze familie. Alleen God is onze echte familie. Ieder ander kan zich ieder moment tegen ons keren. De mensen houden alleen van ons uit verlangen naar hun eigen geluk. Wanneer ziekte, verdriet of ontberingen komen, moeten we dat alleen ondergaan. Dus laten we alleen aan God gehecht zijn. Als we aan de wereld gehecht zijn, zal het moeilijk voor ons zijn om onze vrijheid terug te krijgen. Hoe ontelbaar vele malen moet iemand leven om van gehechtheden bevrijd te worden!

We moeten ons leven leiden alsof we een plicht vervullen. Dan zullen we niet aan droefheid ten prooi vallen als anderen zich tegen ons keren of ons in de steek laten. Als iemand van wie we meer dan van onze eigen leven gehouden hebben, zich plotseling tegen ons keert, zullen we daar niet aan onderdoorgaan. Er is voor ons geen reden om te wanhopen.

Als er een wond op je hand is, zal die niet genezen als je alleen maar gaat zitten huilen. Noch zal huilen helpen wanneer je je rijkdom of je vrienden en verwanten verliest. Huilen zal ze niet terugbrengen. Maar als we kunnen begrijpen en accepteren dat zij die vandaag bij ons zijn ons morgen kunnen verlaten, kunnen we gelukkig leven, vrij van verdriet, wie er zich ook tegen ons mag keren of ons mag verlaten. Dit betekent niet dat we van niemand moeten houden. Integendeel, we moeten van iedereen houden, maar onze liefde moet onbaatzuchtig zijn. We moeten liefhebben zonder enige verwachtingen. Dat zal ons helpen om verdriet te vermijden.

In het wereldse leven is verdriet, maar toch kan het leven ons geluk geven, als we wat inzicht in spiritualiteit hebben. Als we in een ruwe zee springen zonder enige training gehad te hebben, kunnen we door de golven overmeesterd worden en zelfs verdrinken. Maar zij die in zee kunnen zwemmen, kunnen zelfs grote golven gemakkelijk aan. Zo ook: als we spiritualiteit de basis van ons leven laten zijn, dan kunnen we zonder te wankelen vooruitgaan onder alle omstandigheden, hoe moeilijk die ook mogen zijn. De geest vindt zijn geluk in het ene voorwerp en haat het andere. Sommige mensen hebben het gevoel dat zij niet zonder sigaretten kunnen leven, terwijl anderen zich aan sigarettenrook storen. Geluk en verdriet bevinden zich in de geest. Als je je geest onder controle hebt en hem naar het juiste pad leidt, zal er alleen geluk in je leven zijn. Hiervoor heb je spirituele kennis nodig, en als je overeenkomstig die kennis leeft, kan er geen verdriet zijn.

Probeer altijd een mantra te herhalen. Praat alleen over God. Geef alle egoïsme op. Geef alles aan God over. Als we op deze manier kunnen leven, zullen we geen lijden ervaren.

Als we zo gemakkelijk aan alles in de wereld gehecht kunnen raken, waarom kunnen we dan niet aan God gehecht raken? Onze tong kan over alles praten. Waarom kunnen we onze tong niet leren om onze mantra te herhalen? Als we dit kunnen doen, zullen niet alleen wijzelf, maar ook de mensen om ons heen vrede vinden.

De meeste mensen bespreken hun problemen met iedereen om hen heen. Dit lost hun problemen niet op. Het maakt alleen degenen die naar hen moeten luisteren ook ongelukkig. Het is als een kleine slang die een grote slang probeert door te slikken.

Werelds zijn betekent God vergeten. Het betekent uitsluitend je eigen geluk willen, waarbij je voor dat doel op materiële objecten vertrouwt en wordt gedwongen om het grootste deel van je leven te lijden omwille van kleine fragmenten genot. Zo verliezen mensen hun innerlijke rust en beïnvloeden ook degenen om hen heen. Onbaatzuchtig zijn en alles aan God overgeven, wetend dat alles werkelijk aan God toebehoort, dat is spiritualiteit. Zij die op deze manier leven, ervaren niet alleen zelf innerlijke rust, maar veroorzaken ook rust in het hart van de mensen om hen heen.

Vraag: Amma, U heeft gezegd dat onze devotie niet uit verlangens voort moet komen, maar dat die gebaseerd moet zijn op ons begrip van spirituele principes. Wat is de reden hiervan?

Amma: Echte vooruitgang kan alleen gemaakt worden door devotie die gebaseerd is op de essentiële principes. We moeten leren om ons leven over het juiste pad te leiden. Devotie leert ons hoe dit te doen. Er is alleen gelukzaligheid in het leven van een echte toegewijde. Als je devotie niet gepaard gaat met inzicht in de spirituele principes, zal je hele leven niet in harmonie zijn. Zo'n leven zal je geen geluk schenken. Daarom zegt Amma dat je inzicht in de spirituele principes moet hebben wanneer je God aanbidt, en je moet om echte devotie bidden.

Tegenwoordig zijn de gebeden van de meeste mensen helemaal gemotiveerd door verlangens. Hun devotie is niet gebaseerd op echt inzicht. Ze gaan naar de tempel wanneer ze iets willen hebben en doen een gelofte dat ze God iets terug zullen geven als ze krijgen wat ze willen. Dit kunnen we geen devotie noemen. Geluk kunnen we op die manier niet bereiken. Ze houden van God als ze hun doel bereiken en haten God als ze niet slagen. Hun leven is er een van verbrokkelde en onderbroken devotie.

In een dorp waren twee echtparen die allebei tien jaar getrouwd waren. Geen van de echtparen had kinderen. Eén echtpaar was hierover zo bedroefd dat ze tot God begonnen te bidden. Ze baden iedere dag om een kind. Toen had de man op een nacht een droom. Er verscheen hem een goddelijk wezen dat vroeg: "Als je een kind krijgt, zul je dan tevreden zijn?" Hij antwoordde: "Zonder kind, zal ik nooit gelukkig zijn. Als ik maar een kind had, zou ik altijd tevreden zijn." Het goddelijke wezen zegende hem en verdween. Kort daarna werd zijn vrouw zwanger. Ze waren allebei dolblij, maar hun geluk duurde niet lang, want zij maakten zich zorgen over hun ongeboren kind. Zij dachten voortdurend: "Zullen de ledematen en de organen van de baby intact zijn? Zal ons kind gezond zijn? Zal hij mooi zijn?" Eerst hadden ze tot God gebeden uit verlangen naar een kind, maar nu hadden ze geen moment over om aan God te denken. Hun gedachten gingen alleen over het ongeboren kind. Ze ervoeren geen ogenblik rust.

De baby kwam. Het was een gezonde jongen en de ouders waren erg gelukkig. Ze begonnen geld te sparen voor het onderwijs van hun zoon. Toen de jongen ouder werd, ging hij naar school. Iedere ochtend als de jongen naar school vertrok, maakten de ouders zich zorgen om hem. Zou iemand hem pijn doen? Wat als hij ergens zou vallen? Zij konden zich niet ontspannen tot hun zoon thuiskwam. Toen het kind opgroeide, werd hij koppig en ondeugend. Hij weigerde zijn ouders te gehoorzamen en besteedde geen aandacht aan zijn lessen. Nu waren de vader en moeder alleen bezorgd over de toekomst van hun zoon. Toen de jongen ouder werd, werden zijn slechte gewoonten sterker. Iedereen klaagde over zijn gedrag. Toen de jongen naar de universiteit ging, begon hij te drinken. Hij viel zijn ouders voortdurend om geld lastig. Dit werd een dagelijkse gewoonte. Hij aarzelde niet om hen uit te schelden en zelfs te slaan. De ouders vreesden nu iedere dag de tijd dat hij thuiskwam. De zoon verkocht een voor een de bezittingen van zijn ouders. Toen ze hem op een dag weigerden geld te geven, bedreigde hij hen met een mes. Omdat ze voor hun leven vreesden, leenden zij geld voor alles wat hij wilde, omdat alles wat ze bezeten hadden nu verdwenen was. Toen ze hun schulden niet konden betalen, keerden de plaatselijke mensen zich tegen hen en hielden op geld aan hen te lenen. Toen zijn ouders ten slotte geen enkel nut meer voor hem hadden, verliet hij hen en ze zagen hem nooit meer. Ze hadden alleen voor hun zoon geleefd en nu was hij verdwenen. Hun buren haatten hen en ze hadden alles verloren. Ze konden alleen huilen. Er was alleen nog maar wanhoop in hun leven.

Als we alleen werelds geluk willen, moeten we ook bereid zijn om het verdriet dat daarmee gepaard gaat te verdragen.

Het andere echtpaar had ook tot God gebeden, maar niet om een kind. Ze baden alleen om God. Hun devotie was gebaseerd op echte liefde voor God. Dat ze geen kinderen hadden stoorde hen nooit. Hun gebed was: "God, we hebben geen kinderen, laat ons daarom iedereen als Uw kind zien. We zullen kinderen krijgen als het Gods wil is. Waarom erover piekeren? We moeten om devotie voor God bidden." Dat was de houding van dit echtpaar. Zij hadden echt inzicht in spiritualiteit. Zij waren zich bewust van dat wat eeuwig is en van het doel van het leven. Ze herhaalden voortdurend hun mantra en in hun vrije tijd vertelden zij blij verhalen over God en zongen devotionele liederen met hun vrienden en familie. Iedere dag baden ze dat ze iedereen konden liefhebben en dienen. Zij gaven ook een gedeelte van hun inkomsten aan de armen. God was blij met hun onzelfzuchtige devotie. En hoewel zij er niet om gebeden hadden, werden zij gezegend met een zoon. Hun devotie ging onverminderd door toen het kind geboren was. Hoewel ze dankbaar en gelukkig waren, voelden ze geen overdreven blijheid bij de geboorte van hun zoon. Zij bleven een leven leiden dat aan God was gewijd. Zij vertelden hun zoon spirituele verhalen en leerden hem op jonge leeftijd te bidden en devotionele liederen te zingen. Als gevolg daarvan werd de jongen goedaardig en was hij iedereen dierbaar. De ouders waren zeer liefdevol voor hun kind, maar waren niet overdreven aan hem gehecht. Zij hielden zich stevig aan God vast. Toen zij oud begonnen te worden, verwachtten zij van niemand gezelschap. God was het middelpunt van hun leven. Maar veel mensen kwamen naar het echtpaar toe en dienden hen met eerbied en liefde, want zij werden aangetrokken door de onschuldige devotie van het echtpaar en hun onbaatzuchtige liefde voor iedereen.

Door hun onbaatzuchtigheid hadden zij een gelukkig leven. Ze waren blij zowel voor als na de geboorte van hun kind. En omdat zij baden: "God, laat ons iedereen als Uw kind zien," kregen zij veel meer dan een zoon. Zij kenden veel mensen die van hen hielden en hen dienden.

Beide echtparen hadden bhakti (devotie) maar de devotie van het ene echtpaar was kamya bhakti (devotie voortkomend uit verlangen), terwijl de bhakti van het andere echtpaar bhakti zonder motief was: liefde alleen omwille van de liefde.

Voor het eerste echtpaar was hun zoon alles. Ze dachten dat hij altijd bij hen zou zijn. Voor hen was God niet meer dan een instrument om hun verlangens te vervullen. Zodra ze hadden wat ze wilden, vergaten ze God. En toen hun zoon hen verliet, waren ze door wanhoop overmand.

Maar het tweede echtpaar begreep dat alleen God echt en eeuwig is in deze misleidende wereld. Zij wisten dat niemand meer van een ander houdt dan van zijn eigen geluk. Zij wisten ook dat noch een kind, een echtgenoot, rijkdom noch iets anders op het moment van de dood met hen mee zou gaan. Daarom was hun enige doel het Zelf te realiseren, dat als enige onsterfelijk is. En zij leefden in overeenstemming met dat doel. Hun devotie was gebaseerd op tattva (het echte spirituele principe). Zij waren niet bedroefd als iemand zich tegen hen keerde. Zij hielden zelfs van degenen die kwaad op hen waren. Omdat zij hun leven aan God hadden overgegeven, waren zij gelukkig.

Mijn kinderen, devotie moet alleen gebaseerd zijn op ons verlangen naar God. Dan zal God ons alles geven. Het zal niet nodig zijn om te piekeren wie er op onze oude dag voor ons zal zorgen. Geen oprechte toegewijde is ooit van honger omgekomen of heeft geleden omdat hij niemand had om voor hem te zorgen. En waarom zouden we denken aan wat er met het lichaam na de dood gebeurt? Het lichaam zal kort na de dood beginnen te stinken. Het zal begraven of gecremeerd worden. Het is niet nodig om je leven te verdoen door je over zulke dingen zorgen te maken. Waarom ongerust zijn over morgen? Wat zelfs maar een ogenblik geleden gebeurde is als een ongeldig gemaakte cheque. Het heeft geen zin om je kracht te verliezen door erover te denken. Leef nu met veel zorg en alertheid en de dag van morgen zal je vriend zijn.

Devotie is belangrijk. Maar bidden en dan over anderen kwaadspreken is geen devotie. Zij die devotie hebben, koesteren geen jaloezie of haat tegenover anderen. We moeten proberen iedereen als God te zien, dat is devotie. Goede dingen met veel aandacht doen is ook devotie. Wat Amma devotie noemt is de bekwaamheid om onderscheid te maken tussen het eeuwige en het tijdelijke. Dat is wat we nodig hebben.

Vraag: Is het niet God die ons zowel het goede als het slechte laat doen?

Amma: Dat is waar als je werkelijk het bewustzijn hebt dat God je alles laat doen. Wanneer je in dat geval de vrucht van een goede daad ervaart of de straf van een negatieve handeling, moet je onbevooroordeeld kunnen denken: "Het is God die alles geeft"

God is niet verantwoordelijk voor onze fouten. Dat zijn wij zelf. God de schuld geven van problemen die door onze onwetendheid ontstaan is de schuld geven aan de benzine wanneer onze auto ergens tegenaan botst door ons onvoorzichtig rijden. God heeft het duidelijk gemaakt hoe we in deze wereld moeten leven. We kunnen God de gevolgen niet verwijten van het niet opvolgen van Zijn instructies.

Vraag: In de Bhagavad Gita wordt gezegd dat we onze activiteiten moeten verrichten zonder verlangen naar de resultaten ervan. Hoe kunnen we werken zonder de vruchten van ons werk te willen?

Amma: De Heer zei dit om ons in staat te stellen een leven zonder lijden te leiden. Doe je activiteiten met veel zorg en aandacht en zonder verteerd te worden door angst over de resultaten. De gepaste resultaten zullen vanzelf komen. Als je studeert, doe het dan met aandacht. Het is niet nodig om te piekeren of je wel of niet zult slagen. Als je een huis bouwt, bouw het dan zorgvuldig volgens de plannen zonder je te kwellen met de vraag of het gebouw zal blijven staan. Doe goede dingen en er zullen beslist goede resultaten komen. Als je rijst van goede kwaliteit zonder steentjes erin verkoopt, zal iedereen die kopen. Dat is het verlangde resultaat van je inspanningen bij het selecteren van goed graan, en vervolgens voorkoken, drogen en pellen van de rijst. Maar als je de rijst vermengt om meer winst te maken, zul je vroeg of laat de straf daarvoor ontvangen. Je zult ook je innerlijke rust verliezen. Doe dus je werk met zorg en aandacht, met de houding dat alles wat je doet een offer aan God is. Je zult de resultaten van wat je doet in de juiste mate krijgen, niet meer en niet minder, of je van tevoren over de resultaten piekert of niet. Dus waarom tijd verspillen door daaraan te denken? Zou het niet beter zijn om die energie te gebruiken om de activiteit echt goed te verrichten? Of zou het niet beter zijn om je geest op God te richten in plaats van die tijd te verdoen?

Vraag: Als het Zelf alomtegenwoordig is, moet het dan zelfs na de dood niet in het lichaam aanwezig zijn? Waarom vindt de dood dan plaats?

Amma: Wanneer er een lamp doorbrandt, betekent dat niet dat er geen elektriciteit meer is. Als je een ventilator uitschakelt, voel je geen lucht meer stromen, maar de lucht verdwijnt niet. Of zeg dat je lucht in een ballon blaast, hem dichtknoopt en hem de lucht in laat gaan. Als de ballon kapotgaat, houdt de lucht niet op te bestaan. Die is er nog steeds. Op dezelfde manier is het Zelf overal aanwezig. God is overal. De dood vindt niet plaats door de afwezigheid van het Zelf maar door een storing in de upadhi (de steun of het instrument, d.w.z. het lichaam). Dood is de vernietiging van de upadhi. Het heeft niets te maken met een gebrek in het Zelf.

Vraag: Is het mogelijk om de toestand van Zelfrealisatie te bereiken alleen door spirituele oefeningen, het lezen van boeken en het luisteren naar lezingen, zonder de hulp van een spirituele meester?

Amma: Je wordt geen monteur door het alleen maar uit boeken te leren. Je moet oefenen met een ervaren monteur. Je moet kijken naar wat hij doet en van hem leren. Op dezelfde manier heb je een spirituele meester nodig om je bewust te zijn van de hindernissen die tijdens de spirituele oefeningen op kunnen komen en om die te overwinnen zodat je je doel kunt bereiken.

De aanwijzingen hoe je een medicijn in moet nemen staan op het etiket. Maar toch moet je het medicijn niet innemen zonder eerst een dokter te raadplegen. Het etiket geeft alleen algemene aanwijzingen. De dokter beslist hoe het medicijn gebruikt moet worden waarbij hij rekening houdt met de gezondheid en constitutie van iedere patiënt. Als je de aanwijzingen van de dokter niet opvolgt, zou het medicijn meer kwaad dan goed kunnen doen. Op dezelfde manier kun je misschien over spiritualiteit en spirituele oefeningen leren door boeken te lezen en naar lezingen te luisteren, maar om bepaalde moeilijkheden die kunnen ontstaan te overwinnen en om het doel door spirituele oefening te bereiken, heb je een spirituele meester nodig.

Wanneer een jong boompje van de ene plaats naar de andere wordt overgeplant, moet er wat aarde van de oorspronkelijke plaats meegenomen worden, want dan is het niet zo moeilijk voor de plant om wortel te schieten en zich aan zijn nieuwe plaats aan te passen. Zonder een beetje van de oorspronkelijke aarde zal het moeilijk voor de plant zijn om aan de nieuwe bodem te wennen. De aanwezigheid van een spirituele meester is als de aarde van de oorspronkelijke plaats.

In het begin is het heel moeilijk voor een zoeker om door te gaan met zijn spirituele oefeningen. De aanwezigheid van de meester geeft de leerling de kracht die nodig is om alle hindernissen te boven te komen en stevig in het spirituele leven geworteld te blijven. Een appelboom heeft een speciaal klimaat nodig om goed te kunnen groeien. Hij heeft op bepaalde tijden ook water en mest nodig. Ongedierte dat de boom aantast, moet vernietigd worden. Op dezelfde manier schept de meester omstandigheden die geschikt zijn voor de spirituele oefeningen van de leerling, en beschermt hem tegen alle hindernissen.

De meester geeft aan wat voor spirituele oefeningen je moet doen. Hij beslist welk spiritueel pad je moet volgen en of je spirituele oefeningen het maken van onderscheid (tussen het eeuwige en het voorbijgaande), onbaatzuchtige dienstverlening, yoga, een bepaald soort meditatie of het herhalen van een mantra en gebed moet zijn. Sommige mensen hebben niet de fysieke constitutie die nodig is om yoga te doen en er zijn mensen die niet lang achter elkaar moeten mediteren. Wat zou er gebeuren als je honderd vijfentwintig man liet instappen in een bus die slechts voor vijfentwintig personen bedoeld is? Je kunt met een kleine mixer niet op dezelfde manier omspringen als met een grote molen. Als je die ononderbroken lange tijd gebruikt, zal hij oververhit raken en kapotgaan. De meester stelt voor iedereen de juiste spirituele oefeningen voor in overeenstemming met zijn fysieke, mentale en intellectuele gesteldheid. De meester kent de aard van je geest en lichaam beter dan jijzelf. Hij instrueert je overeenkomstig je capaciteiten. Als je dit negeert en spirituele oefeningen begint te doen op grond van informatie die je ergens gevonden hebt zonder de juiste leiding te krijgen, kun je geestelijk uit evenwicht raken. Als iemand overdreven veel mediteert kan het hoofd te heet worden. Hij kan dan misschien niet meer slapen. De meester geeft instructies overeenkomstig de aard van ieder individu op welk deel van het lichaam hij zich tijdens de meditatie moet concentreren, bijvoorbeeld het hart of de plek tussen de wenkbrauwen, en hoelang hij moet mediteren.

Wanneer je aan een reis begint, zul je je bestemming snel bereiken als je begeleid wordt door iemand die woont in het gebied waar je heen gaat en die alle wegen kent die daarheen leiden. Anders kan een reis die slechts één uur hoeft te duren, tien uur duren. Zelfs als je een kaart hebt, kun je toch de weg kwijtraken in het onbekende terrein. Je zou in een gevaarlijk gebied terecht kunnen komen. Maar er valt niets te vrezen als je een reisgenoot hebt die de weg kent. De rol van de spirituele meester kan vergeleken worden met die van zo'n gids. De meester is volkomen bekend met alle verschillende paden op de spirituele reis. Er kunnen hindernissen zijn bij iedere stap van je spirituele oefening en zonder een meester die je leidt zal het moeilijk voor je zijn om met je spirituele oefeningen door te gaan wanneer zich hindernissen voordoen.

Als je initiatie van een satguru krijgt, kun je erg snel voor uitgaan. Je kunt geen yoghurt maken door melk aan melk toe te voegen. Je moet een beetje yoghurt aan de melk toevoegen. Mantra-initiatie door een satguru staat hiermee gelijk. Het maakt de spirituele kracht in een zoeker wakker.

Vraag: Is het geen slavernij om een spirituele meester te gehoorzamen?

Amma: Het is moeilijk om alleen door spirituele oefeningen van het ego af te komen. Om het ego te verwijderen moet je bepaalde stappen volgen die door een bevoegde leraar worden voorgeschreven. Wanneer we ons hoofd voor een spirituele meester buigen, richten we ons niet op dat individu, maar op de principes die de meester belichaamt. We buigen voor dat ideaal, zodat we dat niveau ook kunnen bereiken. Alleen door nederigheid kunnen we omhooggaan. Er is een boom in ieder zaadje, maar als een zaadje in de voorraadkamer blijft terwijl het beweert een boom te zijn, zal het gewoon voer voor de muizen worden! De echte aard van het zaadje komt te voorschijn nadat het gebogen heeft en onder de grond gegaan is.

De paraplu gaat open wanneer je de knop naar beneden drukt. Dan kan hij mensen tegen de zon en de regen beschermen.

Toen wij als kinderen onze ouders, leraren en ouderen gehoorzaamden, respecteerden en eerden, ontwikkelden we ons: we werden wijzer en ontwikkelden positieve eigenschappen en gewoonten. Op dezelfde manier groeit de leerling door gehoorzaamheid aan zijn meester naar een hogere toestand van bewustzijn, en wordt de koning der koningen.

De echte meester is de belichaming van verzaking. We beginnen te begrijpen wat waarheid, dharma, onbaatzuchtigheid en liefde zijn omdat de meester die kwaliteiten in de praktijk brengt. De meester is het leven in die kwaliteiten. Door de satguru te gehoorzamen en na te streven, versterken we die eigenschappen in onszelf.

Wanneer we aan boord van een vliegtuig gegaan zijn, vraagt de bemanning ons om onze veiligheidsriemen vast te maken. Ze doen dit niet om hun superioriteit te tonen, maar alleen om onze veiligheid zeker te stellen. Zo ook draagt de meester de leerling op om zelfbeheersing en discipline te beoefenen en bepaalde regels te volgen voor zijn eigen ontwikkeling. De meester instrueert de leerling met het doel hem te beschermen tegen moeilijkheden die kunnen ontstaan. De meester weet dat de diepe vallen die de leerling door zijn ego kan maken, niet alleen hemzelf maar ook anderen in gevaar kunnen brengen. Mensen gehoorzamen de verkeerssignalen die de politie geeft. Dit helpt hen om talloze ongelukken te voorkomen. De satguru redt de leerling uit situaties die tot de spirituele ondergang konden leiden door het besef van "ik" en "mijn" bij de leerling. De meester geeft de leerling de training die hij nodig heeft om zulke situaties in de toekomst te vermijden.

Gehoorzaamheid aan een spirituele meester is geen slavernij, verre van dat. Het enige doel van de meester is de veiligheid en hoogste vrijheid van de leerling. De meester is iemand die ons werkelijk de weg kan wijzen. Een echte meester zal een leerling nooit als slaaf zien. De meester voelt alleen onbegrensde liefde voor de leerling. De wens van de meester is om de leerling te zien slagen, zelfs als de meester uit eigen besluit op de een of andere manier een nederlaag moet accepteren in dat proces. Een perfecte meester is een echte moeder.

Vraag: Moeten zij die in hun leven op God vertrouwen, zich inspannen?

Amma: Mijn kinderen, zonder inspanning kun je in het leven niet slagen. Gewoon zitten te zitten zonder je in te spannen met de bewering dat God voor alles zal zorgen, is pure luiheid. Zulke mensen zeggen dat God voor alles zal zorgen, en toch geven ze zich daaraan niet volledig over. Wanneer er gewerkt moet worden, beweren zij dat God voor alles zal zorgen, maar zodra ze honger hebben, spannen ze zich in om hun buik te vullen zelfs als het betekent dat ze moeten stelen om aan voedsel te komen.

Ze wachten niet geduldig totdat God hun voedsel brengt! Wanneer het honger en andere persoonlijke zaken betreft, bestaat hun overgave aan God alleen uit woorden.

God zorgt voor ieder aspect van ons leven. Dit betekent niet dat we resultaten zullen bereiken door met onze armen over elkaar te zitten wanneer de situatie echt actie vereist. God heeft ons geen leven, gezondheid en intellect gegeven om ons leven met luieren te verspillen! We moeten bereid zijn om volgens Gods instructies te werken.

Vuur kan gebruikt worden om een huis af te branden, maar ook om voedsel op te koken. Op dezelfde manier kan wat God ons gegeven heeft meer kwaad dan goed doen als we het niet op de juiste manier gebruiken. Steeds wanneer je inspanning nodig is, handel daar dan naar als een offer aan God. Alleen dan zul je de beste resultaten krijgen.

Een leerling ging op weg om te bedelen om voedsel. Hij was de hele dag op pad, maar kreeg niets. Hij keerde die avond moe en hongerig naar de meester terug. Hij was kwaad op God omdat hij geen aalmoezen ontvangen had. Hij zei tegen de meester: "Van nu af wil ik niet meer van God afhankelijk zijn. U vertelt ons altijd dat we alles zullen krijgen wat we nodig hebben als we ons aan God overgeven. Waarom zou ik mijn toevlucht nemen tot een God die me zelfs niet één maaltijd kan geven? Het was een vergissing om mijn vertrouwen in God te stellen."

De meester zei tegen hem: "Ik zal je honderdduizend roepies geven. Wil je mij je ogen in ruil daarvoor geven?"

De leerling antwoordde: "Zonder ogen zou ik blind zijn! Wie wil zijn ogen voor geld verkopen?"

"Vergeet de ogen dan. Wil je mij je tong geven?"

"Hoe zou ik zonder tong kunnen praten?"

"Geef me dan je arm. Of als dat niet mogelijk is, is je been ook prima. Ik zal je honderdduizend roepies geven."

"Mijn lichaam is mij meer waard dan geld. Niemand wil een lichaamsdeel missen." Toen de meester de houding van de leerling zag, zei hij: "Je lichaam is inderdaad van onschatbare waarde. God heeft het je gegeven zonder er iets voor terug te nemen. Toch heb je kritiek op God. God heeft je dat lichaam van onschatbare waarde niet gegeven om werkeloos te zitten. Je hoort een leven vol activiteit te leiden met veel aandacht en bewustzijn."

Drie mannen kregen ieder wat zaadjes. De eerste man borg zijn zaadjes veilig op in een doos. De tweede man at zijn zaden meteen op om zijn honger te stillen. De derde man plantte zijn zaden, gaf ze water en liet ze groeien.

Zij die alleen maar niets zitten te doen en beweren dat God voor alles zal zorgen zijn als de man die zijn zaden in een doos bewaart. Die zaden hebben voor niemand enig nut. Zulke mensen zijn eenvoudig lui. Zij zijn een last voor de wereld. Zij gebruiken hun instrumenten niet, d.w.z. het lichaam, de geest en het intellect die God hun gegeven heeft.

De man die zijn zaden opat kon zijn honger tijdelijk bevredigen. Zo zijn wereldse mensen. Hun doel is tijdelijk geluk. Maar de man die begreep hoe hij zijn zaden op de juiste manier moest gebruiken, die ze plantte en opkweekte, kon zichzelf en zijn gezin te eten geven met de vruchten die hij als resultaat kreeg. En hij kon nog meer zaden uit die vruchten planten en zo ook zijn buren geven wat ze nodig hadden. Op dezelfde manier kunnen wij alleen een nuttig leven leiden en het echte doel bereiken door het werkelijke, bedoelde gebruik van de instrumenten die we van God gekregen hebben, te begrijpen en ze op de juiste manier te gebruiken.

Mijn kinderen, overgave aan God wil zeggen dit instrument dat God ons gegeven heeft gebruiken, en dat met de juiste zorg en aandacht. Werkeloos zitten zonder de minste moeite te doen is een grote zonde tegen God.

Wat zei Heer Krishna in de Gita? Hij zei: "Arjuna, je moet vechten terwijl je aan Mij denkt!" Hij zei niet: "Je hoeft niets te doen. Ga daar gewoon zitten en ik zal je beschermen." Als we één stap naar God zetten, neemt God honderd stappen naar ons. Maar we hebben gewoonlijk niet de overgave die nodig is om die ene stap te zetten.

Mijn kinderen, vergeet niet dat het God is die ons de bekwaamheid en de omstandigheden geeft die nodig zijn om ons in te spannen. Maar het succes van onze inspanning hangt ook van Gods genade af. Het is daarom onze plicht om moeite te doen en de resultaten, wat die ook mogen zijn, aan God over te geven. We moeten als een stuk hout in Gods handen zijn. De ene keer kan God ons in stukken snijden, de andere keer een stuk speelgoed van ons maken of ons als brandhout voor het vuur gebruiken. Onze overgave aan God moet zo zijn dat we kunnen zeggen: "Laat God doen wat Hij wil. Ik zal blij alles accepteren." Wanneer we deze houding hebben, wordt wat we doen juiste activiteit. Dan zal overwinning of nederlaag ons niet beïnvloeden. We ervaren innerlijke rust en tevredenheid.

Mijn kinderen, we moeten proberen om spirituele principes naar anderen te verspreiden door die principes in ons eigen leven in praktijk te brengen. We kunnen die principes niet onder de mensen verspreiden alleen door te praten. De tijd die de mensen aan praten verspillen zou genoeg zijn om het onderricht in de praktijk te brengen. Gewone mensen streven graag de daden na van mensen die status en positie in de samenleving genieten. Daarom is het zo belangrijk dat zij die een hoge positie hebben, positieve voorbeelden voor anderen proberen te zijn.

Een minister van de regering bezocht eens een dorp dat toevallig het vieste dorp in het hele land was. Hij bracht een nacht door als gast van de burgemeester van die plaats. Er lagen overal stapels afval langs de wegen en de open riolen stroomden over met vies, stilstaand afvalwater. In het hele gebied hing een vreselijke stank.

De minister vroeg de burgemeester waarom de plaats zo vies was. De burgemeester zei: "De mensen hier zijn onwetend. Zij weten niets over netheid. Het kan ze gewoon niet schelen. Ik heb geprobeerd om het hun te leren, maar ze luisteren niet. Ik heb hun verteld dat ze het dorp moeten schoonmaken, maar ze doen het niet. Dus heb ik het opgegeven." De burgemeester bleef maar doorgaan met de dorpelingen de schuld te geven. De minister luisterde geduldig zonder iets te zeggen. Ze gebruikten het avondeten en toen ging de minister naar bed.

Toen de burgemeester de volgende morgen opstond, kon hij de minister niet vinden. Hij zocht in het hele huis, maar hij was spoorloos. Hij vroeg het de dienaren, maar niemand had de minister gezien. De burgemeester werd ongerust. Hij verliet het huis en ging op zoek naar de man. Uiteindelijk vond hij hem. De minister was buiten op straat en was helemaal alleen het vuil aan het opruimen. Hij verzamelde het vuilnis op een grote hoop en stak het in brand. Toen de burgemeester dit zag, schaamde hij zich. Hij zei tegen zichzelf: "Hoe kan ik hier staan en niets doen, terwijl de minister zo werkt?" Dus hij deed met hem mee en begon het dorp op te ruimen. Toen de dorpelingen de straat opkwamen, waren zij verrast om de twee mannen zulk vuil werk te zien doen. Zij vonden dat ze daar niet gewoon konden staan toekijken, terwijl de minister en de burgemeester het dorp schoonmaakten. Zij deden dus ook met het werk mee. Binnen de kortste keren was het hele dorp onberispelijk schoon. Al het afval was verwijderd en de riolen waren schoon. Er was geen vlekje vuil te zien. Het hele dorp zag er heel anders uit.

Mijn kinderen, het kost gewoonlijk minder tijd om iets door activiteit te laten zien dan om het goed over te brengen door woorden. We moeten bereid zijn om tot actie over te gaan zonder af te wachten of er wel of niet iemand is om ons te helpen. Dan zullen er zeker mensen meedoen en helpen. Als we alleen op een afstand staan en anderen de schuld geven en kritiek op hen hebben, doen we dat met onze eigen verontreinigde geest, en hun geest zal dan net als de onze verontreinigd worden. Dus mijn kinderen, we moeten tot handelen overgaan en niet alleen praten. Verandering is alleen door handelen mogelijk.

Vraag: Er wordt gezegd dat we gelijkmoedig moeten blijven of we nu lof of kritiek ontvangen. Maar er wordt ook gezegd dat Heer Vishnu blij was toen de hemelbewoners hem met gezang prezen. Werd de Heer dan niet door de lof beïnvloed?

Amma: Je kunt de Heer niet vleien met lof. Hij is de gelijkmoedigheid zelf. Lof en beledigingen zijn hetzelfde voor Hem. Zelfs als je hondenpoep naar de Heer zou gooien, zou Hij je ijs teruggeven. Zo is Zijn geest. Dat is gelijkmoedigheid.

De Heer leerde de deva's (hemelbewoners) een les. Om hen eerst een beetje te laten lijden hield Hij Zijn ogen een tijdje dicht nadat zij gekomen waren. Hoewel ze vaak naar Hem riepen, gaf Hij niet het minste teken dat Hij zich van hen bewust was. Uiteindelijk baden Ze tot Hem met pijn in het hart. Pas toen opende Hij Zijn ogen. Als gevolg van hun gebed konden ze Hem ook in hun hart zien. Die mantra's werden niet geuit om Hem te prijzen of om te krijgen wat zij wilden hebben. Het waren de gebeden die door toegewijden geuit werden toen zij de Heer zagen. Zij baden om een openbaring van de ware aard van het Zelf. En de Heer was blij met het onschuldige hart van Zijn toegewijden. Het is onmogelijk om de Heer blij te maken als het niet uit het hart komt.

Vraag: Hoe ziet een mahatma de wereld?

Amma: Een vrouw die verliefd is gaat naar een toneelstuk waarin haar geliefde meespeelt. Als ze naar het spel kijkt, geniet ze van zijn spel. Ze ziet dat personage door hem. Maar het is altijd haar geliefde die ze ziet achter de rol die gespeeld wordt en daarom houdt ze van het spel. Ze geniet ervan. Op dezelfde manier is alles wat een mahatma in de wereld ziet, eenvoudig een verschillende rol die door God gespeeld wordt. De mahatma's zien God achter de wereld en achter ieder individu.

Vraag: Kunnen we het noodlot door onze eigen inspanning veranderen?

Amma: Als je je handelingen als een offer aan God verricht, kun je het lot transcenderen. Vermijd luiheid tot elke prijs en doe je best, zonder het lot de schuld te geven. Iemand die weigert om zich in het leven in te spannen en dan het noodlot de schuld geeft, is gewoon lui.

Twee vrienden lieten hun horoscoop trekken. Het bleek dat ze allebei voorbestemd waren om door een slangenbeet te sterven. Vanaf die dag was de een overmand door angst. Hij dacht voortdurend aan slangen en doodgaan. Hij werd geestelijk gestoord en daardoor verloor zijn gezin ook zijn innerlijke rust. Maar zijn vriend, die dezelfde voorspelling gekregen had, weigerde om aan negatieve gedachten toe te geven. In plaats daarvan zocht hij naar een oplossing. Hij zocht naar manieren om te vermijden dat hij door een slang gebeten werd. Toen hij begreep dat hij niet veel kon doen, nam hij zijn toevlucht tot God. Maar hij besloot toch om de intelligentie en gezondheid die hij van God gekregen had te gebruiken en hij bleef in zijn kamer en nam alle voorzorgsmaatregelen die nodig waren om zijn lot te voorkomen. Op de dag en op de tijd dat hij voorbestemd was om door een slang gebeten te worden, zat hij te bidden toen plotseling iets hem op deed staan. Toen hij dit deed, stootte zijn voet tegen iets scherps en hij raakte gewond. Er was een beeld van een slang in de kamer. Hij had zijn voet tegen de scherpe metalen tong van de slang gestoten. De verwonding vond precies plaats op de tijd dat de slangenbeet voorspeld was, maar het bleek geen echte slang te zijn en dus was er geen vergif. De moeite die hij gedaan had om met de situatie om te gaan, waarbij hij zich tegelijkertijd aan God overgaf, wierp vruchten af. Het leven van de andere man daarentegen werd door zijn angst kapotgemaakt, voordat er een slangenbeet had plaatsgevonden. Dus we moeten ons inspannen en ons best doen als een offer aan God zonder het lot de schuld te geven. Dan zullen we alle hindernissen kunnen overleven.

Vraag: Had Heer Krishna Duryodhana's geest niet kunnen veranderen en zo de oorlog kunnen voorkomen?

Amma: De Heer toonde Zijn goddelijke vorm zowel aan de Pandava's als de Kaurava's. Arjuna kon Zijn grootheid zien, maar Duryodhana kon dat niet. Hij beging een zonde toen hij het visioen verwierp als Krishna's toverij. Wat een mahatma ook doet, degenen die weigeren zich over te geven, zullen er geen baat bij vinden. Spirituele instructies kunnen alleen gegeven worden in overeenstemming met de capaciteiten en het karakter van de zoeker. Voor Duryodhana was alleen de verwerkelijking van het lichaam (alles wat zijn lichaamsbewustzijn kon geven) belangrijk. Hij was niet bereid om naar spirituele waarheden te luisteren. Hij geloofde niet dat Heer Krishna voor zijn bestwil sprak. Hij dacht dat de Heer altijd de Pandava's bevoorrechtte. Oorlog was de enige manier om het ego van zo'n adharmisch individu als Duryodhana te vernietigen.

Vraag: Is het niet zinloos om te bidden voordat je geest zuiver is geworden?

Amma: Mijn kinderen, je moet niet denken: "Ik heb zoveel fouten in mijn leven gemaakt. Ik kan niet bidden omdat mijn geest niet zuiver genoeg is. Ik zal beginnen te bidden zodra mijn geest zuiver wordt." Als je besluit om pas in zee te gaan zwemmen nadat alle golven tot rust zijn gekomen, zul je nooit kunnen zwemmen. Ook zul je niet leren zwemmen door alleen maar aan de kant te zitten. Je moet het water ingaan.

Stel je voor dat een dokter tegen een patiënt zou zeggen "Je kunt pas naar me toe komen als je ziekte over is!" Wat heb je daar nu aan? We gaan naar een dokter om van de ziekte te genezen!

God zuivert onze geest. Daarom zoeken we onze toevlucht bij Hem. Alleen door God kan de geest zuiver gemaakt worden.

Het is niet nodig om wroeging te voelen over de manier waarop we tot nu toe geleefd hebben. Het verleden is als een ongeldig gemaakte cheque.

Aan een potlood zit gewoonlijk een gum, zodat we snel uit kunnen gummen wat we zojuist geschreven hebben. Maar we kunnen op die plek maar één keer gummen, want als we daar opnieuw schrijven en dan weer uitgummen wat we geschreven hebben, zullen we het papier ten slotte kapot trekken. God vergeeft ons de fouten die we uit onwetendheid maken, maar een fout herhalen nadat we begrepen hebben dat het een fout is, is de grootste fout. We moeten dit vermijden.

Vraag: Men ziet kwaadheid in veel mensen die spirituele oefeningen doen. Hoe kan die verwijderd worden?

Amma: Kwaadheid kan niet getranscendeerd worden alleen door meditatie of het herhalen van een mantra. Zij die al hun tijd in eenzaamheid doorbrengen en alleen maar spirituele oefeningen doen zijn als een boom in de verzengende hitte van een afgelegen woestijn. De wereld heeft niets aan zijn schaduw. Zulke mensen horen eropuit te trekken en, terwijl ze midden in de wereld leven, te proberen de houding te ontwikkelen dat men God in alles en iedereen ziet. Als je stukken steen van verschillende vorm in een vat stopt en ze rond laat draaien, zullen de stenen tegen elkaar wrijven en hun scherpe kanten verliezen. Ze zullen fraai en glad worden. Op dezelfde manier moet een zoeker de wereld ingaan, slag leveren als het ware, en een volwassen geest ontwikkelen. Alleen zij die slagen in een wereld vol verscheidenheid, kunnen beweren dat zij geslaagd zijn.

Moedig zijn degenen die niet boos worden in situaties waar boosheid verwacht zou worden. Wanneer iemand die spirituele oefeningen in eenzaamheid doet zegt: "Ik word niet kwaad," betekent dat niets, noch is het een teken van moed. Je negatieve neigingen sterven niet per se doordat je ergens in je eentje spirituele oefeningen zit te doen. Een bevroren cobra zal zijn schild niet optillen en bijten, maar zodra hij door de zon verwarmd wordt, verandert zijn aard. De jakhals zit in het bos en legt een gelofte af: "Van nu af zal ik niet meer huilen als ik een hond zie!" Maar als hij het bos uitkomt en de eerste glimp van een hondenstaart ziet, gaat zijn gelofte in rook op. We moeten onze mentale beheersing kunnen handhaven zelfs onder de ongunstigste omstandigheden. Hieraan kan het succes van je spirituele oefeningen worden afgemeten. In een bepaald stadium van de spirituele oefeningen van een aspirant is hij als een kind dat in een kamer wordt opgesloten. Dan wordt zijn kwaadheid vaak wat erger. Dit kan verholpen worden door oefeningen in de aanwezigheid van een spirituele meester.

Vraag: Is het waar dat sommige heiligen kwaad werden?

Amma: Hun kwaadheid vernietigde het ego van de mensen. Hun kwaadheid was een uitdrukking van hun compassie. De kwaadheid van een heilige kan niet vergeleken worden met de kwaadheid van een gewoon iemand. Het doel van de kwaadheid van een meester is het verwijderen van de tamas (traagheid) bij de leerling. Als een koe je kostbare planten opvreet en je het dier met een vriendelijk verzoek benadert: "Lieve koe, eet die plant alsjeblieft niet op. Ga alsjeblieft weg," zal de koe zich niet verroeren. Maar als je hard tegen haar schreeuwt, zal ze weggaan. Je strengheid houdt de koe, die geen onderscheid kan maken, af van de fout die ze maakt. Op dezelfde manier is de kwaadheid van een perfecte meester enkel voor de show. Die komt niet van binnen. De kwaadheid van een meester is als zeep die de geest van de leerling schoonmaakt. Het enige doel van de meester is de voortdurende vooruitgang van de leerling. Een verbrand touw of een verbrande citroenschil lijken een vorm te hebben, maar zodra je ze aanraakt, vallen ze uit elkaar. De kwaadheid van een heilige is niet echt. Het is een opzettelijke komedie die bedoeld is om anderen op het juiste pad te brengen.

Gesprekken met Amma

Vraag: Amma, we gaan naar tempels en we komen naar U toe. Is dat genoeg voor onze spirituele vooruitgang of moeten we ook mediteren en een mantra herhalen?

Amma: Mijn kinderen, denk niet dat je innerlijke rust zult krijgen alleen door hier te komen, zelfs als je dat jarenlang doet, of door duizend keer een tempel te bezoeken. Het is zinloos om God de schuld te geven en te klagen dat je veertig jaar lang naar een tempel bent gegaan en geen enkel profijt ervaren hebt. Zolang je hart niet zuiver geworden is, zal er geen profijt zijn. Het is zinloos om de ashram te bezoeken als je gewoon blijft denken aan de dingen die je moet doen wanneer je thuiskomt, en je ongeduldig bent om te vertrekken. Wanneer je een tempel bezoekt of hier komt, herhaal dan je mantra, doe archana (recitatie van de duizend namen), mediteer of zing devotionele liederen. Alleen dan zul je er iets aan hebben. Stem je hart af op Gods wereld. Niemand bereikt bevrijding alleen door naar Benares of Tiruppati[23] te gaan, daar te baden en een ommegang te maken. Als mensen automatisch bevrijding zouden bereiken door naar Tirupati te gaan, dan zou iedereen die daar zaken heeft bevrijd worden, nietwaar? En zou iedere moordenaar en rover die toevallig in Benares woont, ook geen bevrijding krijgen? Ons hart moet gezuiverd worden, alleen dan hebben we er profijt van als we ergens heen gaan. Maar dat gebeurt zelden in deze tijd.

---

[23] Heilige plaatsen in India. Tiruppati is een van de belangrijkste pelgrimsplaatsen in Zuid India waar een beroemde tempel gewijd aan Heer Venkeshvara (Heer Vishnu) is.

Beton zal alleen goed hard worden als het "metaal"[24] dat gebruikt wordt zuiver is. Op dezelfde manier kan God alleen in ons komen wonen, wanneer ons hart zuiver is. Alleen wanneer we de geest op God concentreren, bijvoorbeeld door het herhalen van een mantra, meditatie of gebed, zal de geest gezuiverd worden. Een televisiestation zendt diverse programma's uit, maar we moeten de tv goed afstemmen om die programma's te ontvangen. Waarom zouden we anderen de schuld geven wanneer wij niets kunnen zien, omdat we het juiste kanaal niet kiezen? Gods genade is altijd bij ons, maar om die genade te ontvangen moeten we ons eerst afstemmen op Gods rijk. Als we niet de moeite nemen om dit te doen, heeft het geen zin om God de schuld te geven. Zolang we niet afgestemd zijn op Gods rijk, zullen er alleen maar valse noten van onwetendheid in ons zijn, niet Gods hemelse muziek. God is zeker meedogend. Laten wij proberen ons hart te vormen. Dat is wat noodzakelijk is.

Vraag: Amma, ik heb in dit leven geen rust of geluk gevonden. Er is alleen verdriet. Ik kan niet nalaten me af te vragen waarom ik verder zou leven.

Amma: Dochter, je ego is de oorzaak van je verdriet. God, die de bron van vrede en geluk is, bestaat in ons. We kunnen God alleen leren kennen door spirituele oefeningen te doen en het ego op te geven. Stel dat je klaagt dat je geen stap meer in de zon kunt zetten omdat je te uitgeput bent door de hitte. En toch heb je de hele tijd een parasol onder je arm gedragen! Zo is je situatie nu: als je je parasol maar opengedaan had en hem boven je hoofd gehouden had, zou de zon je niet moe gemaakt hebben. Spirituele kracht en spirituele kwaliteiten bestaan in je, maar omdat je je daar niet van bewust bent, ervaar je verdriet. Je kunt het leven

---

[24] Stukken steen die in beton gebruikt worden voor de aanleg en het onderhoud van wegen.

hiervan niet de schuld geven. Het enige wat je moet doen is van het ego afkomen en in plaats daarvan God een plaats geven. Het is niet nodig om ergens heen te gaan op zoek naar vrede. Waarheid en edele idealen, dat is God. Maar er is geen ruimte voor zulke idealen in een geest met een sterk ikbesef. Het ego moet geëlimineerd worden met behulp van nederigheid. Dan zullen we door de kracht in ons vrede ervaren. Door metaal in het vuur te verhitten kunnen we het iedere vorm geven die we willen. Op dezelfde manier kunnen wij ons tot onze ware aard omvormen door ons ego in het vuur van God te offeren.

Vraag: Amma, kunnen we werkelijk innerlijke rust vinden door spirituele oefening?

Amma: Je zult geen rust vinden door alleen maar spirituele oefeningen te doen. Je moet ook het ego opgeven. Pas dan zul je het profijt van je oefeningen ervaren en innerlijke rust bereiken. Je kunt vragen: "Krijgt iedereen die tot God bidt of devotionele liederen zingt innerlijke rust?"

Alleen als je de spirituele principes begrijpt en dan bidt of zingt, zal je geest sterk worden. Spirituele oefening baat alleen hen die, nadat ze de geschriften bestudeerd hebben of naar spirituele lezingen geluisterd hebben, wat inzicht in de spirituele principes gekregen hebben en volgens dat onderricht leven. Er is een verhaal over een asceet die een vogel in as veranderde omdat die zijn spirituele oefening stoorde. Hij had veel ascese ondergaan, maar het duurde slechts een moment voor zijn woede weer losbarstte. Als je spirituele oefeningen doet zonder enig inzicht in spiritualiteit en zonder het onderricht van mahatma's in je opgenomen te hebben, is het enige wat je ontwikkelt arrogantie en kwaadheid.

Vraag: Ik heb gebeden tot de meeste godheden die ik ken. Ik heb achtereenvolgens Shiva, Devi en anderen aanbeden en veel verschillende mantra's gezongen. Toch heb ik niet het gevoel dat ik er iets aan gehad heb.

Amma: Iemand had veel dorst, maar er was geen water. Iemand zei tegen haar: "Graaf hier, dan zul je spoedig water vinden." Dus groef ze een tijdje op die plaats, maar ze vond geen water. Ze begon op een andere plaats te graven, maar vond ook daar geen water. Ze ging weer naar een andere plaats en groef opnieuw, maar er was geen water. Zo bleef ze op veel verschillende plaatsen graven, maar zonder resultaat. Uiteindelijk stortte ze van uitputting in. Een voorbijganger zag haar daar liggen en vroeg wat er gebeurd was. Ze antwoordde: "Ik ben uitgeput omdat ik overal naar water gegraven heb. Nu lijd ik meer dan eerst, omdat ik eerst alleen maar dorst had, maar nu heb ik al mijn kracht aan het graven verspild en ben ik ook uitgeput." De voorbijganger zei: "Als je slechts een beetje geduld gehad had en doorgegaan was met dieper graven op één plaats, had je vanaf het begin meer dan genoeg water gevonden. In plaats daarvan heb je op veel verschillende plaatsen een beetje gegraven en het enige wat je daarmee bereikte was teleurstelling." Dit is het resultaat van het bidden tot verschillende goden. Je hebt er niets aan. Alleen als je alle goden als één en dezelfde God ziet wanneer je tot hen bidt, dan is er geen probleem. Het probleem ligt in het voortdurend verplaatsen van je aandacht van de ene vorm naar de andere.

Een man kocht een zaailing van een bepaald soort mangoboom, die in drie jaar vrucht hoorde te dragen. Hij plantte hem en kweekte hem op zoals nodig was. Maar net toen de boom op het punt stond te gaan bloeien, trok hij hem uit en plaatste daarvoor in de plaats een ander jong boompje. Er waren slechts twee dagen nodig om de drie jaar vol te maken! Hij had het geduld niet om te wachten, dus hoe kon hij vruchten krijgen? Op dezelfde manier had jij niet het geduld om zolang te wachten als nodig is, dochter. Je bent naar veel verschillende plaatsen gegaan, hebt verschillende mantra's herhaald en hebt op allerlei godheden gemediteerd. En dus heb je geen resultaten geoogst. Ook heb je tot God gebeden om materiële welvaart en niet uit echt verlangen naar God. Devotie die gericht is op het behalen van materieel succes is geen echte devotie. Dochter, je hebt op de objecten waar je naar verlangde gemediteerd, niet op God. Daarom bleef je naar zoveel plaatsen rondrennen. Je herhaalde de ene mantra, maar toen dat geen resultaat gaf, begon je met een andere mantra. Toen ook dat mislukte, nam je weer een andere. Wat is hier allemaal uit voortgekomen? Alleen verspilling van tijd!

Dochter, je wilde alleen het goud in het paleis van de koning. Je hield niet van de koning. Als je van de koning gehouden had, had je zowel het goud als de koning zelf gekregen. Als je alleen van God gehouden had, had je alles gekregen.

Maar je hield niet van God. Je verlangde alleen naar het goud. Als je spirituele oefeningen gedaan had zonder aan iets gehecht te zijn, als je alle verlangens opgegeven had, alles aan God overgegeven had en de houding gehad had dat alles Gods wil is, was je nu de koningin van alle drie de werelden geweest. Maar je wilde alleen materiële rijkdom. Je werd dus als Duryodhana. Hij wilde alleen het koninkrijk en de macht over zijn onderdanen. En wat kreeg hij? Hij en zijn aanhangers verloren alles. En de Pandava's? Zij zagen de Heer als hun enige toevlucht. Dankzij deze houding kregen zij zowel de Heer als het koninkrijk. Geef dus het verlangen naar uiterlijk geluk op! Wanneer je God hebt, zal alles naar je toe komen. Geef alles echt over. Doe je spirituele oefeningen met geduld. Dan zul je zeker niet alleen het resultaat krijgen, maar ook wereldse rijkdom. Het is zinloos om onmiddellijk resultaten te verwachten nadat je je mantra slechts een korte tijd herhaald hebt. Je moet geduld en een houding van overgave hebben.

Vraag: Amma, sommige mensen zeggen dat huilen om God onder het bidden en zingen van devotionele liederen een zwakte is. Ze vragen: "Verspillen we onze energie niet, zoals we dat doen wanneer we praten?"

Amma: Een ei wordt vernield door de warmte van het vuur, maar wordt uitgebroed door de warmte van de moederhen. Hoewel we het in beide gevallen over warmte hebben, zijn de resultaten heel verschillend, nietwaar? Doelloos praten ontneemt ons onze kracht, terwijl bidden en het zingen van devotionele liederen onze geest doelgericht maakt en wij zo aan kracht winnen. Hoe kan dat een teken van zwakte zijn? Wanneer een kaars smelt, wordt zijn vlam helderder. Zo ook brengt bidden en zingen met een smeltend hart ons naar de staat van de Hoogste Waarheid. Huilen om God is geen zwakte.

Vraag: Amma, verliezen we kracht door onze gedachten?

Amma: Door spirituele gedachten krijgen we kracht en cultiveren we een sterke geest. God vertegenwoordigt alle goede eigenschappen zoals zelfopoffering, liefde en mededogen. Wanneer we aan God denken, zullen die deugden in ons wakker worden en onze geest zal zich verruimen. Maar als we aan materiële dingen denken, raakt onze geest verdiept in wereldse zaken en zwerft tussen allerlei objecten rond, van het ene naar het andere. Onze zintuigen reageren op de zwervende geest. Er ontwikkelen zich slechte eigenschappen in ons en onze geest vernauwt zich. En wanneer we niet krijgen wat we wensen, verzwakken we nog verder en worden kwaad. We verliezen onze kracht.

Iedere keer dat we een aansteker gebruiken, verliest hij iets van zijn energie. Op dezelfde manier wordt onze geest zwakker en vervliegt onze energie, telkens wanneer we over iets praten dat onze wereldse verlangens versterkt. Aan de andere kant is het denken en praten over spirituele zaken als het opladen van een batterij. Dus in het ene geval verliezen we energie, terwijl we in het andere geval energie krijgen.

Vraag: Er wordt gezegd dat een vrouw niet naar een tempel moet gaan of puja moet doen wanneer ze ongesteld is. Is dat waar? Is God niet overal? God is toch zeker niet beperkt tot een bepaalde plaats.

Amma: God is alomtegenwoordig. God is overal, altijd. Maar we moeten wel met bepaalde punten zoals zuiverheid en onzuiverheid rekening houden. Uiterlijke zuiverheid leidt tot innerlijke zuiverheid. Tijdens de menstruatieperiode is de geest van een vrouw niet kalm. Haar lichaam is ook moe, zoals tijdens de zwangerschap. Dus moet ze dan rusten. Tijdens haar ongesteldheid kan een vrouw gewoonlijk niet bidden of puja doen met de gepaste concentratie. Maar als ze de kracht en concentratie heeft, dan is het prima als ze puja doet.

Er vinden tijdens de menstruatie veel veranderingen plaats in het lichaam van een vrouw. Er zijn dan bepaalde kwaadaardige ziektekiemen in het lichaam. Een van Amma's Amerikaanse zonen weigerde dit aanvankelijk te geloven toen Amma het zei. Maar toen hij naar Amerika terugkeerde, stootte hij op een wetenschappelijk experiment. Men vroeg verscheidene vrouwen om bloemen van dezelfde plant te plukken. Sommige vrouwen waren toen ongesteld, anderen niet. De bloemen die geplukt waren door vrouwen die ongesteld waren, verwelkten sneller dan de bloemen die door anderen geplukt waren. Pas toen hij van dit experiment gehoord had, geloofde die zoon wat Amma gezegd had.

Amma heeft veel mensen ontmoet. Ze spreekt ook op grond van hun ervaringen. In deze tijd geloven mensen alleen iets wanneer het in de krant staat. Zelfs als iemand hun komt vertellen dat ze een baby in het water zagen vallen, geloven ze het niet. Ze zullen zeggen: "Laten we in de krant kijken, dan zullen we het geloven."

Het is goed als een vrouw doorgaat met het herhalen van haar mantra tijdens haar maandelijkse periode, maar het is beter om niet naar tempels te gaan. Amma zegt dit met het oog op de zuiverheid van de tempelatmosfeer. Wanneer je een tempel bezoekt, heb je niet dezelfde houding als in een kantoor of in een restaurant. Het hele idee achter een tempel is anders en die heiligheid moet bewaard blijven.

God is als de wind. De wind waait even goed over bloemen als over uitwerpselen. Voor God zijn er geen verschillen zoals zuiverheid en onzuiverheid, maar wij moeten ons nog bewust zijn van die verschillen, want alleen dan kunnen we vooruitgaan.

Vraag: Amma, waarom blijven mensen lijden nadat ze hun toevlucht tot God genomen hebben? Waarom kan God de verlangens van iedereen niet vervullen?

Amma: Tegenwoordig nemen de meeste mensen alleen voor de vervulling van hun wensen hun toevlucht tot God. Dat is geen liefde voor God. Het is gewoon liefde voor wereldse objecten. Vanwege hun verlangens, die uit egoïsme voortkomen, hebben zij weinig compassie voor anderen. Hoe kan Gods genade het hart vullen van iemand die geen compassie voor anderen voelt? Hoe kan zo iemand dan van zijn lijden afkomen? Als je alleen tot God bidt voor de vervulling van je wensen, zul je geen vrijheid van lijden krijgen. Als je wilt dat je lijden ophoudt, moet je bidden dat je verlangens ophouden en dat je liefde voor en vertrouwen in God groeit. Dan zal God al je behoeften vervullen. Onze liefde moet niet uitgaan naar de onbelangrijke dingen in het paleis van de koning. We moeten van de koning zelf houden. Als we de koning te pakken hebben, zullen alle schatten in het paleis van ons zijn. Wanneer we tot God bidden, moet het niet zijn voor een baan of een huis of een kind. We moeten bidden: "God ik wil dat U helemaal van mij bent." Als we God hebben, als we Gods genade kunnen verdienen, dan zullen alle drie de werelden aan onze voeten liggen. We zullen de macht krijgen om over die werelden te regeren. Maar om dit te bereiken, moeten onze gedachten, woorden en daden goed zijn.

Mijn kinderen, jullie moeten alleen om God bidden. Alleen dan zullen jullie ooit helemaal vervuld zijn. Alles wat in suiker valt wordt zoet. Zo ook maakt onze nabijheid tot God ons gelukzalig, omdat God gelukzaligheid is. Als je de bijenkoningin vangt, zullen alle andere bijen haar volgen. Neem je toevlucht tot God en alle spirituele en materiële baten zullen van jou zijn.

Het vertrouwen en de devotie van degenen die zich tot God wenden voor de vervulling van hun wensen, zullen alleen toenemen zolang hun wensen ingewilligd worden. Wanneer hun wensen niet vervuld worden verliezen zij alle vertrouwen dat zij hadden.

Hoe kunnen de wensen van iedereen vervuld worden? Een dokter wil veel patiënten. Hierom bidt hij dus iedere dag. Zou hij zijn vertrouwen niet verliezen als hij geen patiënten had? Ondertussen bidden de patiënten om gezondheid. Het gebed van de begrafenisondernemer is dat er iedere dag zonder onderbreking lijken zijn om te transporteren en het gebed van de doodskistenverkoper is hetzelfde. En anderen? Zij bidden dat ze nooit zullen sterven! Hoe kunnen de gebeden van beide partijen verhoord worden? Een advocaat bidt om rechtszaken, terwijl alle anderen bidden dat zij niet betrokken raken in een rechtsgeding. Deze wereld bevat talloze van zulke tegenstrijdigheden. Het zou moeilijk zijn om de wensen van iedereen tegelijk te vervullen. En toch is het niet zo moeilijk om in vrede en tevredenheid te leven in deze wereld van tegenstrijdigheden. We moeten de spirituele principes begrijpen en in overeenstemming daarmee leven. Dat is alles.

Kokospalmen kweken is niet moeilijk voor iemand die landbouwkunde gestudeerd heeft. Als de bomen door een ziekte aangetast worden, zal hij dat snel kunnen herkennen en de bomen genezen. Op dezelfde manier zul je, wanneer je met problemen geconfronteerd wordt, weten hoe je in het leven zonder te wankelen vooruit moet gaan indien je vertrouwd bent met de spirituele principes en volgens die principes leeft.

Wanneer je een machine koopt, krijg je een gebruiksaanwijzing. Als je niet vertrouwd bent met de machine en hem begint te gebruiken zonder de instructies te lezen, kan hij kapotgaan. De mahatma's en de spirituele teksten leren ons hoe we in deze wereld juist moeten leven. Als we hun onderricht volgen, zal ons leven vervuld zijn. Als we dat niet doen, zal ons leven verspild worden.

Vraag: Amma, we zeggen dat God de Bron van alle compassie is. Waarom geeft God de mensen dan verschrikkelijke ziekten en laat hij hen lijden?

Amma: God is niet de oorzaak van ziekten, noch straft God iemand. Het egoïsme van de mensen veroorzaakt ziekten. Denk eens aan de talloze verkeerde dingen de die mensen uit egoïsme doen. Het zijn de gevolgen hiervan waardoor zij lijden.

Mensen scheppen een kunstmatige omgeving om hun comfort te vergroten. Kunstmest wordt gebruikt om de oogst te vergroten en er worden chemicaliën toegevoegd om een grotere en sneller groeiende opbrengst te krijgen. Fruit kan ons niet zijn natuurlijke kwaliteit geven wanneer we het met zulke kunstmatige middelen kweken. We hebben dieren ook niet van zo'n behandeling uitgesloten. Planten en dieren die met chemicaliën behandeld worden, zijn niet de enige die onder de slechte effecten lijden. Mensen die het verontreinigde voedsel eten lijden ook.

Bedwelmende middelen veroorzaken ook ziekten. Middelen als alcohol en cannabis vernietigen bepaalde elementen in het zaad van een man en verzwakken het. Veel kinderen die uit zulk zaad geboren worden, lijden aan een slechte gezondheid en misvormingen. De huidige verontreinigde atmosfeer is nog een andere oorzaak van slechte gezondheid. Lucht en water zijn verontreinigd door vergiftige dampen en afvalmateriaal. We ademen de verontreinigde lucht in en drinken het vervuilde water. Er is niets zuiver vandaag de dag. En dit is allemaal veroorzaakt door het egoïsme van de mensen. Het is niet God, maar het zijn de verkeerde handelingen van de mensen die uit hun egoïsme en onnatuurlijk gedrag voortkomen, die zoveel ziekten veroorzaken. Het is zinloos om God dit te verwijten.

Door het toenemende egoïsme graaft de mensheid zijn eigen graf. De mensen graven waar zij staan en zullen in dat gat vallen, maar zij realiseren zich dit niet. Zij die van alles twee keer zoveel willen, of het nu voedsel of rijkdom betreft, stelen in feite wat anderen toebehoort. Door hun hebzucht hebben anderen niet voldoende om in hun behoeften te voorzien. Egoïstische mensen ervaren helemaal geen rust tijdens hun leven of nadat ze gestorven zijn. Ze leven in een hel tijdens dit leven en zullen in een grotere hel leven na hun dood.[25]

De natuur heeft haar ritme en harmonie verloren, omdat zij gevuld is met de adem van egoïstische mensen die hun waarheidsgetrouwheid en liefdevolle vriendelijkheid verloren hebben. Wanneer het nu regent, is er alleen maar regen en wanneer de zon schijnt, is er alleen maar zon. Het gaat met de landbouw niet zoals het zou moeten gaan.

Het is de plicht van de mensheid om de natuur te beschermen. Maar wie bekommert zich daar vandaag de dag om? Ons huidige geluk is als het in de lucht omhoog spugen terwijl we

---

[25] Amma verwijst niet naar de hel als een eeuwige toestand. Het is een tijdelijke toestand waarin men de vruchten van zijn negatieve handelingen moet ondergaan en uitputten.

op onze rug liggen. Als we doorgaan ons dharma te verzaken en Moeder Natuur te schaden, zullen de gevolgen tien keer zo erg zijn als thans. Zelfs dan zullen de mensen God de schuld geven in plaats van zichzelf te verbeteren! Mijn kinderen, echte kennis is de geest kennen, het Zelf kennen. Die kennis leert ons hoe we de goddelijke principes op ons leven moeten toepassen. Tegenwoordig probeert bijna niemand om die kennis te verwerven. Toch is dit wat we boven alles moeten leren. Leer hoe je moet jagen voordat je op jacht gaat en je zult je pijlen niet verspillen, noch zul je het gevaar lopen dat je een prooi voor de wilde dieren wordt. Als je begrijpt hoe wij horen te leven, kan je leven werkelijk zinvol zijn.

Als je de weg kent voordat je aan een reis begint, zul je niet verdwalen en gedwongen worden rond te zwerven. Als je een bouwtekening maakt voordat je een huis begint te bouwen, zal het huis juist gebouwd worden. Op dezelfde manier vult vrede het leven van degenen die een echt inzicht in de geest verworven hebben. Maar egoïstische mensen hebben hier geen belangstelling voor. Zij geven niet om het welzijn van de wereld. Alles wat voor hen van belang is, is hun eigen geluk, maar zij zullen dat geluk niet eens ervaren.

Mijn kinderen, echt van God houden is meedogend tegenover de armen zijn en hen dienen. De hele wereld zal knielen voor hen die onbaatzuchtig leven, die hun egoïsme aan God overgeven. Wanneer we bidden, moet alleen God in ons hart aanwezig zijn. We moeten geen ruimte voor iets anders in ons hart overlaten. Amma heeft mensen gezien die in de tempel bidden en dan meteen naar de dichtstbijzijnde drankwinkel rennen voor een borrel. Ze heeft ook mensen gezien die om de paar minuten weggaan om te roken wanneer ze Haar komen opzoeken. Ze kunnen zelfs zulke kleine, onbelangrijke dingen niet opgeven. Hoe kunnen zij dan verwachten God te bereiken?

Vraag: Verschillende mensen hebben verschillende opvattingen over God. Wat is God werkelijk?

Amma: Het is niet mogelijk om de aard van God of Zijn eigenschappen te beschrijven. God moet *ervaren* worden. Kunnen we met woorden de smaak van honing of de schoonheid van de natuur overbrengen? Alleen door te proeven en te zien kunnen we de eigenschappen van zulke dingen kennen. God is voorbij woorden, voorbij alle beperkingen. God is overal en in iedereen. God is aanwezig in alles wat levend en levenloos is. We kunnen niet zeggen dat God een bepaalde vorm heeft. Noch kunnen we zeggen dat God precies dit of dat is. Wat we Brahman noemen is hetzelfde als God. Brahman doordringt iedere ruimte die we ons voor kunnen stellen, en daar voorbij.

Vraag: Moeten we geen concept hebben om over God te denken?

Amma: God is voorbij alle attributen. Men kan God niet beschrijven. Maar om onze geest te helpen God te begrijpen, zeggen we dat God bepaalde eigenschappen heeft. Zulke eigenschappen worden weerspiegeld in onbaatzuchtige mahatma's als Sri Rama en Sri Krishna. Gods eigenschappen zijn onder meer waarheidsgetrouwheid, dharma, zelfopoffering, liefde en compassie. Die eigenschappen *zijn* God. Wanneer die eigenschappen zich in ons ontwikkelen, beginnen wij de aard van God te kennen. Maar alleen als we ons ego loslaten, zullen die eigenschappen in ons weerspiegeld worden. Hoewel het zaad de vruchten en de bloemen in zich heeft, moet het zaad onder de grond gaan en moet zijn omhulsel (het ego) breken voordat de vruchten en de bloemen te voorschijn kunnen komen. Wanneer het omhulsel breekt en de zaailing tot boom uitgroeit, zal iedereen daar voordeel bij hebben. Een boom blijft ons schaduw geven, zelfs terwijl we hem omhakken.

Wanneer je verzaking zodanig is dat je hart als een spiegel wordt, zul je Gods vorm kennen en Zijn schoonheid ervaren. Gods eigenschappen zullen dan in jou weerspiegeld worden.

Vraag: Wat vindt U van de uitspraak dat God zonder eigenschappen is?

Amma: God is zonder eigenschappen, maar gewone mensen hebben een upadhi (een middel, instrument of symbool) nodig om God te begrijpen. Stel dat je dorst hebt en water nodig hebt. Dan heb je een kan nodig om het water in te doen. Wanneer je het water gedronken hebt, kun je de kan wegdoen. Het is heel moeilijk om God als nirguna (zonder kenmerken) te begrijpen. God neemt daarom de vorm aan waarin de toegewijde hem gevisualiseerd heeft. Dit aspect van God met kenmerken is voor ons makkelijker te bevatten. Net zoals een ladder je helpt om in een boom te klimmen, helpt de upadhi je om het doel te bereiken.

Ook kan iemand die niet in een boom kan klimmen, toch mango's plukken als hij een lange paal heeft met een haak eraan. Op dezelfde manier hebben wij een instrument nodig om de goede eigenschappen in ons naar buiten te brengen. Door zulke instrumenten of symbolen manifesteert zich de kracht van God. In werkelijkheid is God zonder attributen. Stel dat je een stuk chocolade een bepaalde vorm geeft. Er is nu een vorm zichtbaar. Maar stel die aan de hitte bloot en hij zal smelten. De chocolade heeft nu niet langer die vorm.

Vraag: Er wordt gezegd dat God in ons hart verblijft. Is dat waar?

Amma: Hoe kunnen we zeggen dat God, die almachtig en alomtegenwoordig is, vooral in één bepaald ding verblijft? Stel je voor dat je zou proberen om een grote zak in een klein glaasje te persen. De zak zou voor het grootste deel buiten het glas blijven en het glas aan het gezicht ontrekken. Als je een kan in een rivier onderdompelt, is er water zowel binnen als buiten de kan. Op dezelfde manier kan God niet binnen een bepaalde vorm beperkt worden. God is voorbij alle vormen. Dus hoe is het mogelijk om een echt begrip van God te hebben, die voorbij alle symbolen, voorbij alle beperkingen is? Voor ons eigen gemak, om ons te helpen God te visualiseren, verwijzen we naar iets als Gods verblijf. Er zijn mensen die geloven dat God in het hart verblijft. Voor hen is God in het hart. Voor iemand anders die gelooft dat God in een bepaald gebouw verblijft, is God in dat gebouw. Het hangt van ieders voorstelling af. Toen men Mira vergif gaf en zij het als Gods prasad (gift) beschouwde, was het niet langer vergif. Prahlada zag God overal, zelfs in een pilaar en een stukje stro. Zij die volledig begrijpen dat God alomtegenwoordig is, zullen God echt ervaren. Zij die dat vertrouwen niet hebben, kunnen God nooit realiseren.

Vraag: Waarom zegt men dat God onder de levende wezens het duidelijkst in mensen weerspiegeld wordt?

Amma: Alleen mensen hebben onderscheidingsvermogen. Wanneer een mot vuur ziet, denkt hij dat het eten is. Hij vliegt in het vuur en komt om. Maar een mens gebruikt zijn onderscheidingsvermogen. Mensen waren zich bewust van het nut van vuur en leerden om er eten op te koken. Ze gebruikten het om licht in het duister te scheppen. Voor degenen die onderscheidingsvermogen hebben is vuur nuttig. Voor anderen is het gevaarlijk. Vuur is nuttig voor een mens, maar dodelijk voor een mot. Zo is er een goede en een slechte kant aan alles in het universum. Zij die de goede kant in alles herkennen, begrijpen werkelijk het principe van God. Zulke wezens kunnen de wereld alleen maar goed doen.

Vraag: Amma, wat wordt er bedoeld met moksha (bevrijding)?

Amma: Eeuwige gelukzaligheid staat bekend als moksha. Dit kan hier op aarde ervaren worden. Hemel en hel bestaan hier op aarde. Als we alleen goede dingen doen, zullen we ook na de dood gelukkig zijn.

Zij die zich van het Zelf bewust zijn, genieten ieder moment van de toestand van gelukzaligheid. Zij vinden die gelukzaligheid in zichzelf. Ze ervaren het in iedere handeling. Zij zijn de dapperen. Zij doen alleen maar goed en zijn niet ongerust over leven of dood. Zij zijn niet bezorgd over lijden dat hen kan overkomen of over kwaad dat iemand hen kan doen. Waar zij ook zijn, zij leven in overeenstemming met de waarheid.

Als je iemand die afstand van de wereld gedaan heeft in de gevangenis zet, zal hij zelfs daar vreugde ervaren. Zulke mensen zien God in de handelingen van iedereen. Een gevangenis kan hen niet binden. Ze klagen nooit over iemand. Ieder moment leven zij in het bewustzijn van het Zelf.

Zolang een kikker nog een dikkopje met een staart is, kan hij alleen in het water leven. Wanneer de staart verdwenen is kan de kikker zowel in het water als op het land leven. Je kunt niet vrij van samsara (de cyclus van geboorte, dood en wedergeboorte) zijn totdat je je staart, d.w.z. je ego, verloren hebt. Wanneer je die staart verliest zul je gelukzaligheid ervaren, of je nu in het lichaam blijft of het verlaat.

Een rubber bal blijft drijven als hij in het water valt. Op het land heeft hij ook geen problemen. Hij is door niets gebonden. Op dezelfde manier is de aard van degenen die in een toestand van Zelfbewustzijn leven, bijzonder. Dag en nacht zijn voor hen hetzelfde. Hun gelukzaligheid zit in henzelf, niet in uiterlijke objecten. Bevrijding bestaat uit deze mentale houding.

Als je in een lichaam geboren wordt, ervaar je beslist zowel geluk als verdriet, want dat is de aard van het leven. Geluk en verdriet wisselen elkaar af overeenkomstig je handelingen. Koelte is de aard van water en hitte de aard van vuur. Het is de aard van een rivier om te stromen. De rivier blijft maar stromen. Hij stopt nergens blijvend. Op dezelfde manier zijn geluk en verdriet de aard van het leven. Als je dit begrijpt kun je zowel genot als lijden vrolijk accepteren wanneer ze op je weg komen. Zij die dat doen worden niet beïnvloed door de hindernissen die uit deze wereld voortkomen. Ze zijn altijd gelukkig. Dat is bevrijding.

Twee reizigers brachten de nacht in een herberg naast een vijver door. Voor een van hen was het verblijf daar ondraaglijk door het geluid van kikkers en krekels. Toen zijn reisgenoot zijn ongemak zag, zei hij: "Kikkers en krekels maken 's nachts lawaai. Dat is hun aard. We kunnen hun aangeboren neigingen niet veranderen. Dus waarom zou het je storen? Laten we naar bed gaan." En toen hij dat gezegd had, ging hij slapen. Maar de andere man kon niet slapen. Hij verliet de herberg en ging op zoek naar een rustiger plaats om te verblijven. Maar hij kon nergens slapen, omdat overal waar hij heen ging, altijd een of ander geluid was dat hem stoorde. Zijn vriend die het lawaai negeerde, omdat hij wist dat het de aard van kikkers en krekels is om te kwaken en te tjirpen, had geen problemen met slapen. Op dezelfde manier is het niet nodig dat wij ons ongelukkig voelen, wanneer we begrijpen dat alles wat anderen zeggen toe te schrijven is aan hun aard. Als we deze houding kunnen ontwikkelen, kunnen we blij alle hindernissen overwinnen.

Vandaag de dag ervaren de mensen geen rust in zich door de conflicten in hun geest. Om zulke conflicten te vermijden moet je kennis van de geest verkrijgen, wat spirituele kennis is. Het is niet moeilijk voor iemand die landbouwkunde gestudeerd heeft om bomen te planten en te kweken of om een zieke boom te behandelen. Maar als je bomen probeert te planten zonder dat je iets van het onderwerp afweet, zullen negen van de tien bomen die je plant waarschijnlijk sterven. Zo ook zal je leven niet verspild worden als je begrijpt waar het in het leven werkelijk om gaat. Verwerf dus spirituele kennis, dan zul je bevrijding ervaren, zowel hier op aarde als na de dood.

Als je de weg weet wanneer je reist, zul je geen tijd verspillen. Anders kost het je veel meer tijd om er te komen. Als je de weg kwijt bent en ronddwaalt, ervaar je geen innerlijke rust. Je piekert de hele tijd of je wel of niet je bestemming zult bereiken. Het is het beste om met volledige kennis van de route te reizen, want dan zal je reis rustig en plezierig zijn.

Lang geleden werd spirituele wijsheid in de gurukula's onderwezen samen met wereldse kennis. Zij die een spirituele opleiding ontvingen, hadden geen innerlijke conflicten of gebrek aan innerlijke rust. Zelfs degenen die met hen omgingen ervoeren rust. Deze mensen kenden geen hebzucht. Zij waren vrij van illusies. Maar nu is de situatie heel anders. De mensen hebben geleerd om airconditioning in de omgeving aan te brengen, maar zij weten niet hoe ze hun geest moeten "airconditionen." Ze kunnen zelfs in hun kamer met airconditioning niet slapen. Ze hebben pillen, alcohol of drugs nodig om hun zorgen te vergeten. Wanneer je spirituele kennis en wijsheid bezit, is dat alles niet nodig. Je geest zal altijd rustig zijn, of je nu in een hut of in een paleis bent, omdat die wijsheid het inzicht in de geest is.

Als je eindeloze rust wil ervaren, moet je inzicht hebben in wat eeuwig is en wat vergankelijk is. We geven melk aan een slang als huisdier, hoewel hij kan bijten. We moeten niet vergeten dat het een slang is die we te eten geven omdat hij zijn ware aard op een bepaald moment beslist zal tonen. Als we de ware aard van mensen begrijpen wanneer we met hen omgaan, zullen we niet uiteindelijk teleurgesteld worden. Wanneer we met de wereld omgaan, moeten we ons bewust zijn van de ware aard ervan.

Een bankdirecteur weet dat het geld waarvoor hij verantwoordelijk is, niet van hem is. Het is daarom geen probleem voor hem als hij honderdduizenden roepies aan anderen moet geven. Hij weet dat het zijn plicht is om voor het geld te zorgen. Veel mensen benaderen hem voor leningen. Ze bieden hem allerlei dingen aan en gedragen zich heel vriendelijk en beleefd. Maar dat is geen echte liefde. Die mensen zijn niet werkelijk zijn vrienden. Hij weet dat ze niet zouden aarzelen om hem vals te beschuldigen en hem in de gevangenis te laten zetten als zij daar profijt van zouden hebben. Dit is de aard van de liefde van de mensen. Als ze liefde tonen, is het alleen voor hun eigen geluk. Ze zouden ons leven zelfs vernietigen als het in hun voordeel was. God is de enige echte familie die we hebben. Het Zelf is onze enige vriend. Als we deze waarheid in het leven begrijpen, zullen we geen problemen hebben. We zullen de weg naar bevrijding kunnen afleggen. Vrijheid van alle gehechtheden, dat is bevrijding. Doe dus al je werk als je plicht zonder enige verwachtingen over bevrijding te hebben. Houd je geest gewoon op God gericht.

Vraag: Amma, wat is maya?

Amma: Alles wat je geen blijvende rust geeft, dat is maya (illusie). Niets van wat we met onze zintuigen waarnemen, kan ons rust geven. Het kan ons alleen laten lijden. In werkelijkheid is het niet bestaand, net als een droom.

Een arme man won een fortuin in een loterij. Met behulp van zijn nieuwe rijkdom trouwde hij de schone prinses van het land en kreeg ook het halve koninkrijk. Op een dag gingen hij en de prinses samen paardrijden op een berg. Plotseling was er een extreem sterke windvlaag en de paarden en hun berijders vielen van de berg. De prinses en de paarden kwamen om het leven, maar de man wist zich aan een boomtak vast te houden en te overleven. Veilige grond lag onder hem. Hij sloot zijn ogen en sprong, maar toen hij zijn ogen opende, waren er geen berg, geen prinses, geen paarden en geen paleis! Er waren alleen de muren en de aarden vloer van zijn hut. Hij had twee dagen honger geleden, was door honger en uitputting ingestort en was in slaap gevallen. En nu hij wakker werd, realiseerde hij zich dat alles wat hij gezien had slechts een droom was. Hij was niet verdrietig om het verlies van de prinses of het koninkrijk, omdat hij wist dat het allemaal een droom geweest was.

Tijdens de droom leek alles echt. Maar pas als je van de droom waarin je nu bent, wakker wordt, zul je de Werkelijkheid kennen. Mensen die dicht bij een crematieterrein wonen zijn niet bang om daar te wonen of om door dat gebied te lopen. Voor hen is het alleen een plaats waar lijken verbrand worden. Maar anderen die daar niet wonen kunnen bang zijn om door dat gebied te lopen omdat het voor hen een spookplaats is. Als ze daar 's nachts zouden moeten lopen en toevallig over een steen zouden struikelen of een blad in de wind zouden zien bewegen, zouden ze bibberen van angst. Alles waarnaar ze zouden kijken zou in een spook veranderen. Als ze een pilaar zouden zien, zouden ze die aanzien voor een spook en zouden flauwvallen. Op dezelfde manier maken mensen zichzelf kapot door hun foutieve projecties op ieder voorwerp.

Iemand die door een bos waar slangen voorkomen loopt, zal van angst schreeuwen als hij toevallig door een doorn geprikt wordt. Hij zal aannemen dat hij door een slang gebeten is. Hij zal zelfs alle symptomen van een slangenbeet vertonen totdat er een dokter komt die hem uitlegt dat hij helemaal niet gebeten is. Veel mensen hebben dit soort ervaringen. Zij verliezen hun kracht doordat ze zich concentreren op dat wat niet bestaat. Zo leven de mensen vandaag de dag omdat ze de waarheid niet kunnen zien.

Daarom moeten we niet aan materiële dingen gehecht zijn. Zij die aan zulke dingen gehecht zijn, zullen alleen lijden ondergaan. Daarom staat het allemaal als maya bekend. Als we alles als de essentie van God zien, zullen we geen lijden hoeven ondergaan, er zal alleen maar geluk zijn.

Vraag: Is dit universum maya?

Amma: Ja, dit universum is inderdaad een illusie. Zij die in de illusie verstrikt raken, ervaren alleen obstakels en lijden. Wanneer je onderscheid kunt maken tussen het eeuwige en het voorbijgaande, zul je duidelijk zien dat het een illusie is. We zeggen dat het universum maya is. Maar als we alleen het positieve in ons leven kiezen, zullen we niet door de illusie gebonden worden. Dit zal ons helpen om op de juiste weg vooruit te gaan.

Laten we zeggen dat je op een modderige rand tussen twee rijstvelden loopt. Je glijdt uit en valt in de modder. Je zit onder de modder. Voor jou is de modder vuil dat je eraf wilt wassen. Maar een pottenbakker die op dezelfde weg loopt, ziet de modder als iets nuttigs. Voor hem is de modder een uitstekende soort klei en hij begint hem voor zijn werk te gebruiken. Voor de pottenbakker is de modder helemaal geen vuil.

Een vrouw die brandhout in een bos verzamelt, vindt een steen. Ze denkt dat hij precies de goede vorm heeft en gebruikt hem als maalsteen. Iemand anders die een expert op het gebied van stenen is, ziet diezelfde steen en herkent hem als een steen van een speciale kwaliteit. Hij installeert de steen in een tempel als een goddelijke beeld. Hij biedt vruchten en edelstenen aan de godheid aan en aanbidt de steen. Maar voor hen die het buitengewone ervan niet begrijpen, is het gewoon een steen.

Je kunt je eten op vuur koken, je kunt ook je huis met datzelfde vuur platbranden. Je kunt met een naald naaien, je kunt je oog er ook mee verwonden. Voor een dokter is een ontleedmes een instrument dat voor operaties gebruikt wordt om het leven van een patiënt te redden. Voor een moordenaar is het een dodelijk wapen. Dus in plaats van alles als maya af te doen moeten we liever naar de echte functie van ieder voorwerp kijken en het in overeenstemming daarmee gebruiken. De negatieve kant van dingen moeten we van ons afzetten. De grote heiligen zagen alleen het goede in alles in het universum.

Zij die zich volledig van maya bewust zijn, bezwijken er niet voor. Zij beschermen de wereld. Aan de andere kant vernietigen zij die maya niet begrijpen niet alleen zichzelf, maar zij worden ook een last voor anderen. Zij begaan een vorm van zelfmoord. Als je door het leven gaat en alleen de goede kant van alles accepteert, zul je niets als een illusie zien. Alles heeft het vermogen om ons naar het goede te leiden.

Een hond ziet de maan weerspiegeld in een plas water en springt blaffend in het water. De hond kijkt niet omhoog naar de echte maan. Een kind springt in een put om de maan te vangen en verdrinkt. De hond en het kind zijn zich niet bewust van de realiteit. Zowel het eeuwige als het vergankelijke bestaan, maar we moeten daar onderscheid tussen maken. Wat heeft het voor zin om te proberen de schaduw te vangen, terwijl je het echte negeert? De schaduw, maya, bestaat alleen zolang "ik" (het ego) bestaat. Waar geen "ik" is, daar is geen universum, geen illusie.

Omdat onze kennis onvolledig is, denken we dat de illusie echt is. Er is geen schaduw op het middaguur, wanneer de zon het hoogste punt bereikt. Als we het hoogtepunt van kennis (verlichting) bereikt hebben, zien we alleen de Werkelijkheid.

Vraag: Er wordt gezegd dat we alleen door maya ervaren dat het universum bestaat. Waarom lijkt het dan zo ontzettend echt?

Amma: De schepping bestaat alleen wanneer er een besef van "ik" is. Zonder dat besef is er geen schepping, zijn er geen levende wezens. Alleen Brahman blijft eeuwig Brahman.

Een kind wil zo graag een pop dat zij er urenlang om huilt. Ze krijgt uiteindelijk een pop en speelt er een tijdje mee. Niemand anders mag hem aanraken. Ze gaat slapen met de pop dicht tegen zich aangedrukt. Maar als het kind slaapt, dan glijdt de pop op de grond en is ze er zich niet eens bewust van.

Een man verbergt zijn goud onder zijn kussen en gaat slapen met zijn hoofd op het kussen. Maar terwijl hij slaapt, komt er een dief en steelt het allemaal. Toen hij wakker was, kon de man alleen aan zijn goud denken, en daarom had hij geen rust. Maar in zijn slaap vergat hij alles. Hij was zich niet bewust van zichzelf, zijn gezin of zijn bezittingen. Er was alleen gelukzaligheid. De gelukzaligheid die we in diepe slaap ervaren, geeft ons de energie die we ervaren wanneer we wakker worden. Zodra we wakker worden komen "mijn pop," "mijn halsketting" en "mijn gezin" allemaal terug. Wanneer het gevoel van "ik" terugkomt, komt al het andere daarmee terug.

Brahman bestaat als Brahman, altijd. Maar we ervaren Brahman alleen wanneer onze gedachten tot rust komen.

Vraag: Amma, als iedereen een spiritueel leven zou leiden en sannyasi zou worden, hoe zou de wereld dan voortbestaan? Wat is het voordeel van sannyasa?

Amma: Niet iedereen kan sannyasi worden. Van de miljoen mensen die het proberen, zullen er slechts een paar slagen. Maar dat niet iedereen een dokterstitel of een baan in een hoge positie kan krijgen, betekent niet dat men moet opgeven het te proberen.

Amma zegt niet dat iedereen sannyasi moet worden, maar als je het principe achter sannyasa begrijpt en dienovereenkomstig leeft, kun je lijden vermijden. Dan zul je alle hindernissen met onthechting kunnen overwinnen.

Wat Amma bedoelt is dat we het besef van "ik" en "mijn" moeten opgeven. Wat we ook wensen, we moeten de rol daarvan in het leven begrijpen. Ook moeten we onze handelingen verrichten zonder enige verwachting over de resultaten, omdat verwachting de oorzaak van lijden is.

Tijdens een actie om geld in te zamelen ging iemand naar een huis om een bijdrage te vragen. Hij verwachtte minstens duizend roepies, maar het gezin gaf hem er slechts vijf! Hij was woedend en weigerde de donatie te aanvaarden. Zelfs een jaar later was hij nog kwaad! Hij voedde zijn woede van binnen. Omdat hij niet ontvangen had wat hij verwachtte, kon hij niet accepteren wat er aangeboden werd. Hij verwierp het omdat hij zo teleurgesteld was. Als hij geen verwachtingen gehad had, had hij al die kwaadheid en dat lijden niet mee hoeven maken. Hij zou tevreden geweest zijn met het beetje dat hij kreeg. We kunnen dit soort lijden op onze reis door het leven vermijden, als we als een bedelaar zijn. Een bedelaar weet dat hij een bedelaar is. Hij treurt dus niet als hij niets krijgt. Hij is niet bedroefd als hij op één plaats niets krijgt, omdat hij weet dat hij misschien op de volgende plaats iets zal krijgen. Hij weet dat handenvol krijgen of met lege handen achtergelaten worden beide een deel van zijn ervaring op de weg door het leven zijn. Hij is dus op niemand boos. Wanneer je een echte bedelaar bent, zie je alles als Gods wil. Wees alleen met God verbonden. Dat is alles wat Amma zegt. Echt spirituele mensen kennen geen verdriet.

Tegenwoordig zijn de mensen aan uiterlijke dingen gehecht. "Dat is *mijn* gezin." Zo gaan ze door het leven en voor hun gezin ploeteren ze dag en nacht zonder rust, maar ze vergeten zichzelf. Zij verzuimen hun dharma te ontdekken en in overeenstemming daarmee te leven. Zij vergeten God. Wanneer je op deze manier leeft, vind je geen rust in het leven, noch na de dood. Dit betekent niet dat we niet moeten werken. We moeten ons werk doen maar zonder verwachtingen of verlangens te koesteren.

Geluk kunnen we niet in uiterlijke dingen vinden. Geluk ligt in onszelf.

Wanneer je een forse portie van je favoriete zoete gerecht gegeten hebt, heb je geen zin om er nog meer van te eten. Je zou er een hekel aan krijgen als je dat zou doen. Als iemand nog een portie voor je neus zou zetten, zou je het wegduwen. Als het echt het zoete gerecht zou zijn dat je gelukkig gemaakt had, zou er dan een reden zijn om het weg te duwen? Zou je er niet meer van eten? Dus de geest is de oorzaak hier. Wanneer de geest verzadigd is, beginnen we een hekel te krijgen aan het voorwerp. Alles hangt van de geest af. Geluk is niet ergens aan de buitenkant. Het is in je. Dus daar moet je ernaar zoeken. Als je op zoek naar geluk gaat buiten jezelf – in je relaties met mensen en in uiterlijke objecten – zal je leven verspild worden. Dit betekent niet dat je werkeloos moet zitten en niets moet doen. Steeds wanneer het mogelijk is, doe dan iets voor anderen. Dien de hulpbehoevenden. Herhaal een mantra. Leid je leven vol toewijding aan het spirituele doel.

Vraag: Amma, hoe kunnen we wereldse vasana's (verborgen neigingen) verwijderen?

Amma: Je kunt een vasana niet gewoon oppakken en verwijderen net zomin als je een luchtbel uit het water kunt halen. De luchtbel zal breken als je probeert hem te verwijderen. Luchtbellen ontstaan door de golven in het water. Om luchtbellen te vermijden moeten we waakzaam zijn zodat er geen golven opkomen. Door positieve gedachten en contemplatie verminderen we de golven die in de geest ontstaan uit wereldse vasana's. Er is geen ruimte voor wereldse vasana's in een geest die door positieve gedachten tot rust is gebracht.

Vraag: Er wordt gezegd dat de voorwerpen waarvan we met onze zintuigen genieten, ons geen geluk kunnen geven. Maar toch ontleen ik geluk echt aan materiële voorwerpen, nietwaar?

Amma: Geluk komt niet van buiten jezelf. Sommige mensen zijn gek op chocolade, maar hoe verrukkelijk die ook is, wanneer je in één keer tien stukken gegeten hebt, begin je een afkeer tegen chocolade te voelen. Je krijgt niet dezelfde voldoening van het elfde stuk als van het eerste. Sommige mensen houden helemaal niet van chocolade. Enkel de geur ervan maakt hen misselijk. Maar chocolade blijft altijd hetzelfde, of mensen het nu wel of niet lekker vinden. Als chocolade ons werkelijk gelukkig zou maken, zouden we ons dan niet steeds even gelukkig voelen ongeacht hoeveel we ervan eten? En zou niet iedereen er voldoening aan ontlenen? Onze voldoening hangt dus niet van de chocolade als zodanig af, maar van onze geest. Mensen geloven dat zij buiten zichzelf geluk zullen vinden en besteden hun leven eraan om de voorwerpen van hun verlangen te bemachtigen. Maar uiteindelijk verzwakken de zintuigen, we worden zwak en storten in.

Geluk is in ons te vinden, niet buiten ons. Alleen als we op dat innerlijke geluk vertrouwen, kunnen we altijd gelukzaligheid en voldoening genieten. Zowel de materiële objecten als de zintuigen die alles waarnemen, hebben hun beperkingen. Niet dat we het materiële aspect van het leven moeten vermijden, maar we moeten het bedoelde gebruik van ieder voorwerp begrijpen en we moeten het in ons leven alleen het belang dat het verdient geven. Onnodige gedachten en verwachtingen zijn het probleem.

Voor de meeste mensen is niets belangrijker dan hun eigen geluk. Ze houden van niemand meer dan daarvan. Een man kwam Amma in Amerika opzoeken. Zijn vrouw was onlangs gestorven. Zij was zijn leven. Wanneer ze niet thuis was, bleef hij de hele nacht op zonder te slapen. Hij at niet als zij niet gegeten had. Steeds als ze ergens heen ging, wachtte hij op haar. Hij aanbad zijn vrouw. Maar hun leven samen duurde niet lang. Zij liep plotseling een onbeduidende ziekte op en stierf binnen een week. Het stoffelijk overschot werd naar de rouwkamer gebracht.

Veel vrienden en verwanten kwamen. De begrafenis zou pas plaatsvinden nadat iedereen het stoffelijk overschot gezien had. Ondertussen kreeg de man veel honger. "Ik hoop dat het snel over is!" zei hij in zichzelf. Hij wilde het afmaken zodat hij kon eten. Hij wachtte nog een of twee uur. Toch zag hij geen teken dat de begrafenis spoedig plaats zou vinden. Nu had hij zo'n honger dat hij naar een restaurant in de buurt ging en een maaltijd bestelde. Hij vertelde Amma zelf dit incident. Hij zei: "Amma, ik was bereid mijn leven voor mijn vrouw te geven. Ik hield zoveel van haar, maar ik vergat alles toen ik honger had!"

Dit gebeurde in Amerika. Willen jullie nu horen wat er in India gebeurde? Dit is het verhaal dat een vrouw die naar de ashram kwam vertelde. Haar man werd door een auto gedood toen hij op zijn fiets reed. Deze vrouw was zijn tweede echtgenote. Zijn eerste vrouw was een aantal jaren daarvoor gestorven. Er waren twee volwassen kinderen uit zijn eerste huwelijk. Toen de tweede vrouw het nieuws over de dood van haar man ontving, was het eerste wat zij deed niet zijn stoffelijk overschot gaan zien of het naar huis brengen. In plaats daarvan ging ze de sleutel van de kluis van haar man in bezit nemen. Tegen de tijd dat ze de sleutel gevonden had, kwamen er mensen met het stoffelijk overschot. De kinderen van de eerste vrouw kwamen ook. Nadat ze hun vaders dood vernomen hadden, gingen zij niet onmiddellijk naar zijn stoffelijk overschot. Ook zij gingen meteen naar de plaats waar hij de sleutel van de kluis bewaarde. Ze wilden de sleutel vinden, voordat hun stiefmoeder die vond, omdat ze vreesden dat zij alle rijkdom van hun vader zou nemen. Maar ze kwamen te laat. De stiefmoeder had de sleutel al gevonden en verborgen. Die kinderen waren met zoveel liefde opgevoed. Waar was hun liefde nu? De vrouw zei vaak dat ze meer van haar man hield dan van haar eigen leven. Waar was haar liefde nu? Zij dachten alleen maar aan het geld. Mijn kinderen, zo is de wereld. Mensen houden vaak alleen maar van anderen uit egoïstische motieven. Sommige mannen zweren hun vrouw te doden als ze met een andere man praat. Wanneer vader op zijn sterfbed ligt, kunnen de zonen niet wachten het bezit te verdelen. Als een zoon een grote erfenis verwacht, zal hij in sommige gevallen niet aarzelen zijn vader het leven te ontnemen. Is dat liefde?

Het gaat er niet om dat we het op moeten geven en gewoon werkeloos moeten zitten, en geen werk moeten verzetten omdat de wereld is zoals hij is. We moeten geen verwachtingen hebben zoals "Mijn vrouw of man en mijn kinderen zullen altijd bij mij blijven."

Ken je dharma en probeer in overeenstemming daarmee te leven. Doe je werk zonder verwachtingen. Verwacht geen liefde, rijkdom, roem of iets anders. Het doel van onze activiteiten moet het zuiveren van ons innerlijke zelf zijn. Wees alleen gehecht aan wat spiritueel is, want alleen dan zul je echt geluk ervaren. Als je bepaalde activiteiten onderneemt en van anderen iets verwacht, zal lijden je enige metgezel zijn. Maar als je in harmonie met de spirituele principes leeft, zul je in de hemel zijn hier op aarde en in de hemel wanneer je sterft. Je zult zowel voor de wereld als voor jezelf van nut zijn.

Vraag: Het Zelf heeft geen vorm. Hoe kunnen we de invloed ervan dan herkennen?

Amma: Lucht is vormloos, maar als je het in een ballon stopt, kun je er mee spelen en hem heen en weer gooien. Op dezelfde manier is het Zelf vormloos en alomtegenwoordig. We kunnen de invloed ervan begrijpen met behulp van een upadhi (de middelen waarmee het Oneindige zich in de manifeste wereld uitdrukt).

Vraag: Is het voor iemand mogelijk om altijd in een toestand van non-dualiteit te zijn? Is het niet uitsluitend in samadhi dat dit mogelijk is? Keert zo iemand terug naar de wereld van dualiteit wanneer hij uit samadhi "ontwaakt?"

Amma: Vanaf jouw standpunt bestaat die persoon in een toestand van dualiteit, maar hij is nog steeds in die non-dualistische, directe ervaring van de Werkelijkheid. Als je eenmaal rijstmeel en suiker door elkaar gemengd hebt, kun je ze niet meer scheiden en er blijft alleen zoetheid over. Zo ook: als je de toestand van non-dualiteit eenmaal bereikt hebt, op het niveau van directe ervaring, dan *ben* je Dat. Dan is er geen dualiteit in je wereld. Je ziet alles wat je doet in het licht van je non-duale ervaring.

Een volledig verlicht iemand is als een verbrande citroenschil of een verbrand touw. Het lijkt een bepaalde vorm te hebben, maar de vorm verdwijnt zodra je het aanraakt. De handelingen van een verlicht iemand lijken op de handelingen van gewone mensen, maar de verlichte mens is altijd gelukkig in het Zelf. Hij is werkelijk het Zelf.

Vraag: Zou U een of andere omschrijving van de non-duale ervaring kunnen geven?

Amma: Dat is voorbij woorden. Je kunt suiker proeven maar niet precies uitleggen hoe zoet het is. Het is onbeschrijfelijk. Wanneer je voedsel eet, zie je het effect naderhand, nietwaar? Het nut van slaap is de energie en rust die je voelt wanneer je wakker wordt. De diepe, onuitsprekelijke rust die je tijdens samadhi ervaart blijft zelfs nadat je uit die toestand gekomen bent.

Vraag: Sommige mensen worden rijk geboren. Ze groeien temidden van overvloed op. Anderen worden in hutten geboren waar zelfs niet genoeg is voor een enkele maaltijd. Wat is de oorzaak van dit verschil?

Amma: Iedereen wordt herboren in overeenstemming met de handelingen uit zijn vorige levens. Sommige mensen worden onder kesari yoga[26] geboren en zullen overal succes hebben. De Godin van welvaart verblijft in hen. In overeenstemming met de handelingen uit hun vorige levens zijn ze nu met deze godheid geboren. In hun vorige levens hebben zij God met concentratie aanbeden en royaal aan anderen gegeven. Zij die slechte daden verricht hebben zijn degenen die nu lijden.

Vraag: Maar we zijn ons van dit alles niet bewust.

Amma: Kun je je alles herinneren wat je als kind deed? Vergeten studenten op hun examens vaak niet wat zij de dag tevoren bestudeerd hebben? Op dezelfde manier zijn wij alles vergeten. En toch kunnen we met het oog van wijsheid alles zien.

Vraag: Hoe kunnen we van lijden verlost worden?

Amma: Zij die spiritualiteit werkelijk in zich opnemen en volgens dharma leven, ervaren geen verdriet. Wat heeft het voor nut om te gaan zitten huilen als je in je hand gesneden hebt? Je moet zalf op de wond aanbrengen. Als je alleen maar zit te huilen, kan de wond geïnfecteerd raken en kun je zelfs sterven.

Stel je voor dat iemand je uitscheldt en je reageert hierop door in een hoek te gaan zitten huilen. Je bent ongelukkig omdat je het gescheld geaccepteerd hebt. Als je het niet accepteert, wordt het het probleem van die andere persoon, niet van jou. Je moet het

---

[26] In de astrologie is kesari yoga een speciale configuratie van de maan en Jupiter op het moment van iemands geboorte. Dit wijst op een zeer voorspoedige en welvarende toekomst.

dus afwijzen. Als je op deze manier met onderscheidingsvermogen handelt, zul je vrijheid van lijden bereiken.

Nogmaals, als je in je hand gesneden hebt, wat heeft het dan voor zin om erbij stil te staan en te analyseren hoe het gebeurd is – wat voor mes de snee veroorzaakt heeft, enzovoort – zonder voor de wond te zorgen? Als iemand door een giftige slang gebeten wordt en daar gewoon zit te peinzen over de slang, komt de dood zeker. Of laten we zeggen dat iemand een slangenbeet krijgt, naar huis rent, de encyclopedie opent en probeert uit te zoeken welk geneesmiddel ze moet nemen. Ze zal sterven voordat ze er eindelijk achter komt dat ze een serum nodig heeft. Wanneer iemand door een slang gebeten is, is er zo snel mogelijk een serum nodig.

Wanneer lijden op onze weg komt, moeten we proberen het te boven te komen in plaats van te verzwakken bij de gedachte eraan. Bepaalde heiligen uit het verleden leerden de essentiële waarheden en pasten die in hun leven toe. Als we acht slaan op hun woorden en volgens de richtlijnen in de geschriften leven, kunnen we in iedere situatie vooruitgaan zonder de moed te verliezen. Spirituele kennis is in het leven veel essentiëler dan wereldse kennis want het leert ons hoe we in deze wereld moeten leven. Want zolang we die wijsheid in ons leven niet toepassen, reizen we naar de hel zowel in dit leven als hierna.

Gurukula's leren mensen deze spirituele wijsheid, hoe we rust in deze wereld kunnen ervaren, hoe we een leven zonder ontberingen kunnen leiden. De spirituele meesters zijn de dokters van de geest.

Vraag: Zijn psychiaters niet de dokters van de geest?

Amma: Zij behandelen de geest alleen wanneer die uit evenwicht is geraakt. Een spiritueel meester leert ons hoe we moeten leven om zoiets te vermijden. Daar zijn gurukula's voor.

Vraag: Er wordt gezegd dat verlangens de oorzaak van lijden zijn. Met welke methode kunnen we van verlangens afkomen?

Amma: Zouden wij opzettelijk iemand die ons pijn wil doen bij ons laten wonen? Zouden we dicht bij een gevaarlijke gek willen slapen? Nee, omdat we weten dat de gek instabiel is en dat hij ons kwaad kan doen. Op dezelfde manier zal een slang die wij grootbrengen onvermijdelijk zijn ware aard tonen, wat we hem ook te eten geven. En niemand wil een dolle hond thuis houden. Als onze hond hondsdolheid heeft opgelopen, zullen we niet aarzelen om hem te laten inslapen, ook al is de hond ons heel dierbaar. We proberen zulke dieren te vermijden omdat we weten dat met hen omgaan lijden veroorzaakt.

Als we de aard van alles op deze manier bestuderen en alleen accepteren wat nuttig is, hoeven we geen lijden te ervaren.

Verlangens kunnen ons nooit naar perfectie leiden. Omdat mensen dit niet begrijpen, voeden zij hun negatieve verlangens. Zo worden zij met veel problemen geconfronteerd en laten ze anderen ook lijden. Zou je doelbewust vergif drinken? Zelfs als je veel honger hebt en er een giftige spin in je eten valt, zul je het eten niet aanraken. Op dezelfde manier zul je niet meer door materiële objecten aangetrokken worden, als je eenmaal volledig begrijpt dat je verlangen naar die objecten lijden veroorzaakt. Dus als je met alertheid door het leven gaat, kun je vrij van verlangens zijn. Dit is erg moeilijk. Niettemin is het mogelijk met voldoende waakzaamheid, onderscheid, onthechting, contemplatie en oefening.

Vraag: Ons wordt verteld dat er veel mahatma's die met goddelijke kracht begiftigd zijn, nu in India leven. Men gelooft dat niets voor hen onmogelijk is. Wanneer mensen ontberingen lijden en door overstromingen, droogtes en aardbevingen omkomen, waarom redden de mahatma's hen dan niet?

Amma: Mijn kinderen, in de wereld van een mahatma is geen geboorte of dood, geluk of verdriet. Als mensen lijden, komt dat door hun prarabdha. Zij ervaren het resultaat van hun karma dat zij moeten afwerken. Het is waar dat de hoeveelheid prarabdha verminderd kan worden door de genade van een mahatma, maar men moet geschikt zijn om die genade te ontvangen. De mahatma's bestaan, maar de mensen maken geen gebruik van hun aanwezigheid op de manier dat ze dat zouden moeten doen. Een pijl kan alleen het doel treffen als je de boog spant voordat je schiet. De mahatma's wijzen ons de juiste weg. Waarom de mahatma's de schuld geven als we geen acht slaan op hun advies? Er worden zoveel mensen op deze aarde geboren. Dus moeten zij ook allemaal sterven, nietwaar? Maar de dood bestaat alleen voor het lichaam, niet voor de ziel. We zijn uit stof voortgekomen en tot stof keren we terug. De klei zegt tegen de pottenbakker: "Je maakt nu potten van mij, maar morgen maak ik potten van jou!" Iedereen krijgt de resultaten van zijn karma.

Mijn kinderen, alleen waar een ikbesef is, kan er dood zijn. Zij die een ikbesef hebben, leven maar een bepaald aantal jaren. Maar er is een wereld daaraan voorbij waar alleen gelukzaligheid is. Om die wereld te bereiken moeten we zo goed mogelijk gebruik maken van het leven dat we nu gekregen hebben.

Voor de meeste mensen is het niet aan te raden om sterk gericht te zijn op het idee dat de wereld onecht is. Zij moeten zich richten op het ontwikkelen van positieve eigenschappen door goede dingen te doen. Dan zullen zij het warenhuis van de gelukzaligheid (overvloed aan gelukzaligheid) bereiken en daar altijd blijven.

Vraag: Waarom heeft God een planeet als deze geschapen met levende wezens erop?

Amma: God heeft niemand geschapen. Dit is onze schepping. Een nachtwaker bewaakte een voorraadkamer met goud en juwelen. Maar in de loop van de nacht viel hij per ongeluk in slaap. Een aantal dieven die van de gelegenheid gebruik maakten, stalen alles in de voorraadkamer. De bewaker ontdekte de diefstal zodra hij wakker werd. Worstelend met zijn angst jammerde hij: "O nee! Wat heb ik gedaan! Ik zal nu mijn baan verliezen! Ik zal mijn kinderen niet kunnen onderhouden!" Maar zulke gedachten waren er niet toen hij sliep. Tijdens de slaap was hij zich niet bewust van goud, dieven of zijn werkgevers. Pas toen hij wakker werd, kwam alles te voorschijn. Dus het was allemaal zijn eigen schepping.

De schepping ontstond door onze onwetendheid. Als één persoon een fout maakt, moet ieder ander dat dan nadoen? Als één persoon een dief wordt, moeten alle anderen dan ook stelen? In ieder geval zul je gestraft worden als je steelt.

Laten we proberen om onze onwetendheid zo snel mogelijk te verwijderen. Dit menselijke leven is een zegen die we voor dat doel ontvangen hebben. Als er een kardemomplant groeit waar sesamzaadjes geplant werden, wat moeten we daar vervolgens planten, sesam of kardemom? Kardemom is veel kostbaarder dan sesamzaadjes.

Dus laten we in ieder geval vanaf nu ruimte scheppen in onze geest voor het eeuwige Zelf. Dan zullen zich bepaalde omstandigheden voordoen die ons zullen helpen het Zelf te leren kennen. We zullen gelukzaligheid genieten en vol energie door het leven gaan. Anders, als we erop staan om alleen de goedkopere zaden te planten, zullen we voor altijd in armoede blijven.

Vraag: Is het juist dat mensen in de ashram komen wonen wanneer ze ouders hebben voor wie ze op een dag zullen moeten zorgen? Is dat niet egoïstisch? Wie zal er voor de ouders zorgen op hun oude dag?

Amma: Zijn er niet volop mensen die geen kinderen hebben? Wie zorgt er voor hen op hun oude dag? Om voor talloze mensen te zorgen sluit een jong iemand zich bij de ashram aan. Wat is egoïsme – je leven opofferen voor je ouders of je leven aan de hele wereld wijden? Een jong iemand moet misschien zijn familie verlaten en naar een andere staat verhuizen om een dokterstitel te krijgen. Wanneer hij na zijn studie terugkeert, zal hij voor veel mensen kunnen zorgen. Maar wat als hij niet naar de medische faculteit gaat omdat hij het gevoel heeft dat hij zijn ouders niet mag verlaten? Hij zal zijn ouders toch niet van de dood kunnen redden wanneer hun tijd komt. Als hij als dokter terugkomt, zal hij hen in ieder geval kunnen helpen wanneer ze ziek zijn.

Mensen komen in de ashram wonen om door spirituele oefeningen de kracht te krijgen om een leven van dienstbaarheid aan de wereld te leiden. Zij wijzen niet alleen hun ouders maar de hele wereld de juiste weg. De weg die zij anderen door hun voorbeeld laten zien is er een van totale bevrijding van lijden. Maar zij moeten hun geest onder controle hebben om hierin te slagen. Zij moeten alle gehechtheden loslaten. Later zullen zij iedereen kunnen liefhebben en dienen. Iedere adem van hen zal voor het welzijn van de wereld zijn.

Vraag: Waarom moeten we iets niet zeggen als het pijn doet, ook al is het waar?

Amma: Er zijn twee onderwerpen waarover in spiritualiteit gesproken wordt: waarheid en geheimhouding. Er is niets hoger dan de waarheid. Die moet nooit verloochend worden. Maar alle waarheden hoeven niet openlijk aan iedereen verteld te worden. Je moet naar de omstandigheden kijken en bepalen of het nodig is om iets bekend te maken. Er kunnen gelegenheden zijn waarbij iets geheim gehouden moet worden, ook al is het de waarheid. Neem het voorbeeld van een vrouw die in een zwak ogenblik een fout gemaakt heeft. Als de wereld dat te weten komt, zal haar toekomst geruïneerd worden. Haar leven kan in gevaar zijn. Maar als haar fout geheim gehouden wordt, herhaalt ze die misschien niet en kan ze een zinvol leven leiden. In dit geval is het beter om de waarheid geheim te houden dan hem bekend te maken. Op deze manier is het mogelijk om haar leven te redden en haar gezin te beschermen. Maar men moet de situatie zorgvuldig overwegen voordat men zo'n beslissing neemt.

Dit moet echter nooit iemand aanmoedigen om een fout te herhalen. Het belangrijke punt is dat wat wij zeggen iedereen tot voordeel zal zijn. Als iets wat we zouden kunnen zeggen iemand pijn kan doen, moeten we het niet zeggen, ook al is het de waarheid.

Amma zal jullie een voorbeeld geven. Een kind sterft bij een auto-ongeluk. Het ongeluk gebeurde honderd kilometer van huis. Het wordt een vreselijk verlies voor de moeder, dit was haar enige kind. Als iemand haar gewoon opbelt en haar vertelt dat haar kind overleden is, kan ze door een shock en een gebroken hart overlijden. Dus geeft men haar het volgende bericht per telefoon: "Uw kind was betrokken bij een klein ongeluk en ligt nu in het ziekenhuis hier. Kom alstublieft snel." Hoewel het niet waar is, zal dit bericht haar in staat stellen om tijdens de reis van honderd kilometer vol te houden. In ieder geval wordt haar deze tijd het intense verdriet bespaard. Als ze daar eenmaal aankomt, zal ze erachter komen wat er feitelijk gebeurd is.

Als haar de waarheid later verteld wordt, nadat men haar over het ongeluk geïnformeerd heeft en zij tijd gehad heeft gehad om het te verwerken, vermindert dat misschien het effect van de schok. In dit geval hebben we het leven van de moeder misschien gered door de waarheid tijdelijk te verbergen. Het dode kind is er hoe dan ook niet meer. Is het nodig om nog iemand de dood in te sturen in naam van degene die gestorven is? Over dit soort situaties heeft Amma het. Amma bedoelt niet dat je leugens moet vertellen.

Een man met een zwak hart loopt een ernstige ziekte op. Als hij dit onverwachts te weten komt, kan hij een hartaanval krijgen. De dokter maakt het nieuws dus niet onmiddellijk aan hem bekend. Hij zegt alleen: "Het is niet serieus. Je hoeft alleen maar te rusten en dit medicijn te nemen." Dit kunnen we niet als een ordinaire leugen zien. De dokter zegt dit niet voor zijn eigen egoïstische voordeel. Hij houdt een bepaald feit voorlopig geheim voor het welzijn van iemand anders.

Amma herinnert zich een verhaal. Er woonde een rijke man in een zeker dorp. Hij gaf het meeste van zijn winst aan de armen. Veel mensen kwamen voor hulp naar hem toe. Hij wist best veel van spirituele zaken. Hij zei vaak: "Ik kan niet de hele tijd spirituele oefeningen doen. Ik heb weinig tijd voor japa (het herhalen van een mantra) en meditatie. Ik geef daarom de winst van mijn zaak aan de armen, zodat het hun ten goede komt. Het dienen van de armen is mijn manier om God te aanbidden. Dit geeft mij het geluk en de voldoening die ik nodig heb. Het gaat ook goed met mijn zaak."

In een dorp op enige afstand woonde een zeer arme man. Zijn gezin had dagenlang honger geleden en hij keek wanhopig naar iedere hulp uit die hij kon krijgen. Op een dag ging hij op weg om de rijke man om hulp te vragen. Maar hij was zo door de honger verzwakt dat hij nauwelijks kon lopen. Toen hij een korte afstand afgelegd had, voelde hij zich duizelig en stortte in op de weg. Hij was er ellendig aan toe. Hij dacht: "O God, ik ben vertrokken in de hoop wat hulp te krijgen. En kijk nu naar me, terwijl ik op de openbare weg lig. Ik sterf hier waarschijnlijk." Hij keek naar een kant en zag een stroompje naast de weg. Hij slaagde erin op te staan en naar het water te gaan. Hij dronk uit het beekje en merkte op dat het water uitzonderlijk zoet was. Hij dronk met grote teugen en voelde zich verfrist. Het water was heerlijk. Hij maakte een kom van een groot blad en deed er wat water in. Hij voelde zich wat sterker en zette langzaam zijn reis voort, de kom dragend. Uiteindelijke bereikte hij het huis van de rijke man. Daar ging hij in een lange rij staan van mensen die gekomen waren om de giften die uitgedeeld werden te ontvangen. De meesten van hen hadden iets meegebracht om de rijke man iets terug te geven. Onze man dacht: "O nee! Ik ben de enige die niets meegebracht heeft om hem te geven. Het maakt niet uit, ik zal hem dit geweldige water geven."

Toen hij dus aan de beurt was, bood hij de kom van bladeren met water aan de rijke man aan. De man dronk een mondvol en toonde zijn genoegen door te zeggen "O wat lekker. Wat een gezegend water is dit!" Dit maakte de arme man erg gelukkig. De helpers van de rijke man die erbij stonden drukten het verlangen uit om ook een beetje van het water te proeven, maar dat stond hij hun niet toe. Hij zette het water weg met de woorden: "Dit is heel heilig." Hij gaf de arme man alles wat hij nodig had en stuurde hem terug. Toen zeiden de aanwezigen tegen de rijke man: "Je aarzelt niet om alles wat je hebt met anderen te delen. Waarom weigerde je dan ons dat heilige water te laten proeven?" De rijke man antwoordde: "Vergeef me alsjeblieft. Die man was uitgeput en dronk het water dat hij ergens langs de weg vond. Door zijn uitputting smaakte het water hem erg goed. Hij dacht dat het iets speciaals was. Daarom bracht hij het hiernaartoe. Eigenlijk was het niet geschikt om te drinken. Maar had ik, toen ik het proefde, in zijn aanwezigheid gezegd dat het water bedorven was, dan had die arme man zich gekwetst gevoeld. Alles wat ik hem dan gegeven zou hebben, zou hem niet echt voldoening geschonken hebben omdat hij zich zo ongelukkig zou voelen. Omdat ik hem geen pijn wilde doen, prees ik het water in zijn aanwezigheid."

Mijn kinderen, het is in zulke situaties dat we de waarheid niet moeten vertellen als het iemand pijn kan doen. Nogmaals, het betekent niet dat we leugens moeten vertellen. Een spiritueel iemand moet nooit een leugen uit eigenbelang vertellen. Onze woorden en daden moeten niemand laten lijden. Er is slechts één ding dat overblijft zonder ooit te verzwakken en dat licht in ons leven brengt, en dat is liefde. Mijn kinderen, die liefde is God.

Vraag: Als God en de guru in ons zijn, waarom hebben we dan een guru buiten ons nodig?

Amma: In iedere steen is potentieel een beeld latent aanwezig. Het beeld kan alleen zijn vorm aannemen wanneer een beeldhouwer de ongewenste delen wegbeitelt. Zo ook brengt de spirituele meester de ware aard van de leerling naar buiten die in een toestand van diepe vergetelheid is, omdat hij vast zit in illusies. Zolang we niet in staat zijn op eigen houtje uit de illusies wakker te worden, is een uiterlijke meester nodig. De meester zal onze vergeetachtigheid verwijderen.

Een studente studeerde hard voor een les, maar toen de leraar haar in de klas de beurt gaf, was ze zo zenuwachtig dat zij een gat in haar geheugen kreeg en zich niets kon herinneren. Een klasgenote die naast haar zat herinnerde haar aan de eerste regel van een gedicht en plotseling schoot het hele gedicht haar weer te binnen. Ze zei het gedicht foutloos op. Op dezelfde manier is de kennis van de Waarheid slapend in ons aanwezig. De woorden van de meester hebben de kracht om die kennis wakker te maken.

Wanneer je als leerling spirituele oefeningen doet in de nabijheid van een meester, lost dat wat onecht in je is op en je echte wezen begint duidelijk naar voren te komen. Wanneer een beeld dat met was bedekt is dicht bij het vuur gehouden wordt, smelt de was en wordt het beeld zichtbaar. We kunnen niet zeggen dat niemand een meester nodig heeft enkel omdat een paar zeldzame individuen die de Waarheid gerealiseerd hebben geen spirituele meester hadden. God en de spirituele meester zijn in ons in zaadvorm aanwezig. Er is een geschikt klimaat nodig om het zaad tot een boom te laten uitgroeien. Het groeit niet overal. Op dezelfde manier hebben we een passende omgeving nodig om de ingeboren Goddelijkheid in ons naar buiten te laten komen. De meester is degene die die omgeving creëert.

Appels groeien overvloedig in Kashmir. Het klimaat daar is bijzonder gunstig voor appelbomen. Het is mogelijk om appelbomen in Kerala te kweken, maar zij hebben een zeer zorgvuldige behandeling nodig, en zelfs dan zullen de meeste jonge boompjes doodgaan. Omdat het klimaat in Kerala niet geschikt is voor appelbomen, geven de bomen die overleven, slechts een pover resultaat. Zoals het klimaat in Kashmir geschikt is voor het kweken van appels, is de aanwezigheid van een gerealiseerde meester nuttig voor de spirituele groei van de leerling. De meester schept een geschikte atmosfeer voor het wakker maken van de innerlijke guru die slapend in de leerling aanwezig is. Dan kan de leerling zijn ware Zelf realiseren.

Praktisch zijn is van belang bij spiritualiteit net zoals het dat bij wereldse zaken is. De moeder houdt de melkfles voor de baby vast en ze kleedt de baby aan. Geleidelijk leert het kind om deze dingen zelf te doen. Totdat mensen dingen zelf kunnen, hebben zij de hulp van anderen nodig.

Mensen die een reis met behulp van een kaart ondernemen, kunnen niettemin de weg kwijtraken en ronddwalen. Maar als ze een gids hebben zullen ze niet verdwalen. Als er iemand bij je is die de weg kent, zal de reis soepel verlopen en gemakkelijk zijn. Hoewel het Hoogste Wezen in ons allen is, hebben wij een spirituele meester nodig zolang we in het lichaamsbewustzijn vastzitten.

Zodra de aspirant zijn identificatie met de instrumenten lichaam en geest opgegeven heeft, is er geen leiding van buitenaf meer nodig want dan zijn God en de guru in ons wakker geworden. Een spirituele meester is een tapasvi (iemand die intense ascese heeft ondergaan). Als een gewoon iemand een kaars is, dan is iemand die tapas (ascese) doet in vergelijking daarmee de zon. Hoeveel we ook graven op bepaalde plaatsen, we hoeven daar geen water te vinden. Als we daarentegen naast een rivier graven, kunnen we gemakkelijk water krijgen. We hoeven niet erg diep te graven. Op dezelfde manier maakt de nabijheid van een echte meester de taak voor jou als leerling gemakkelijker. Je zult zonder veel inspanning kunnen genieten van de resultaten van je spirituele oefeningen. De intensiteit van je prarabdha (het resultaat van handelingen uit het verleden) en de moeite die je moet doen zullen in de aanwezigheid van een meester ook verminderen.

De moderne wetenschap geeft toe dat als we de geest op een punt richten, we mentale energie kunnen besparen. Als dat zo is, hoeveel kracht moet er dan in een yogi zijn die jaren doorgebracht heeft met concentratie door meditatie en andere spirituele technieken! Dat is de logica achter de bewering dat enkel door de aanraking van een yogi spirituele kracht op anderen wordt overgebracht, als elektrische stroom. Een perfecte meester kan niet alleen een geschikte atmosfeer scheppen voor de spirituele vooruitgang van de leerling, maar kan ook spirituele kracht op de leerling overbrengen.

Alleen iemand die door de verschillende stadia van spirituele oefening is gegaan kan een zoeker goed begeleiden.

Door te lezen kunnen de leerlingen de theorie op eigen houtje meester worden, maar om succes te hebben bij het praktijkexamen hebben zij de hulp van een leraar nodig. Hoewel we in bepaalde mate iets over spiritualiteit uit boeken te weten kunnen komen, hebben we de hulp van een levende meester nodig om dat spiritueel onderricht naar de praktijk te vertalen. Aspiranten komen ontelbare obstakels tegen en zullen met veel problemen op het spirituele pad geconfronteerd worden. Als deze problemen niet juist aangepakt worden, bestaat het risico dat de aspiranten hun mentale evenwicht verliezen. Als men een zoeker advies geeft, moet men met de fysieke, mentale en intellectuele gesteldheid van de zoeker rekening houden. Alleen een echte meester kan dit doen. Een gezondheidstonicum is bedoeld om je lichaam te versterken, maar als je het lukraak inneemt kan het meer kwaad dan goed doen. Hetzelfde geldt voor spirituele oefening. Dus de leiding van een spirituele meester is voor een zoeker absoluut noodzakelijk.

Vraag: Is het mogelijk om het doel te bereiken alleen door spirituele teksten te bestuderen zonder de hulp van de yama's en niyama's[27], meditatie, onbaatzuchtige dienstverlening, enz.?

Amma: Door de geschriften te bestuderen kunnen we de weg naar God begrijpen. We kunnen de principes van het Zelf leren. Alleen kennis over de wegen en middelen zal ons echter niet naar het doel brengen. Om het doel te bereiken moeten we het pad dat aangegeven wordt volgen.

Stel dat iemand een bepaald voorwerp nodig heeft. Hij informeert ernaar en verneemt dat het verkrijgbaar is in een verre plaats. Op een kaart ziet hij de weg en de precieze ligging van de plaats waar hij het voorwerp kan vinden. Maar hij zal het voorwerp niet krijgen tenzij hij daar werkelijk heen gaat en het haalt.

Of zeg dat iemand een medicijn wil kopen. De apotheek is aan de overkant van een meer. Hij stapt in een boot, maar als hij de overkant bereikt weigert hij uit de boot te gaan. Hij zit daar gewoon en gaat niet naar de apotheek om het medicijn te halen. Zo zijn sommige mensen. Zij zijn niet geneigd om een bepaalde

---

[27] Yama's en niyama's zijn de geboden en verboden op het spirituele pad.

plaats langs het pad te verlaten. Zelfs als ze de overkant bereikt hebben blijven ze zich aan de boot vasthouden! Zich blindelings aan het pad vasthouden in plaats van daarover vooruit te gaan veroorzaakt alleen maar gebondenheid.

Als we het doel willen bereiken, is het onze plicht om het pad dat door de geschriften wordt voorgeschreven te volgen, de vereiste spirituele discipline te ondergaan en oefeningen te doen. Het is niet genoeg om alleen de geschriften te bestuderen. We moeten ook de houding cultiveren dat we voor alles willen buigen. Op dit moment domineert de houding van het ego. We moeten leren om te buigen. Wanneer de graankorrel tot een rijstplant uitgroeit buigt de plant vanzelf. En wanneer de tros kokosnoten rijp wordt, buigt hij neer aan de kokospalm. Deze voorbeelden leren ons dat we vanzelf nederig worden wanneer we perfecte wijsheid ontwikkelen.

Het bestuderen van de geschriften kan vergeleken worden met het bouwen van een muur rondom een boomgaard, terwijl het doen van spirituele oefeningen als het kweken van fruitbomen binnen die muren is. De muur biedt de bomen bescherming, maar om het fruit te krijgen moeten we de jonge boompjes planten en ze opkweken. Spirituele oefening is absoluut noodzakelijk.

Het bestuderen van de geschriften kan ook vergeleken worden met het aanleggen van een beschermende muur rondom onze tuin terwijl spirituele oefening als het bouwen van een huis binnen die muren is, een huis waar we tegen de regen en de zon beschermd zijn. Alleen het bestuderen van de geschriften is dus niet genoeg. Het naleven van de geboden en verboden op het spirituele pad, mediteren, het herhalen van een mantra en andere spirituele oefeningen zijn ook noodzakelijk.

Als de hoogste liefde voor God eenmaal in een zoeker tot leven is gekomen, zijn de verschillende beperkingen en voorschriften niet meer essentieel. Voor goddelijke liefde lossen alle beperkingen en hindernissen op. Voor een echte toegewijde die die liefde heeft, bestaat alleen God. In het hele universum ziet zo'n zoeker alleen God. Zoals een mot in het vuur vliegt en in de vlammen opgaat, wordt de toegewijde in zijn liefde voor God in essentie God. De toegewijde, het universum zelf, alles is God. Welke regels en beperkingen zouden op zo'n ziel van toepassing kunnen zijn? Door meditatie kun je geweldige kracht krijgen. Zoals al het water in een tank door één enkele pijp kan stromen, stroomt de Hoogste Kracht door een tapasvi. De heilige zit daar niet alleen te beweren dat hij Brahman is. Door het mededogen van de heilige komt de Kracht die door hem heen stroomt de hele wereld ten goede.

Vraag: Amma, waarom hecht U zoveel belang aan onbaatzuchtige dienstbaarheid?

Amma: Meditatie en het bestuderen van de geschriften zijn als de twee kanten van een munt. De gravure op die munt is onbaatzuchtige dienstbaarheid en die geeft de munt zijn echte waarde. Een student die net zijn medische studie afgemaakt heeft, is nog niet competent genoeg om patiënten te behandelen. De student moet eerst een bepaalde tijd co-schappen lopen. Het is de ervaring die hij tijdens de co-schappen opdoet die de nieuwe dokter de nodige praktische kennis geeft en die hem in staat stelt om wat hij heeft gestudeerd toe te passen. Het is niet voldoende als wat je gestudeerd hebt, alleen maar theoretische kennis voor je intellect blijft. Je moet het in daden omzetten.

Hoeveel je de geschriften ook bestudeert, welk niveau van spirituele kennis je ook mag hebben, je moet de geest toch trainen om moeilijke situaties te overkomen. De beste manier om dit te doen is karma yoga. Wanneer je de wereld ingaat en in allerlei situaties werkt, kun je zien hoe je op verschillende omstandigheden reageert. We kunnen onszelf niet kennen tenzij we gedwongen zijn om bepaalde situaties onder ogen te zien. Wanneer de juiste omstandigheden zich voordoen, zullen je vasana's de kop opsteken. Wanneer we de vasana's op zien komen, de een na de ander, kunnen we ze verwijderen. Onbaatzuchtige dienstverlening maakt je geest sterker zodat je iedere situatie in het leven het hoofd kan bieden. Ons mededogen en onze onbaatzuchtige handelingen leiden ons naar de diepere waarheden. Door onbaatzuchtige activiteit kunnen we het ego elimineren dat het Zelf verbergt. Onthechte, onbaatzuchtige activiteit leidt tot bevrijding. Zulke activiteit is niet gewoon werk. Het is karma yoga. Heer Krishna zei tegen Arjuna: "In alle drie de werelden is er niets dat ik moet doen, niets dat ik moet bereiken en toch ben ik altijd actief."

De handelingen van de Heer waren zonder hartstocht en onzelfzuchtig. Dit is de weg die Krishna Arjuna aanried te volgen.

Een aanbidder heeft een gladde, ronde steen nodig voor een speciaal religieus ritueel. De zoeker dwaalt rond op zoek naar zo'n steen en klimt uiteindelijk een berg op in de hoop zo'n steen op de top te vinden. Als hij uiteindelijk de bergtop bereikt en tot zijn grote teleurstelling ontdekt dat er daarboven geen gladde, mooie stenen zijn, pakt de gefrustreerde zoeker een kei en gooit hem van de berg af. Na weer naar beneden geklommen te zijn en de voet van de berg bereikt te hebben ontdekt de zoeker een prachtige, gladde, perfect gevormde ronde steen die daar op de grond ligt en precies het soort is dat hij de hele tijd gezocht heeft. De zoeker realiseert zich dan dat het dezelfde steen is die hij van de berg af gegooid heeft! Op weg naar beneden is hij tegen andere ruwe stenen gebotst en op deze manier heeft hij al zijn scherpe kanten verloren. Als hij op de bergtop gebleven was, dan was hij nooit gepolijst en getransformeerd.

Op dezelfde manier verdwijnen de ruwe, scherpe kanten van ons ego en neemt de geest een houding vol verering aan wanneer wij van de bergtop, d.w.z. van het niveau van het ego, naar het niveau van de nederigheid gaan. Als we volharden in het versterken van het ego, winnen we daar niets bij. Door nederig te zijn winnen we alles. Een onzelfzuchtige houding zonder verlangens helpt ons het ego te verwijderen. Daarom wordt aan activiteit zonder motief zo veel belang gehecht. Zolang het ego bestaat is de leiding van een spirituele meester nodig. Voor een leerling die in overeenstemming met de wil van de meester leeft, is iedere handeling een manier om de scherpe kanten van het ego te verwijderen. Er is geen egoïsme in een satguru. De meester leeft voor de leerling. De leerling moet zijn volledige toevlucht tot de meester nemen. Zoals een patiënt gaat liggen zonder weerstand te bieden en hij de dokter hem laat opereren, moet de leerling zich volledig aan de wil van de meester overgeven.

Amma zegt niet dat alleen activiteit ons naar het doel leidt. Karma (activiteit), jnana (kennis) bhakti (toewijding) zijn allemaal essentieel. Als de twee vleugels van een vogel devotie en activiteit zijn, is kennis de staart. Alleen met behulp van alle drie kan de vogel de hoogte in vliegen.

Om aan verschillende situaties in het leven het hoofd te kunnen bieden met tegenwoordigheid van geest en mentaal evenwicht moeten we eerst de geest trainen. Het gebied van activiteit verschaft het ideale terrein voor deze training. Wat de zoeker doet wanneer zijn de geest op het doel gericht is, is niet alleen werk. Het is karma yoga, spirituele oefening. Voor de spirituele aspirant is iedere handeling die hij verricht spirituele oefening. Als leerling is het zijn manier om de meester te dienen (guru seva). Als toegewijde is het zijn vorm van aanbidding. De meester is geen individu. De meester is de belichaming van alle goddelijke eigenschappen. De meester is het Licht. De meester is als muskus die het ene moment vorm en geur heeft, maar het volgende moment verdampt. De meester heeft een vorm en is toch vormloos. De meester is voorbij alle vormen en kenmerken. De meester leeft voor de leerling, nooit voor zichzelf. Iedere handeling die de leerling met dit begrip verricht is karma yoga en leidt tot bevrijding. Door een meester op deze manier te dienen bereikt de leerling de hoogste staat van bewustzijn.

Vraag: Wat is de belangrijkste voorwaarde om in het spirituele leven vooruit te gaan?

Amma: Wanneer een bloem nog een knop is, kunnen we zijn schoonheid of geur niet ervaren. De bloem moet eerst bloeien. Het zou zinloos zijn om te proberen hem met geweld te openen. We moeten geduldig wachten totdat de knop vanzelf opengaat. Alleen dan kunnen we zijn schoonheid en parfum volledig ervaren. Wat hier nodig is, is geduld.

In iedere steen bestaat een verborgen beeld. Wanneer de beeldhouwer alle ongewenste delen wegbeitelt, komt het beeld te voorschijn. Die prachtige vorm ontstaat doordat de steen zich aan de kunstenaar aanbiedt en geduldig lange tijd voor hem ligt.

Een steen die aan de voet van de Sabaramila-berg[28] ligt klaagt bij het beeld van de Heer dat in de tempel aanbeden wordt: "Jij bent een steen zoals ik en toch wordt jij door iedereen aanbeden terwijl ik vertrapt word. Noem je dat rechtvaardigheid?" Het beeld antwoordt: "Nu zie je alleen dat iedereen mij aanbidt, maar voordat ik hier kwam, beitelde een beeldhouwer honderdduizenden stukken van mij af. Al die tijd lag ik geduldig voor de beeldhouwer zonder de minste weerstand. Als gevolg hiervan sta

---

[28] Een heilige berg in Kerala. Op de top staat een heilige tempel.

ik hier nu en wordt door miljoenen aanbeden." Het geduld van de steen heeft hem gemaakt tot een beeld dat aanbeden wordt. Veel mensen kennen het verhaal van Kunti en Gandhari. Het is een verhaal dat het voordeel van geduld laat zien en de schade die door ongeduld veroorzaakt wordt. Toen Kunti het leven aan een kind schonk, raakte Gandhari, die toen in verwachting was, van streek. Ze verlangde sterk naar een kind en wilde dat haar kind het eerst geboren werd zodat hij koning zou worden. Omdat ze uiterst ongeduldig was sloeg ze zo hard op haar maag dat ze een miskraam kreeg en een homp vlees baarde. Volgens de instructies van de heilige Vyasa werd de homp vlees in honderd stukken gesneden en in honderd potten gedaan. Volgens het verhaal werden er later honderd zonen uit de potten geboren. Dit was de oorsprong van de Kaurava's die de vernietiging van miljoenen mensen zouden veroorzaken. Gandhari had geen geduld en dit resulteerde in zoveel lijden en vernietiging. Aan de andere kant zegeviert wat uit geduld geboren wordt. In het spirituele leven is geduld van vitaal belang.

We moeten altijd de houding hebben dat we een beginner zijn, de houding van een onschuldig kind. Alleen een beginner heeft het geduld en de oplettendheid die nodig zijn om echt te leren. Er is een kind in ieder van ons. Op het ogenblik slaapt het, dat is alles. We moeten dat kind wakker maken. Het ikbesef dat nu bestaat is een creatie van het ego. Wanneer het slapende kind in ons wakker gemaakt wordt, zal onze argeloze aard vanzelf te voorschijn komen. We zullen het verlangen hebben om van iedere ervaring te leren. Geduld, bewustzijn en oplettendheid zullen vanzelf volgen. Wanneer het kind in ons wakker wordt, zullen die kwaliteiten in ons tot bloei komen. Het oude "ik," het "ik" dat door het ego geschapen is, heeft geen plaats meer. Als we altijd de houding van een beginner hebben, zal iedere situatie voor ons een gelegenheid zijn om te leren. Alles wat we nodig hebben zal naar ons toe komen. Als we deze houding ons leven lang tot het einde kunnen handhaven, zullen we niets verliezen. We zullen alles winnen. Tegenwoordig kennen de meeste mensen alleen de lach die de tanden toont. Echt lachen komt van het hart. Alleen met een onschuldig hart kunnen we echte vreugde ervaren en anderen vreugde schenken. Hiervoor moeten we het hart van het onschuldige kind in ons wakker maken. We moeten dat kind koesteren. Het gezegde "Als je tot niets wordt, zul je iets kunnen worden"[29] gaat over het verdwijnen van het "ik" dat uit het ego geboren wordt.

Vraag: Amma, U lijkt meer belang te hechten aan devotie dan aan andere wegen. Waarom is dat zo?

Amma: Kinderen, wanneer jullie het over devotie hebben, bedoelen jullie dan alleen het herhalen van een mantra en het zingen van devotionele liederen? Echte devotie is onderscheid maken tussen het eeuwige en het tijdelijke. Het is je overgeven aan het Oneindige. Wat Amma adviseert is de praktische kant van devotie.

De kinderen die hier wonen (de brahmachari's en brahmacharini's in Amma's ashram) lezen veel spirituele boeken en stellen Amma vragen. Amma geeft hun gewoonlijk antwoord in de lijn van Vedanta. Maar wanneer Amma tot mensen in het algemeen praat, hecht Ze meer belang aan devotie, omdat negentig procent van de mensen niet intellectueel is. Zij hebben geen spirituele wetenschap bestudeerd voordat ze hier kwamen. Het is niet mogelijk om hun de spirituele principes in één dag of tijdens één darshan te leren. Het is daarom verstandiger om hun advies te geven dat ze kunnen naleven. Amma adviseert hun ook om spirituele boeken te lezen.

---

[29] In het Engels: "If you become a zero, you will become a hero."

Advaita is de basis van alles. Wat Amma onderwijst is praktische devotie die gebaseerd is op advaita.

De meeste mensen die hier komen weten niets van spirituele zaken. Ze zijn alleen vertrouwd met het bezoeken van tempels. Slechts tien procent van hen hecht misschien belang aan kennis en rede en volgt een ander pad. Maar we kunnen de anderen niet negeren. Moeten zij ook niet opgeheven worden? Amma geeft dus advies in overeenstemming met het niveau van iedereen.

De gebeden en devotionele gezangen in de ashram zijn niet gewoon gebeden, het zijn spirituele oefeningen om het echte Ik (het Zelf) in ons wakker te maken. Het is het proces van het afstemmen van het individuele bewustzijn op het Universele Bewustzijn, van het afstemmen vanaf het niveau van lichaam, geest en intellect op het Universele Zelf.

Het is niet nodig om naar een God te zoeken die ergens hoog in de hemel zit. God is het overal aanwezige Universele Bewustzijn. Toch adviseren we de mensen om op een vorm te mediteren omdat een medium noodzakelijk is om de geest op één punt te richten. Om een plaat van beton te maken, moeten we eerst een houten omlijsting maken en in die omlijsting gieten we het beton. Wanneer het beton hard geworden is, verwijderen we de omlijsting. Dit kan vergeleken worden met het aanbidden van een goddelijke vorm. De vorm is in het begin nodig totdat men de principes grondig begrijpt. Als de geest eenmaal stevig in het Universele Zelf gevestigd is, zijn die hulpmiddelen niet langer nodig.

Alleen zij die nederig zijn, kunnen Gods genade ontvangen. In iemand die Gods Aanwezigheid in alles ervaart is geen plaats voor het ego. Dus de eerste kwaliteit die we in onszelf moeten ontwikkelen is nederigheid. Dat is het doel van de gebeden en de devotionele gezangen in de ashram. We moeten nederig zijn in iedere blik, woord en daad.

Wanneer een timmerman een beitel oppakt om met zijn werk te beginnen, raakt hij die vol eerbied aan en buigt ervoor om zegen af te smeken. De beitel is gewoon een instrument dat hij voor zijn werk gebruikt en toch buigt hij ervoor. We pakken het harmonium pas op nadat we het met eerbied aangeraakt hebben en ervoor gebogen hebben. Het is een deel van onze cultuur om eerbied voor een voorwerp te tonen voordat we het gebruiken. Waarom tonen we zo'n respect voor de voorwerpen die we gebruiken? Het is om God in alles te zien dat we dit doen. Wat onze voorouders door dit gebruik nastreefden was een toestand zonder ego. Op dezelfde manier is gebed een uitdrukking van nederigheid. Het is een manier om het ego te elimineren.

Sommige mensen zouden kunnen vragen of gebeden niet in stilte gedaan kunnen worden. Voor sommige mensen kan het nodig zijn om in stilte te lezen, terwijl voor anderen hardop lezen effectiever is. Sommige mensen kunnen dingen alleen begrijpen als ze hardop lezen. We kunnen niet zeggen tegen iemand die hardop leest wanneer hij studeert: "Lees niet zo luid. Je moet stil lezen zoals ik." Sommige mensen krijgen meer concentratie door hardop te bidden, terwijl anderen de voorkeur geven aan stil bidden. Op dezelfde manier zijn er voor verschillende mensen verschillende spirituele wegen nodig. Alle wegen leiden naar de uiteindelijke stilte.

Veel mensen zeggen: "Amma, wanneer ik met mijn ogen dicht mediteer, komen er onophoudelijk veel gedachten in mij op, maar wanneer ik bhajans zing en bid, krijg ik volledige concentratie." Het doel van spirituele oefening is de geest op één punt te richten. Wanneer we zeggen: "Ik ben niet het lichaam, noch de geest, noch het intellect," en zo het pad van "neti, neti" volgen, gebruiken we een andere manier om het Hoogste Wezen te bereiken. Het doel van gebeden en bhajans is hetzelfde.

Bestaat er een religie waarin devotie en gebed niet voorkomen? Je vindt zowel devotie als gebed in het boeddhisme, christendom en de islam. Al deze religies hebben ook de meester-leerling relatie. De meester-leerling relatie kan zelfs op het non-dualistische pad gevonden worden. Dus zelfs op dat pad bestaat er dualiteit in de meester-leerling relatie. Is devotie voor de meester niet devotie zelf? Door onze gebeden proberen we ons goddelijke eigenschappen eigen te maken. We proberen het Absolute te realiseren. Gebed is geen teken van zwakte. Het is een krachtige stap naar God.

Vraag: Kan meditatie schadelijk zijn? Sommige mensen zeggen dat hun hoofd heet wordt tijdens meditatie.

Amma: Het is altijd het beste om direct van een meester te leren mediteren. Meditatie is als een gezondheidstonicum. Bij een tonicum horen bepaalde instructies. Als je de instructies negeert en de hele inhoud in één keer doorslikt, kan het schadelijk zijn. Op dezelfde manier moet je mediteren volgens de aanwijzingen van een spiritueel meester. De meester maakt eerst een schatting van je mentale en fysieke gesteldheid voordat hij de vorm van spirituele oefening voorschrijft die het beste bij je past. Sommige mensen kunnen zonder enig probleem mediteren zolang ze willen. Maar dat is niet met iedereen het geval. Sommige mensen mediteren in een plotselinge opwelling van enthousiasme lange tijd onafgebroken zonder regels of voorschriften te volgen. Ze nemen zelfs niet de moeite om te slapen. Hun beoefening is niet gebaseerd op begrip van de spirituele teksten of op de instructies van een deskundige. Ze doen het gewoon in een uitbarsting van enthousiasme. Ze krijgen niet voldoende slaap en hun hoofd wordt heet. Dit gebeurt omdat zij meer mediteren dan het lichaam kan verdragen. Iedereen heeft een bepaalde capaciteit die afhankelijk is van de toestand van zijn geest en lichaam. Als er vijfhonderd mensen gepropt worden in een voertuig waarin slechts honderd mensen kunnen zitten, zal het voertuig niet goed kunnen rijden. Als je twee keer zoveel graan als aangeraden in een kleine molen doet, zal de motor oververhit raken. Hij kan zelfs doorbranden. Op dezelfde manier geldt: als je zonder na te denken in een opwelling van beginenthousiasme erg lang japa en meditatie doet, kan je hoofd heet worden en er kunnen zich veel andere problemen voordoen. Daarom wordt geadviseerd dat men deze oefeningen onder leiding van een satguru doet.

Er zijn mensen die zeggen: "Alles is in mij. Ik ben zelf God." Maar dat zijn alleen maar woorden. Het komt niet uit ervaring voort. De capaciteit van ieder instrument is beperkt. Een tien watt lamp kan niet het licht geven van een honderd watt lamp. Een generator wekt elektriciteit op, maar wanneer hij zwaarder belast wordt dan hij aankan, zal hij doorbranden. Er is een limiet aan de hoeveelheid spirituele oefening die men kan doen. Die hangt van de capaciteit van de geest en het lichaam af. Je moet voorzichtig zijn dat je de limiet niet overschrijdt.

Als je een splinternieuwe auto koopt moet je in het begin niet te snel rijden. Om hem lang te laten leven en soepel te laten functioneren moet je er vriendelijk mee omgaan. Hetzelfde geldt voor de zoeker bij zijn spirituele oefening. Japa en meditatie moeten niet bovenmate en geheel zonder slaap gedaan worden. Meditatie, japa, studie van de geschriften en fysiek werk moeten elkaar op de juiste manier afwisselen. Er zijn mensen die geestelijk gemakkelijk uit evenwicht raken of waanideeën krijgen. Als zij te veel mediteren raakt hun lichaam oververhit en dit verergert hun mentale aandoening. Zij moeten zich voornamelijk met fysiek werk bezighouden. Dit zal helpen hun mentale onevenwichtigheid te verminderen. Wanneer zulke mensen met werk bezig zijn, zal hun geest minder afdwalen en kan geleidelijk onder controle gebracht worden. Als men hen alleen maar laat zitten zonder lichamelijk werk te doen, zal hun aandoening alleen maar verslechteren. Zij kunnen tien of vijftien minuten per dag mediteren als ze niet onder druk staan. Dat is genoeg voor hen. Er zijn dus veel verschillende typen mensen. Ieder individu moet andere instructies krijgen. Als je spirituele oefeningen zoals meditatie alleen uit boeken leert, zul je niet weten welke beperkingen er speciaal voor jou nodig zijn en dit kan problemen veroorzaken. Stel dat je een huis gaat bezoeken waar een agressieve hond buiten is. Je zult de eigenaar van buiten het hek roepen en wachten totdat ze gekomen is en de hond vastgebonden heeft zodat hij je geen kwaad kan doen. Pas dan stap je naar binnen. Als je geen geduld hebt en gewoon het hek opent en naar binnen probeert te gaan, zal de hond je waarschijnlijk bijten. Op dezelfde manier kan het gevaarlijk zijn als je gewoon doorgaat met je spirituele oefeningen zonder het advies van een wijs en ervaren persoon te accepteren.

De zoeker is op reis door een bos vol gevaar waaronder kwaadaardige wilde beesten. De reiziger heeft de hulp van een gids nodig die de weg door het bos kent. Is het niet het beste als we iemand bij ons hebben die ons kan zeggen: "Er dreigt gevaar. Wees voorzichtig! Ga niet die kant op! Ga liever daarheen!"?

Het is zinloos God de schuld te geven wanneer we de gevolgen ondervinden van het negeren van de wijze richtlijnen die we gekregen hebben en gewoon doen waar we zin in hebben. Wanneer we God de schuld geven van ons eigen gebrek aan aandacht zijn we een beetje als de dronkaard die auto ging rijden. Hij verloor de macht over het stuur en botste tegen een andere auto. Toen de politie de dronken chauffeur arresteerde protesteerde hij en zei: "Meneer, het was niet mijn fout dat mijn auto tegen die auto botste! Het is echt de schuld van de benzine!" Wij doen praktisch hetzelfde als we God verantwoordelijk stellen voor de gevaren die we ondergaan door ons eigen gebrek aan voorzichtigheid.

Alles heeft zijn eigen dharma: zijn eigen wetten, regels en inherente aard. We moeten in overeenstemming met dat dharma leven. Meditatie heeft ook zijn eigen methodologie. De meesters hebben de regels en methoden voor ieder soort spirituele oefening aangegeven. De zoeker moet een passende methode van spirituele oefening aannemen nadat men zijn fysieke en mentale gesteldheid in aanmerking genomen heeft. Dezelfde methode is niet voor iedereen geschikt.

Iedereen kan de theorie leren door een boek te lezen, maar om succesvol te zijn bij praktische tests heb je de hulp van een ervaren instructeur nodig, omdat het moeilijk is om de praktische aspecten van een onderwerp alleen meester te worden. Op dezelfde manier heeft de zoeker een bekwame meester nodig die hem op het spirituele pad kan begeleiden.

Vraag: Als non-dualiteit de uiteindelijke waarheid is, waarom is Devi Bhava dan nodig?

Amma: Amma is niet beperkt tot een bepaalde bhava (goddelijke stemming of houding). Ze is voorbij alle bhava's. Is advaita niet een ervaring? Waar er geen twee zijn, is alles alleen de essentie van het Zelf, alles is God. Dit is de boodschap die Amma geeft door Haar Devi Bhava. Voor Amma is er geen onderscheid. Zij kent alles als het ene Zelf. Amma is voor de wereld gekomen. Haar leven is voor de wereld.

Welke rol een acteur ook speelt, hij weet wie hij in werkelijkheid is. Het maakt voor de acteur niet uit wat voor rol hij speelt. Op dezelfde manier kent Amma zichzelf, welke rol Ze ook speelt, en Ze is aan niets gebonden. Ze heeft deze rol niet zelf op zich genomen. Ze gaf toe aan de wensen van de toegewijden. Zij gaven zich toen aan deze bhava over. Zij verheugen zich erover.

Amma gaat naar veel plaatsen in Noord India. Daar komen vaak toegewijden van Krishna om Haar te zien. Ze zetten een kroon met pauwenveren op Amma's hoofd, ze stoppen een fluit in Amma's handen, ze kleden Haar in gele zijde, geven Haar boter en doen arati. Zij vinden dit ontzettend leuk en Amma accepteert het omdat het hen gelukkig maakt. Amma zal nooit tegen hen zeggen: "Ik kan dit niet accepteren want ik ben een Vedantin."

God is vormloos en zonder kenmerken. Tegelijkertijd heeft Hij vormen en kenmerken. God is het Bewustzijn dat overal en in alles is. Daarom kunnen we God in iedere bhava zien.

Amma trok in de oude tijd geen speciaal kostuum aan. De toegewijden brachten deze kleren en artikelen een voor een. Voor hun geluk en voldoening begon Amma die te dragen en zo werd het een ritueel.

In een tempel staat altijd een beeld van een godheid maar de mensen hechten groter belang aan de godheid tijdens de dipa-aradhana[30]. Op dat moment heeft het beeld een speciaal kostuum met sieraden aan. Dit geeft de toegewijden grotere vreugde en concentratie. Veel mensen gaan iedere dag naar tempels, maar op de dagen van de tempelfestivals zijn de menigten veel groter. Het hele dorp viert feest. Zo ook is Devi Bhava, hoewel er hier iedere dag mensen voor Amma komen, een speciaal festival voor de mensen.

Aanbidding in de tempel wordt niet voor God gedaan, maar voor het geluk en de voldoening van de toegewijden. Daarom ook draagt Amma al deze kostuums voor Haar kinderen en door dat te doen verwijdert Amma hun "kostuums." Amma brengt hen geleidelijk omhoog naar de ervaring van hun ware aard.

Tegenwoordig heeft iedereen in de wereld een kostuum aan. Mensen hebben verschillende kapsels, plaatsen tekens op hun

---

[30] Letterlijk "licht aanbidding." Men biedt licht aan en brandt kamfer voor de Godheid door die in cirkels voor het beeld te zwaaien.

voorhoofd en kleden zich volgens verschillende modes. We kunnen kleding niet van het leven scheiden omdat het een integraal deel van het leven is. Iedere soort kleding heeft zijn eigen betekenis. De kleding van een monnik, een advocaat en een politieagent creëren verschillende reacties in ons.

Een man was illegaal hout in een bos aan het hakken. Een politieman in burgerkleding benaderde hem en probeerde hem ervan te weerhouden dat te doen, maar de man negeerde hem. De politieman ging weg en kwam terug met zijn uniform aan. Toen de man de politieagent in uniform al van een afstand zag, zette hij het op een lopen. Dat is de betekenis van een kostuum.

Er werd een groot feest gehouden. Alle gasten waren in dure kledij en sieraden gekleed. Toen kwam een van de gasten in gewone kleren aan. De portier weigerde hem binnen te laten. De man ging naar huis en kwam terug in avondkleding. Deze keer mocht hij naar binnen. Toen hij bij de eettafel kwam, trok hij zijn colbert uit en plaatste het voor een gerecht. Hij nam zijn hoed af en zette die naast een bord en legde zijn stropdas voor een theekopje. De andere gasten dachten dat hij gek was. Hij richtte zich tot hen en zei: "Toen ik hier in mijn gewone kleren kwam, lieten ze me niet binnen. Toen ik in dit pak kwam, werd ik onmiddellijk binnengelaten. Hieruit maak ik op dat niet ik, maar mijn kleren voor dit feest werden uitgenodigd."

Zo is de wereld vandaag de dag. De mensen stellen vertrouwen in uiterlijke schijn. Ze proberen anderen met hun kleding aan te trekken. Zeldzaam zijn degenen die naar innerlijke schoonheid zoeken. Het doel van Amma's kostuum is om alle vormen van kostuums te verwijderen. Het is om de mensen te helpen zich van hun ware aard bewust te worden. Wanneer er een doorn in je voet vastzit, verwijder je die met een andere doorn.

De Vedantins die over advaita praten lopen niet zonder kleren rond. Ze dragen kleren en eten en slapen als ieder ander. Zij weten dat dit allemaal nodig is voor het voortbestaan van het lichaam en zij kleden zich in overeenstemming met de gewoonten van de samenleving waarin zij wonen. De mahatma's worden in overeenstemming met de behoefte van de tijd geboren. Sri Rama en Sri Krishna kwamen in een ander tijdperk. Alles wat zij deden was een antwoord op de behoeften van de tijd waarin Zij leefden. Het is zinloos om te zeggen dat Krishna precies als Rama moet zijn. Iedere goddelijke incarnatie is uniek.

Een dokter heeft gewoonlijk veel patiënten. Hij schrijft voor iedereen niet hetzelfde medicijn voor. Pas als hij de ziekte en de aard van een patiënt heeft vastgesteld, kan hij bepalen wat voor behandeling voor dat individu nodig is. Voor sommigen zijn orale medicijnen genoeg terwijl anderen injecties nodig hebben. Op dezelfde manier is op het spirituele pad de behoefte van ieder individu verschillend. We moeten afdalen naar het niveau van iedereen die hier komt om hem op een hoger niveau te brengen.

Dezelfde soort snoepjes zijn verpakt in papiertjes van verschillende kleur. Van buiten lijken zij verschillend, maar van binnen zijn zij hetzelfde. Op dezelfde manier is het hetzelfde Bewustzijn dat in alles verblijft. Het is niet mogelijk om mensen dit principe te leren zonder eerst naar hun niveau af te dalen. In plaats van met hen op dat niveau te blijven is ons doel om hen naar het bewustzijn van die eenheid te brengen. Dat is wat Amma doet.

Je kunt niet met iedereen over advaita praten. Niet iedereen kan het begrip "het Vormloze en Attribuutloze" begrijpen. Er zijn een paar zeldzame individuen die vooruit kunnen gaan over het pad van advaita nadat het hun is uitgelegd. Zij zijn geboren met de mentale instelling die hiervoor nodig is. Maar de meeste mensen kunnen advaita niet in zijn diepte bevatten.

Sommige mensen houden het meest van Radha Krishna (Krishna als de Geliefde van de gopi Radha), anderen geven de voorkeur aan Yashoda Krishna (Krishna als het kind van Yashoda), terwijl weer anderen Murali Krishna (de fluitspelende Krishna) aanbidden. Alle mensen hebben hun eigen voorkeur die hun vreugde geeft. Mensen ervaren Amma ook op verschillende manieren. Amma zegt niet dat iedereen in één specifiek aspect vreugde moet vinden.

Amma neemt bepaalde bhava's aan om naar het niveau van de mensen af te dalen, om hen bewust te maken van de onderliggende eenheid die voorbij alle bhava's is. Amma moet handelen volgens de aard van de mensen. Haar doel is om de mensen naar de Waarheid te leiden met alle middelen. Dat wat helpt om de mensen te verheffen, alleen dat is echt rationeel. Amma is alleen geïnteresseerd in het omhoog leiden van mensen. Dat is alles wat Zij wil. Amma heeft geen verklaring van goedkeuring van de wereld nodig.

Iemand staat op een balkon en kijkt naar beneden. Ze ziet iemand beneden hulpeloos in het vuil liggen. Ze kan die persoon niet redden door haar handen uit te strekken van waar ze staat. Ze moet naar beneden gaan, zijn handen beetpakken en hem optillen. Op dezelfde manier moeten wij naar het niveau van de mensen afdalen om hen spiritueel te verheffen.

Om de hoofdweg te bereiken moeten we door bepaalde zijstraten gaan. Als we daar eenmaal zijn zullen er volop snelbussen zijn en kunnen we direct op ons doel afgaan. Maar we moeten toch op de een of andere manier op de hoofdweg komen en daarvoor hebben we misschien een fiets of een riksja nodig. Op dezelfde manier moeten we verschillende middelen gebruiken om de mensen door de nauwe straten van gebondenheid te leiden om hen te helpen de hoofdweg van Vedanta te bereiken.

Vraag: Amma, is het waar dat we alleen spirituele gelukzaligheid kunnen genieten als we deze wereld als onecht zien en er afstand van doen?

Amma: Amma zegt niet dat we deze wereld als totaal onecht moeten verwerpen. De betekenis van het woord "onecht" hier is iets wat voortdurend verandert. Als we van zulke dingen afhankelijk zijn, als we daaraan gehecht raken, zullen we alleen verdriet ervaren. Dat is wat Amma bedoelt. Het lichaam verandert ook. Wees niet te gehecht aan het lichaam. Iedere cel van het lichaam verandert ieder moment. Het leven zelf gaat door verschillende stadia: kleutertijd, kinderjaren, jeugd, middelbare leeftijd en ouderdom. Zie het lichaam niet als echt en wijdt je hele leven er niet aan. Als je door het leven verdergaat, probeer dan de aard van alles te begrijpen. Dan hoef je niet te lijden.

Stel je voor dat je een kostbare diamant hebt. Je zou er een prachtig juweel van kunnen maken. Als je hem echter zou eten, zou je dood kunnen gaan. Zo is er ook een juist gebruik voor alles in het leven. Als we dit kunnen begrijpen is er voor ons geen reden om te lijden. Daarom wordt mensen geadviseerd iets over spiritualiteit te leren. Is het niet beter om vallen te leren vermijden voordat we misschien vallen dan naar een oplossing te zoeken nadat we gevallen zijn? Een begrip van de spirituele principes is de belangrijkste kennis die we in het leven kunnen hebben.

Een hond kauwt op een bot. Hij geniet van de smaak van het bloed en gaat door met kauwen. Pas op het laatst, wanneer zijn tandvlees pijn begint te doen, realiseert hij zich dat hij zijn eigen bloed geproefd heeft dat van zijn verwonde tandvlees komt. Zo is ons zoeken naar geluk in uiterlijke dingen, waardoor we al onze kracht verliezen. In werkelijkheid zit geluk niet in uiterlijke dingen, maar is het in onszelf te vinden. We moeten ons leven leiden met inzicht in dit principe.

Vraag: De grote meerderheid van de mensen is nu alleen in wereldse zaken geïnteresseerd. Bijna niemand is er geïnteresseerd in naar binnen te kijken. Welke boodschap heeft Amma voor de samenleving?

Amma: Ons leven moet niet als dat van een hond zijn die naar zijn eigen reflectie in de spiegel blaft, omdat hij die voor echt houdt. We moeten geen schaduwen achterna rennen, maar moeten ons naar binnen keren. Amma heeft één boodschap mee te delen—het is een boodschap die gebaseerd is op de ontmoeting met verscheidene miljoenen mensen die een spiritueel of een werelds leven leiden—en dat is dat je geen rust in dit leven zult ervaren zolang je je overdreven geboeidheid door de uiterlijke wereld niet opgeeft.

Vraag: Is het mogelijk om spirituele gelukzaligheid te genieten terwijl we nog in deze wereld leven?

Amma: Zeker. Die gelukzaligheid moet ervaren worden terwijl we nog in deze wereld zijn, in het lichaam. Het is niet iets dat we pas na de dood zullen bereiken.

Zoals de geest en het lichaam zijn spiritualiteit en de wereld beide een integraal deel van het leven. Zij kunnen niet totaal gescheiden van elkaar bestaan. Spiritualiteit is de wetenschap die ons leert hoe we gelukkig in de wereld moeten leven.

Er zijn twee soorten onderwijs. De ene soort stelt je in staat om een geschikte baan te vinden. De ander laat je zien hoe je een leven vol vrede en geluk kunt leven. En dat is spiritualiteit. Het is de kennis van de geest.

Wanneer je naar een nieuwe plaats reist, hoef je niet te piekeren als je een betrouwbare kaart hebt. Op dezelfde manier zul je nooit door crises overweldigd worden als je de spirituele principes als gids gebruikt en in overeenstemming daarmee leeft. Je zult iedere situatie kunnen voorzien en afhandelen. Spiritualiteit is de praktische wetenschap van het leven. Deze leert ons de aard van de wereld, hoe we het leven kunnen begrijpen en volledig en op de best mogelijke manier kunnen leven.

We gaan het water in om er fris en schoon uit te komen. We zijn niet van plan om voor altijd in het water te blijven. Op dezelfde manier is het leven in een gezin een manier om de hindernissen op weg naar God te verwijderen. Als we eenmaal aan het gezinsleven begonnen zijn, moeten we ons bewust zijn van het echte doel van het leven en vooruitgaan. Ons leven moet niet eindigen waar we begonnen. We horen ons van alle banden te bevrijden en God te realiseren.

De houding van "mijn" is de oorzaak van alle gebondenheid. Het gezinsleven moet als een gelegenheid gezien worden om ons van die houding te bevrijden. Je zegt: "Mijn man of vrouw, mijn kinderen, mijn ouders," enz., maar zijn ze werkelijk van jou? Als ze werkelijk van jou waren, zouden ze voor altijd bij je zijn. Alleen wanneer we met dit bewustzijn leven, kunnen we echt spiritueel ontwaken. Dit betekent niet dat we onze verantwoordelijkheden op moeten geven. We moeten blij alles doen wat in het leven gedaan moet worden en het als onze plicht zien. Maar we moeten voorzichtig zijn dat we er niet aan gehecht raken.

Er is een verschil tussen de houding van iemand die voor een sollicitatiegesprek verschijnt en iemand die op het punt staat te beginnen met een baan die zij al bemachtigd heeft. Degene die geïnterviewd gaat worden zal zich zorgen maken over wat voor soort vragen er gesteld zullen worden, of ze die correct zal kunnen beantwoorden en of ze de baan uiteindelijk zal krijgen. De sollicitant zal gespannen zijn. Voor de andere persoon die zich voor het werk aanmeldt, ligt dat heel anders omdat zij al voor het werk gekozen is en een bepaald geluk zal ervaren. We zullen ook een bepaalde vreugde in ons leven ervaren als we de principes van spiritualiteit begrijpen, omdat we dan, zoals degene die reeds werk gevonden heeft, geen reden meer hebben om ons zorgen te maken.

Stel dat je wat geld nodig hebt en je denkt erover een vriendin om hulp te vragen. Je weet dat ze je het geld kan geven, maar aan de andere kant is er ook een kans dat ze het niet doet. Als ze vrijgevig is en besluit je te helpen, zou je zelfs meer kunnen krijgen dan je verwachtte. Maar ze kan je ook de rug toekeren en zelfs voorwenden dat ze je niet kent. Als je je tevoren van al die mogelijkheden bewust bent, zul je niet verrast of teleurgesteld zijn, wat de uitkomst ook is.

Een ervaren zwemmer geniet enorm van het zwemmen in de golven van de zee, terwijl iemand die niet heeft leren zwemmen in diezelfde golven zou verdrinken. Op dezelfde manier genieten zij die de principes van spiritualiteit begrijpen, van ieder moment in het leven. Zij treden iedere situatie met een glimlach tegemoet. Niets kan hen van streek brengen. Kijk naar het leven van Heer Krishna. Zelfs toen Zijn familie en stamgenoten, de Yadava's, onder elkaar vochten, verflauwde de glimlach op Zijn lippen niet. Die glimlach verflauwde zelfs niet toen hij gesprekken met de Kaurava's voerde als een afgezant van de Pandava's. Toen hij als Arjuna's wagenmenner op het slagveld optrad, sierde een prachtige glimlach Zijn lippen. Hij had diezelfde glimlach toen Gandhari hem vervloekte. Krishna's hele leven was een grote glimlach. Als we spiritualiteit in ons leven toelaten, zullen we echte blijdschap ervaren.

Het leven moet als een plezierreisje zijn. Wanneer we een mooi uitzicht, een leuk huis of een bloem onderweg zien, kijken we ernaar en genieten ervan. We genieten van de bezienswaardigheden, maar blijven daar niet treuzelen. We gaan gewoon verder. Wanneer het tijd is om terug te gaan, laten we de dingen om ons heen achter, hoe mooi ze ook zijn, en gaan naar huis omdat er niets belangrijker voor ons is dan weer thuis te komen. Op dezelfde manier moeten we, hoe we ook in deze wereld leven, ons echte huis waarnaar we moeten terugkeren, niet vergeten. We moeten nooit ons doel vergeten. Hoeveel prachtige taferelen we ook zien op onze weg door het leven, er is maar één plaats die we de onze kunnen noemen, waar we kunnen rusten en dat is onze oorsprong: het Zelf.

Een vader had vier kinderen. Toen hij oud werd drongen zijn volwassen zoons en dochters er bij hem op aan zijn bezit te verdelen en ieder van hen een stuk grond te geven. Ze wilden hun eigen huis op dat land bouwen. "We zullen voor je zorgen. We zijn met zijn vieren, dus je kunt bij ieder van ons drie maanden in het jaar wonen. Zo zul je gelukkig zijn." De vader was blij toen alle vier dit suggereerden. En dus werd het bezit verdeeld. Het familiehuis en het aanpalende land werden aan de oudste zoon gegeven en de andere drie kregen hun deel van het land waarop ze allemaal een huis bouwden. Na de verdeling ging de vader bij zijn oudste zoon wonen. De eerste dagen werd hij met veel warmte en respect behandeld, maar het enthousiasme van het gezin om voor de oude man te zorgen nam spoedig af. Naarmate de dagen voorbijgingen werd het gezicht van zijn zoon en schoondochter steeds somberder. Het was moeilijk voor de vader, maar op de een of andere manier dwong hij zichzelf een maand te blijven totdat hij de indruk kreeg dat ze op het punt stonden hem eruit te zetten. Hij ging toen weg en ging bij zijn op één na oudste kind wonen, een dochter. Deze dochter en haar man toonden in het begin ook wat enthousiasme, maar zij veranderden snel en al na twee weken was hij gedwongen te vertrekken. Hij ging toen naar het huis van zijn derde kind, maar verbleef daar uiteindelijk slechts tien dagen, omdat ze hem daar echt niet wilden. En dus ging hij bij zijn jongste kind wonen. Reeds na vijf dagen ontdekte hij dat ze van plan waren hem eruit te gooien. En dus vertrok hij en bracht de rest van zijn leven rondtrekkend door zonder een plaats om te wonen.

Toen de vader zijn bezit onder de vier kinderen verdeelde, hoopte hij dat ze voor hem zouden zorgen in zijn laatste dagen.

Maar dat was alleen maar een droom. Na amper twee maanden was hij door zijn hele familie in de steek gelaten. We moeten begrijpen dat menselijke liefde vaak zo is. Als we de verwachting hebben dat bepaalde mensen ten slotte voor ons zullen zorgen, zal dat alleen tot verdriet lijden. We moeten dus blij onze plichten vervullen zonder verwachtingen en wanneer het de juiste tijd is moeten we aan onze echte weg beginnen, het spirituele pad. Dit betekent niet dat we onze verantwoordelijkheden op moeten geven. We moeten ons dharma vervullen. Het is bijvoorbeeld de plicht van ouders voor hun kinderen te zorgen. Maar als de kinderen volwassen zijn en voor zichzelf kunnen zorgen, moeten de ouders niet aan hen gehecht blijven en verwachten dat hun kinderen voor hen zorgen. We dienen ons bewust te zijn van het echte doel in het leven en onze reis daarheen voortzetten. We moeten ons niet beperken door ons alleen op onze kinderen en kleinkinderen te richten.

De vogel die neerstrijkt op een droge tak is altijd alert en klaar om op te vliegen omdat hij weet dat de tak ieder moment kan breken. Op dezelfde manier moeten wij, als we in deze wereld leven en verschillende activiteiten verrichten, altijd oplettend zijn en klaar om naar de wereld van het Zelf op te vliegen omdat we weten dat niets in deze wereld eeuwig is. Dan kan niets ons binden of verdrietig maken.

Vraag: Amma, U zegt vaak dat als we één stap naar God zetten, God honderd stappen naar ons zal zetten. Betekent dit dat God ver van ons weg is?

Amma: Nee. Het betekent dat als jij je inspant om slechts één goede eigenschap te ontwikkelen, alle andere goede eigenschappen zich vanzelf in je zullen ontwikkelen.

Een vrouw kreeg een prachtige kristallen kroonluchter als eerste prijs in een kunstwedstrijd. Ze hing hem op in haar zitkamer. Toen ze van de schoonheid ervan genoot, merkte ze op dat een deel van de verf op de muur was gaan afbladderen. Ze besloot de hele muur te verven. Toen ze klaar was met verven keek ze de kamer rond en zag dat een gordijn vuil was. Ze waste onmiddellijk alle gordijnen. Toen viel het haar op dat het oude vloerkleed versleten was. Daarom verwijderde ze het tapijt en verving het. Ten slotte zag de kamer er nieuw uit. Het was er allemaal mee begonnen dat ze de nieuwe lamp in de kamer hing en eindigde ermee dat de kamer schoon en mooi was, nadat hij een complete transformatie ondergaan had. Zo ook zullen veel dingen vanzelf volgen als je één goed ding regelmatig in het leven begint te doen. Het zal als een wedergeboorte zijn. God is de bron van alle goede eigenschappen. Als we één daarvan ons eigen maken, zullen alle andere deugden volgen. Dit is de enige manier waarop een transformatie mogelijk is.

Aan studenten worden vaak extra punten toegekend om hen te helpen voor hun examens te slagen. Hoewel iedereen hiervoor in aanmerking komt, kunnen alleen degenen die een minimum aantal punten hebben, ze krijgen. Het vraagt dus inspanning van de kant van de studenten. Op dezelfde manier schenkt God ons gul onafgebroken Zijn genade. Maar als we profijt van die genade willen hebben, moet er ook inspanning van onze kant zijn. Als onze geest niet de noodzakelijke ontvankelijkheid heeft, zal het ons niet baten, zelfs als God Zijn genade over ons uitstort. Wat heeft het voor zin om over het gebrek aan zonlicht te klagen, wanneer wijzelf alle deuren en luiken van onze kamer gesloten hebben? De zon schijnt met zijn licht overal. We hoeven alleen de deuren en ramen te openen om het te ervaren. Op dezelfde manier schenkt God ons voortdurend Zijn genade, maar we moeten de deur van ons hart openen om die genade te ontvangen.

Dit betekent dat we eerst de genade van onze eigen geest moeten ontvangen, voordat we Gods genade kunnen ontvangen. God is oneindig meedogend. Het is onze eigen geest die gebrek aan mededogen tegenover ons heeft en als een hindernis werkt door ons te verhinderen Gods genade te ontvangen. Als iemand met een gift zijn hand naar ons uitsteekt en wij arrogant tegenover hem zijn, zal hij zijn hand terugtrekken, denkend: "Wat een groot ego! Ik denk dat ik mijn geschenk toch niet aan hem geef. Ik geef het liever aan iemand anders." Zo hebben wij onszelf niet de genade gegeven die nodig is om dat cadeau te ontvangen. Dit werd door ons ego veroorzaakt. We konden niet ontvangen wat ons werd aangeboden omdat onze eigen geest geen compassie met ons had.

Bij bepaalde gelegenheden zegt ons intellect ons iets te doen. Maar onze geest weigert ermee in te stemmen. Het intellect zegt: "Wees nederig," terwijl de geest zegt: "Nee, ik ga niet nederig zijn voor deze mensen!" Het resultaat is dat veel van wat we hadden kunnen krijgen, voor ons verloren gaat. Wat we hadden kunnen bereiken, blijft buiten bereik.

Om Gods genade te ontvangen, hebben we eerst de genade van onszelf nodig. Daarom zegt Amma altijd: "Mijn kinderen, heb altijd de houding van een beginner!" Die houding voorkomt dat het ego omhoogkomt.

Je vraagt misschien: "Als ik altijd een beginner blijf, betekent dat niet dat ik nooit vooruitgang zal maken?" Helemaal niet. De houding van een beginner betekent dat je de totale openheid, oplettendheid en ontvankelijkheid van een beginner behoudt. Dit is de enige manier om echt kennis en wijsheid in je op te nemen.

Je kunt je afvragen hoe je in de samenleving kunt functioneren en je werk doen als je altijd onschuldig en als een kind bent. Maar onschuldig en als een kind zijn betekent niet een slappeling zijn, verre van dat! Je moet sterk en assertief zijn als de situatie dat vereist. Maar toch moet je altijd zo veel mogelijk open en ontvankelijk als een kind zijn.

Alles heeft zijn eigen dharma en we moeten in overeenstemming daarmee handelen. Als een koe een kostbare plant opeet en we zeggen haar beleefd dat ze weg moet gaan met de woorden: "Mijn lieve koe, heb je er bezwaar tegen om weg te gaan?" beweegt ze zich natuurlijk niet. Als we daarentegen schreeuwen: "Hé koe, ga weg!" dan zal ze weggaan. We kunnen deze handeling niet egoïstisch noemen. Het is een rol die we aannemen om de onwetendheid van een ander levend wezen te corrigeren, en daar is niets verkeerd aan. Maar we moeten altijd sterk de houding van een beginner hebben en de onschuld van een kind bewaren.

Vandaag de dag zijn de mensen lichamelijk gegroeid, maar hun geest is niet ontwikkeld. Om de geest zich te laten ontwikkelen en het hele universum te laten omvatten, moet je eerst als een kind worden. Alleen een kind kan groeien. Maar de mensen zijn nu vol egoïsme. We moeten onze inspanning richten op het vernietigen van het ego in ons. Dat betekent perfect afgestemd zijn op anderen. Zeg dat twee auto's elkaar tegemoetkomen op een nauwe weg. Als beide chauffeurs weigeren plaats te maken, kan geen van beiden verder rijden. Maar als slechts een van hen bereid is een stukje achteruit te rijden, kunnen ze allebei verdergaan.

Hier kunnen zowel degene die toegeeft en voorrang verleent als degene die dat gebaar ontvangt verdergaan. Daarom zegt men dat wijken vooruitgaan is. Het zal zowel degene die toegeeft als degene die het beleefde gebaar aanneemt, verheffen. We moeten altijd naar de praktische kant kijken. Het ego is altijd een belemmering voor vooruitgang.

God is altijd meedogend tegenover ons. Hij schenkt ons onophoudelijk Zijn genade, meer dan we door onze handelingen verdienen. God is geen rechter die ons voor onze goede daden beloont en ons voor onze zonden straft. God is mededogen zelf, de Bron van oneindige genade. Hij vergeeft ons onze fouten en schenkt ons rijkelijk Zijn genade. Maar God kan ons alleen redden als er op zijn minst een beetje inspanning van onze kant is. Als we helemaal geen moeite doen, kunnen we de genade die God, die de Oceaan van Mededogen is, ons aanbiedt, niet ontvangen. We kunnen dus niets als Gods fout beschouwen. De fout ligt helemaal bij ons.

Omdat Prinses Rukmini haar handen naar Heer Krishna uitstak op het moment dat zij ten huwelijk geschonken werd, kon Hij haar in Zijn wagen tillen en snel wegvoeren [31]. Er moet dus een duidelijke openheid of inspanning van onze kant zijn.

Tijdens een sollicitatiegesprek beantwoorden sommige kandidaten niet alle vragen juist maar zij worden niettemin gekozen. Het mededogen van de interviewer is hiervoor verantwoordelijk. Dat is goddelijke genade. Veel kandidaten worden daarentegen niet gekozen, ook al beantwoorden zij alle vragen perfect en hebben ze alle noodzakelijke diploma's en talloze referenties. De goddelijke genade die door de interviewer werkte, was er niet voor hen. Dit laat ons zien dat goddelijke genade ook nodig is wanneer we ons inspannen. Deze genade hangt van onze vorige handelingen af. Ons ego verhindert dat we genade ontvangen.

Wij zijn geen geïsoleerde eilanden. Onze levens zijn met elkaar verbonden als de schakels van een ketting. We zijn een deel van de ketting van het leven. Of we er ons van bewust zijn of niet, iedere handeling van ons heeft een uitwerking op anderen.

Het is niet juist te denken dat wij pas goed zullen worden wanneer alle anderen veranderd zijn. We moeten bereid zijn te veranderen ook al verandert er niemand. Denken dat we pas ten

---

[31] Prinses Rukmini van Vidarbha hield van Krishna en wilde Hem als echtgenoot. Ze stuurde een boodschapper naar Krishna om Hem te vragen haar op te eisen op de dag dat ze ten huwelijk gegeven zou worden aan Koning Sisupala. Krishna kwam naar de ceremonie en voerde haar weg in Zijn wagen. Vechtend hield Hij iedereen van zich af die Hem probeerde tegen te houden.

goede zullen veranderen nadat de mensen om ons heen veranderd zijn, is als hopen de zee in te gaan nadat alle golven tot rust zijn gekomen. In plaats van te wachten totdat anderen verbeteren moeten wij ons inspannen om onszelf te verbeteren. Dan zullen we ook veranderingen in anderen beginnen te zien. Wanneer we alleen goedheid in ons ontwikkelen, zullen we in anderen ook alleen goedheid zien. We moeten dus voorzichtig zijn met iedere gedachte en daad.

Ons leven moet vol mededogen zijn. We moeten bereid zijn de armen te helpen. Niemand is zonder fouten. Steeds wanneer we een fout in iemand zien, moeten we onmiddellijk in onszelf kijken. Dan zullen we inzien dat de fout in onszelf te vinden is.

Zelfs als iemand kwaad wordt, moeten we begrijpen dat het zijn samskara is. Dan zullen we de kwade persoon kunnen vergeven. We zullen de kracht hebben om te vergeven. Onze vergevensgezinde houding zal onze gedachten, woorden en daden goed maken. Onze goede daden zullen Gods genade naar ons toetrekken. Zoals goede handelingen goede resultaten opleveren, kunnen negatieve handelingen alleen negatieve resultaten geven. Negatieve activiteiten zijn de oorzaak van lijden. We moeten er dus altijd voor zorgen dat onze handelingen goed zijn. Dan zal de goddelijke genade naar ons toe stromen. Als we deze genade ontvangen hebben, hebben we geen reden te klagen dat het leven vol verdriet is.

Het leven is als de slinger van een klok die onophoudelijk in tegengestelde richtingen heen en weer beweegt, van verdriet naar geluk en weer terug. Om zowel vreugde als verdriet te kunnen accepteren en spiritueel vooruit te gaan moeten we inzicht in spiritualiteit hebben. Op deze manier kunnen we gemakkelijk de kracht overwinnen die zich in beide richtingen opbouwt. We zullen de ware aard van alles begrijpen. Meditatie is de methode die we hiervoor gebruiken.

Zelfs in iemand die slecht is, is een mogelijkheid om goed te worden aanwezig. Er is geen mens die niet minstens één goddelijke eigenschap bezit. Met geduld kunnen we de goddelijkheid in iemand wakker maken. We moeten proberen deze houding te cultiveren. Wanneer we het goede in alles waarnemen, zullen we vol Gods genade zijn. Die genade is de bron van alle succes in het leven.

Als we allemaal iemand de rug toekeren en alleen aan de fouten denken die hij gemaakt heeft, wat voor toekomst heeft hij dan? Als we daarentegen het beetje goeds dat er nog is zien en hem aanmoedigen om die eigenschap te versterken, zal hij opgeheven worden. Dit kan zo'n effect hebben dat hij zelfs een groot iemand wordt. Sri Rama was bereid te buigen voor Koningin Kaikeyi die verantwoordelijk was voor Zijn verbanning naar het bos. Christus waste de voeten van Judas ook al wist Hij dat Judas Hem zou verraden. Toen de vrouw die eens vuil naar de Profeet Mohammed geworpen had ziek werd, kwam Hij naar haar toe en verzorgde haar zonder dat het hem gevraagd was. Dit zijn de voorbeelden die grote zielen ons laten zien. De makkelijkste weg om voortdurend vrede en geluk in het leven te ervaren is de weg te volgen die zij ons gewezen hebben.

Goddelijkheid is in iedereen verborgen aanwezig. Door te proberen de goddelijkheid in anderen wakker te maken, maken we in feite de goddelijkheid in onszelf wakker.

Er was eens een meester die naar een bepaald dorp wilde verhuizen. Hij zond twee van zijn leerlingen naar het dorp om te onderzoeken hoe de mensen waren die daar woonden. Eén leerling bezocht de plaats en kwam spoedig terug. Hij zei tegen de meester: "Alle mensen in het dorp zijn de meest verdorven mensen die je je voor kunt stellen! Het zijn rovers, moordenaars en prostituees! Je zult nergens zulke slechte mensen vinden."

Toen de tweede leerling terugkwam zei hij tegen de meester: "De mensen in dat dorp zijn erg goed. Nooit eerder heb ik zulke goede mensen ontmoet!" De meester vroeg de twee leerlingen uit te leggen hoe zij zulke tegenovergestelde meningen over hetzelfde dorp konden hebben. De eerste leerling antwoordde: "In het eerste huis waar ik binnenging werd ik begroet door een moordenaar. In het tweede huis woonde een rover en in het derde huis zag ik een prostituee. Ik voelde me zo ontmoedigd dat ik niet de moeite nam om verder te gaan. Ik verliet de plek snel en kwam terug hierheen. Hoe kan ik iets goeds zeggen over een dorp waar zulke slechte mensen wonen?"

De meester keerde zich tot de tweede leerling en vroeg hem te beschrijven wat hij gezien had. De leerling zei: "Ik ben naar dezelfde huizen gegaan als hij. In het eerste huis ontmoette ik een rover. Toen ik daar kwam was hij bezig de armen eten te geven. Hij heeft de gewoonte de hongerlijdende mensen in het dorp te zoeken en hen te eten te geven. Toen ik deze goede eigenschap in hem zag, was ik dolblij.

In het tweede huis dat ik bezocht woonde een moordenaar. Toen ik daar kwam was hij buiten en zorgde voor een arme man die op straat lag. Het trof me dat hij toch compassie had hoewel hij een moordenaar was. Zijn hart was niet helemaal verdord. Toen ik dit zag voelde ik zoveel liefde voor hem. Ik ging toen naar het derde huis dat van een prostituee was. Er waren vier kinderen in het huis. Toen ik vragen stelde over hen, werd mij verteld dat zij wezen waren die de prostituee onder haar hoede genomen had en opvoedde. Toen ik dus ontdekte dat er zulke prachtige kwaliteiten waren in hen die als de slechtste mensen in het dorp beschouwd worden, kon ik me niet eens voorstellen hoeveel edeler de andere dorpelingen moesten zijn! Door die drie huizen te bezoeken kreeg ik een geweldige indruk van de mensen daar."

Mensen de rug toekeren met de bewering dat er overal alleen maar kwaad is, dat is de manier van de luiaards. Als wij in plaats van te praten over het kwaad in anderen al het mogelijke zouden doen om de goedheid in onszelf wakker te maken, dan zouden we anderen licht kunnen geven. Dit is de gemakkelijkste manier om onszelf, en ook de samenleving, ten goede te veranderen. In plaats van de omringende duisternis de schuld te geven moet je je eigen kaarsje aansteken. Voel je niet ontmoedigd bij de gedachte dat je probeert de duisternis in de wereld te verdrijven met het kleine lichtje in je. Als je eenvoudig je kaarsje aansteekt en vooruitgaat, zal het bij ieder stap op je weg licht geven en de mensen om je heen ook ten goede komen.

Dus mijn kinderen, laten we de lamp van de liefde in ons aansteken en vooruitgaan. Wanneer we iedere stap naar voren met positieve gedachten en een glimlach zetten, zullen alle goede eigenschappen naar ons komen en ons wezen vullen. Dan kan God onmogelijk van ons wegblijven. Hij zal ons in Zijn armen nemen en ons vasthouden. Ieder moment van ons leven zal vol harmonie en vrede zijn.

Woordenlijst

Adharma: het tegenovergestelde van dharma.

Advaita: non-dualisme. De filosofie die leert dat de Hoogste Realiteit één en ondeelbaar is.

Ahimsa: geweldloosheid, geen enkel levend wezen pijn doen door gedachten, woorden of daden.

Arati: het ritueel aan het einde van een puja, waarbij licht geofferd wordt in de vorm van kamfer en waarbij een bel geluid wordt voor een heilig iemand of voor de godheid in de tempel. De kamfer laat bij verbranding geen resten achter, wat de totale vernietiging van het ego symboliseert.

Archana: een vorm van verering waarbij de 108 of de 1000 namen van een godheid worden gereciteerd.

Ardhanrishvara: een half mannelijke en half vrouwelijke godheid die God symboliseert als eenheid van Shiva en Shakti, God en Godin.

Arjuna: de derde van de vijf Pandava's. Hij was een groot boogschutter en één van de helden van de Mahabharata. Hij was Krishna's vriend en leerling. Het is Arjuna tot wie Krishna in de Bhagavad Gita spreekt.

Ashram: een plaats waar spirituele zoekers wonen of die zij bezoeken om een spiritueel leven te leiden en sadhana te beoefenen. Het is gewoonlijk het verblijf van een spirituele leraar, heilige of asceet, die de leerlingen leidt.

Asura: duivel.

Atman: het ware Zelf. Een van de fundamentele leerstellingen van de Sanatana Dharma is dat we niet het fysieke lichaam, de gevoelens, de geest, het intellect of de persoonlijkheid zijn. We zijn het eeuwige, zuivere, onaantastbare Zelf.

Backwaters: brakke wateren tussen het vasteland en het eiland waarop de ashram staat.

Bhagavad Gita: Bhagavad betekent "van de Heer" en Gita betekent "lied", in het bijzonder een advies. Het is het onderricht van Heer Krishna aan Arjuna aan het begin van de Mahabharata-oorlog. Het is een praktische gids voor de gewone man in het dagelijks leven en het bevat de essentie van de Vedische wijsheid.

Bhajan: devotioneel lied.

Bhakti: devotie.

Bhava: goddelijke stemming.

Bhishma: de grootvader van de Pandava's en de Kaurava's. Hoewel hij aan de kant van de Kaurava's vocht tijdens de Mahabharata-oorlog, was hij een voorvechter van dharma en sympathiseerde hij met de overwinnende Pandava's. Na Heer Krishna is hij het belangrijkste personage in de Mahabharata.

Brahma: het aspect van God dat verantwoordelijk is voor de schepping van het heelal.

Brahmachari: een leerling die het celibaat in acht neemt, spirituele oefeningen doet en opgeleid wordt door een spirituele meester.

Brahmacharini: een vrouwelijke brahmachari.

Brahmacharya: "verblijf in Brahman". Celibaat en discipline van de geest en van de zintuigen.

Brahman: de absolute Werkelijkheid, het Geheel, het hoogste Zijn voorbij alle namen en vormen, dat alles omvat en doordringt, dat één en ondeelbaar is.

Darshan: ontvangst door, of het zien van een heilige of godheid.

Deva: hemels wezen, godheid.

Devi Bhava: "de goddelijke stemming van Devi." De staat waarin Moeder Haar eenheid en identiteit met de Goddelijke Moeder openbaart.

Dharma: in het Sanskriet betekent dharma "dat wat (de schepping) ondersteunt". Gewoonlijk wordt het gebruikt om dat aan te duiden wat verantwoordelijk is voor de harmonie in het universum. Dharma heeft vele betekenissen zoals: goddelijke wet, wet van het bestaan, juistheid, overeenstemming met de goddelijke harmonie, religie, plicht, verantwoordelijkheid, deugd, rechtvaardigheid, goedheid en waarheid. Dharma is het innerlijke principe van religie. Een algemene definitie van dharma is dat het tot de spirituele verheffing en het algemeen welzijn van alle wezens in de schepping leidt. Het dharma van de mens is het realiseren van zijn innerlijke Goddelijkheid.

Gopi's: koeienherderinnen en melkmeisjes die in Vrindavan woonden. Zij waren befaamd om hun zeer grote devotie voor Śri Krishna. Zij zijn een voorbeeld van de hoogste liefde voor God.

Grihasthashrama: een gezinsleven volgens spirituele principes. Dit was traditioneel het tweede stadium in het leven. De vier stadia zijn: brahmacharya (periode van opvoeding), grihasthashrama (gezinsleven), vanaprastha (verantwoordelijkheden in de wereld opgeven en zijn leven helemaal aan spirituele praktijken wijden) en sannyasa (alle wereldse gehechtheden opgeven).

Grihasthashrami: iemand die een spiritueel leven leidt en tegelijkertijd in de wereld leeft en een gezin heeft.

Guru: "iemand die de duisternis van onwetendheid verwijdert"; spirituele leraar of gids.

Gurukula: dit was traditioneel een ashram met een levende guru waar leerlingen woonden en onder leiding van hem studeerden.

Japa: herhaling van een mantra, gebed of de naam van God.

Jnana: spirituele kennis en wijsheid. Kennis van de ware aard van de wereld en de onderliggende werkelijkheid. Het is een directe ervaring die niet door de beperkte zintuigen, de geest of het intellect kan worden waargenomen. Hij wordt verkregen door spirituele oefeningen en de genade van God of de Guru.

Karma: handeling, activiteit.

Karma yoga: "eenheid door handelen." Het spirituele pad van onthechte, onbaatzuchtige dienstverlening, waarbij men de vrucht van alle activiteit aan God offert.

Kaurava's: de honderd zonen van Dhritarashtra en Gandhari van wie de kwaadaardige Duryodhana de oudste was. Zij waren de vijanden van hun neven, de deugdzame Pandava's, met wie zij in de Mahabharata-oorlog vochten.

Krishna: de belangrijkste incarnatie van Vishnu. Hij werd in een koninklijk gezin geboren, maar groeide op bij pleegouders en leefde als jonge koeienherder in Vrindavan, waar Hij bemind en vereerd werd door zijn toegewijde kameraden, de gopi's en gopa's. Hij werd later **regeerder** over Dvaraka. Hij was een vriend en adviseur van zijn neven, de Pandava's, vooral van Arjuna, aan wie Hij het onderricht in de Bhagavad Gita gaf.

Kshatriya: de kaste van de strijders en de regeerders.

Mahabharata: een van de twee grote historische Indiase epen (Itihasa). De andere is de Ramayana. Het is een grote verhandeling over dharma en spiritualiteit. Het verhaal gaat vooral over het conflict tussen de Pandava's en de Kaurava's en de grote oorlog bij Kurukshetra. De Mahabharata, dat het langste epische gedicht ter wereld is, werd ongeveer 3200 v.C. geschreven door de heilige Vyasa.

Mahatma: grote ziel of gerealiseerd iemand.

Mantra: heilige formule of gebed, die voortdurend herhaald wordt. Dit activeert iemands slapende spirituele kracht, zuivert de geest en helpt het doel van Realisatie te bereiken. Hij is het meest effectief als hij van een gerealiseerde leraar tijdens een initiatie ontvangen wordt.

Manu: wordt als de vader van het menselijke ras beschouwd en de regeerder over de aarde. Er worden veertien opeenvolgende Manus in de geschriften beschreven. De Manusmrti, het wetboek volgens Manu, wordt toegeschreven aan Svayambhuva Manu, de eerste van de veertien Manus. De uitspraak over de bescherming van vrouwen die hier genoemd wordt staat in de Manusmrti.

Maya: "illusie." De goddelijke kracht of "sluier" waarmee God zich in Zijn scheppingsspel verbergt en de indruk van veelheid wekt en daardoor de illusie van gescheidenheid schept. Omdat Maya de Werkelijkheid verbergt, misleidt Zij ons, en laat Zij ons geloven dat volmaaktheid, tevredenheid en geluk buiten onszelf gevonden kunnen worden.

Moksha: bevrijding.

Nirguna: zonder kenmerken of eigenschappen.

Pada puja: de aanbidding van de voeten van God, de guru of een heilige. Zoals de voeten het lichaam ondersteunen, steunt het Guru-principe de Hoogste Waarheid. De voeten van de guru vertegenwoordigen dus de Hoogste Waarheid.

Pandava's: de vijf broers Yudhishthira, Bhima, Arjuna, Nakula en Sahadeva. Zij waren de zonen van koning Pandu en de helden van het epos Mahabharata.

Parabhakti: de hoogste vorm van devotie die volledig zonder verlangens is en waarin de toegewijde zijn eenheid met de Geliefde Godheid ervaart die overal aanwezig is.

Prarabdha: "verantwoordelijkheden of lasten." De resultaten van handelingen in het verleden zowel uit dit leven als uit vorige levens die zich in dit leven zullen manifesteren.

Prasad: gewijde offergave uitgedeeld na een puja of door een gerealiseerde heilige.

Puja: aanbiddings- of vereringsceremonie.

Purana: er zijn achttien grote Purana's en achttien kleinere Purana's. Deze oude teksten bevatten verhalen over de Goden en hun incarnaties.

Purna: vol, volledig, perfect, geheel.

Purnavatar: het op aarde komen in een menselijke vorm van de naamloze, vormloze, onveranderlijke God. Het doel van een goddelijke incarnatie is om dharma te herstellen en te bewaren en de mensheid te verheffen door hen bewust te maken van het hogere Zelf.

Rama: "Heer van het universum." De goddelijke held in het epos Ramayana. Hij was een incarnatie van Heer Vishnu en wordt als de belichaming van dharma en deugd beschouwd.

Ramayana: "het leven van Rama." Eén van India's grootste heldendichten, dat het leven van Rama beschrijft, geschreven door Valmiki. Een belangrijk deel van het epos beschrijft hoe Sita, Rama's echtgenote, ontvoerd en naar Sri Lanka gebracht werd door Ravana, de demonenkoning, en hoe ze gered werd door Rama en zijn volgelingen.

Rasa-lila: "extatisch spel." Het verwijst naar de dans die Krishna met de gopi's in Vrindavan uitvoerde, toen Hij voor iedere gopi afzonderlijk verscheen en tegelijk met hen allemaal danste.

Ravana: de duivelse koning van Lanka en de belangrijkste tegenstander van Rama in de Ramayana. Hij ontvoerde Rama's vrouw Sita en werd uiteindelijk door Hem gedood.

Rishi: een gerealiseerde ziener. Het verwijst gewoonlijk naar de zeven rishi's van het oude India. Zij konden de Hoogste Waarheid "zien" en drukten dit inzicht uit in de Veda's.

Samadhi: eenheid met God. Een staat van diepe, op één punt gerichte concentratie, waarin alle gedachten ophouden en de geest opgaat in volledige stilte, waar alleen Zuiver Bewustzijn is.

Samsara: de cyclus van geboorte, dood en wedergeboorte. De wereld van pluraliteit.

Samskara: het geheel van indrukken die in de geest zijn ingeprent door ervaringen in dit leven en vorige levens en die het leven van een mens beïnvloeden: zijn aard, handelingen, geestesgesteldheid, enz. Het zijn de neigingen van de geest ontstaan door handelingen in het verleden. Het betekent ook de goedheid en verfijning van karakter die aan iedereen eigen zijn en de mentale instelling en nobele eigenschappen die men in het verleden ontwikkeld heeft. Het kan ook "cultuur" betekenen.

Sanatana dharma: "eeuwige religie," de traditionele naam voor hindoeïsme.

Sannyasi: een monnik of non die formele geloften van onthechting (sannyasa) heeft afgelegd. Een sannyasi draagt traditioneel een okerkleurig kleed wat de verbranding van alle gehechtheid en lichaamsbewustzijn symboliseert.

Satguru: een gerealiseerde, spirituele leraar.

Satsang: Sat = waarheid, wezen, sanga = omgang met. In het gezelschap van wijzen en mahatma's zijn. Ook: een spirituele uiteenzetting door een wijze of geleerde.

Seva: onbaatzuchtige dienstverlening als spirituele oefening.

Shakti: "kracht." Shakti is de naam van de Goddelijke Moeder, het dynamische aspect van Brahman.

Shiva: "de Gunstige, de Genadige, de Goede." Het statische bewustzijnsaspect van Brahman, het mannelijke principe. Shiva is ook het aspect van de hindoe drie-eenheid dat verantwoordelijk is voor de vernietiging van het universum, van dat wat niet-werkelijk is.

Sita: Rama's echtgenote. In India wordt ze als het ideaal van vrouwelijkheid gezien. Zie ook Ramayana.

Tamas: duisternis, traagheid, apathie, onwetendheid. Tamas is een van de drie guna's of fundamentele eigenschappen van de natuur.

Tapas: letterlijk "hitte". Het beoefenen van spirituele soberheid, zelfdiscipline, zelfopoffering en spirituele oefeningen die de onzuiverheden van de geest verbranden.

Tapasvi: iemand die tapas of spirituele oefeningen beoefent.

Tattva: principe.

Upadhi: een middel, medium of instrument. Amma gebruikt deze term vaak om de middelen aan te duiden waarmee het Oneindige of God zich in de manifeste wereld uitdrukt.

Vasana's: latente neigingen of subtiele verlangens in de geest die zich manifesteren in handelingen en gewoonten. Vasana's komen voort uit de indruk van ervaringen (samskara's) die in het onderbewuste bestaat.

Veda: "Kennis, Wijsheid." Een verzameling van Sanskriet heilige teksten die in vier delen opgedeeld is: Rig, Yajur, Sama en Atharva. De Veda's bestaan gezamenlijk uit 100.000 verzen met daaraan nog proza toegevoegd. Zij behoren tot de oudste geschriften ter wereld. De Veda's worden beschouwd als de directe openbaring van de Hoogste Waarheid, die God aan de Rishi's schonk.

Vedanta: "einde van de Veda's." De filosofie van de Upanishaden, het afsluitende deel van de Veda's, die de Uiteindelijke Waarheid verklaart als "Eén zonder een tweede."

Yoga: "eenheid." Een aantal methoden waardoor men eenheid met het Goddelijke kan bereiken. Een weg naar Zelfrealisatie.

Yogi: iemand die één is met de Hoogste Geest.